문화로 일구는 창조적 지역 재생

지역창생학

地域創生學

지역창생학

2014년 7월 2일 초판 1쇄 발행
2025년 3월 10일 초판 3쇄 발행

저 자 | 강형기
펴낸이 | 박기봉
펴낸곳 | 비봉출판사
출판등록 | 2007-43 (1980년 5월 23일)
주 소 | 서울 금천구 가산디지털2로 98. 2동 808호(가산동, IT캐슬)
전 화 | (02) 2082-7444
팩 스 | (02) 2082-7449
E-mail | bbongbooks@hanmail.net
ISBN | 978-89-376-0406-5 03350

값 15,000원

ⓒ 이 책의 판권은 본사에 있습니다.
본사의 허락 없이 이 책의 복사, 일부 무단전재, 전자책 제작 유통 등
저작권 침해 행위는 금지됩니다.

문화로 일구는 창조적 지역 재생

지역창생학

地域創生學

강형기 지음

비봉출판사

地域創生學 序說

멈포드(Mumford, Lewis)는 그의 저서 『도시의 문화』에서 도시의 발전과 쇠퇴의 윤회설을 전개했다. 21세기 도시 창생의 기본 사상은 '금전경제에서 생명경제로 전환'하는 것이어야 한다는 것이다. 생명경제란 시민의 생명과 창조력을 무엇보다 우선시하고, 창조의 무대로서 도시의 기능을 충실히 하려는 것이다. 20세기에는 생산의 효율성과 정밀도로 경쟁했다. 그러나 우리는 지금 모방과 복제의 시대를 지나 창조의 시대에 살고 있다. 잠재력을 발현시키며 협동과 연대로 창조력을 확대하고 재생산해야 하는 시대에 우리는 살고 있는 것이다.

지금 우리에게 중요한 것은 생각하고 협동하는 방식의 창조성이다. 창조력이란 신기한 것을 탐구하거나 문득 떠오르는 아이디어를 채집하는 능력을 말하는 것이 아니다. 인간의 창조력은 특수한 전문분야의 지식과 규칙 그리고 전문적인 방법에 토대를 두고 사고할 때 발휘되는 것이다. 창조력이란 지식과 기능에 기초한 상상력이 결합하여 가치 있는 것을 만들어내는 능력인 것이다.

도시창생의 전문지식과 기술은 어떻게 습득할 수 있는가? 지금까지 도시와 지역을 연구하는 사람들은 사람들이 '살고 싶어 하는 도시', '그곳에서 일하는 것이 행복한 도시', '그곳에 가고 싶은 도시'를 희구하여 다른 도시의 성공 사례에서 지식과 기술을 습득하려고 애써 왔다. 발전한 도시의 사례를 모델로 문화전략, 관광개발, 경관정책, 아트 디렉션, 이벤트 계획, 마케팅, 커뮤니케이션, 프로젝트 디자인 등과 같은 다양한 분야의 기술과 지식을 모방하려고 애를 썼다.

　도시창생에는 표준 설계도가 없고 래시피도 없다. 모든 도시는 각자의 상황에 처해 있기 때문이다. 따라서 개별 도시가 채용하고 있는 각 분야의 기술과 행동이 무엇에 입각하여 전개되고 있는지를 해석하지 못한다면 다른 도시로부터 배울 수 있는 교훈은 많지 않다. 다른 지역의 표면적 기술만 모방한다면 예산과 시간만 낭비할 뿐이다. 그래서 중요한 것은 사고와 접근 방식이다. 지역의 미래, 성공과 실패는 지역이 어떤 문제에 직면하고 있느냐가 아니라 문제 해결을 위해 어떻게 접근하느냐에 따라서 결정되기 때문이다.

　세계적 금융위기는 도시를 경영하는 방식에도 작용하여 '창조도시'에 대한 지향을 더욱 확산시켰다. 금융의 헤게모니를 장악하여 번영을 자랑하던 세계 도시(world city)들은 큰 어려움에 처해 있다. 반면, 한 때의 번성 후 침몰의 길을 걷고 있던 일부 도시들의 성공적 경영을 바라보면서 창조도시에의 관심이 집중되고 있다. 이제 창조도시라는 슬로건과 함께 창조도시를 지향하는 것 그 자체만으로도 도시창생의 새로운 희망처럼 여겨지고 있다. 창조도시라는 발상의 적용은 도시창생이라는 목적 달성을 위한 목표처럼 인식되고 있는 것이다.

창조創造한다는 것은 세상에 없는 것을 생각하고 만들어 내는 것이며, 만들어 낸 것을 발전시키는 것이다. 따라서 창조란 생각의 변화를 일으키는 것으로 시작하는 것이며, 고정관념을 바꾸는 것이야말로 창조행위의 출발이다. 문제는 고정관념을 바꾸는 것이 너무 어렵다는 점이다. 특히 집단이나 조직의 고정관념을 바꾸는 행위는 참으로 어렵다. 성장 동력이 변하여 도시가 서서히 가라앉고 있는데도 과거의 방책을 고집하는 지역이 그토록 많은 이유가 여기에 있다. 그러나 그러한 사람들과 그러한 사회는 새로운 내일을 기대할 수 없다.

창조행위는 에너지를 투입하여 더 큰 에너지를 만드는 과정이다. 플라즈마라는 엄청난 에너지를 창출하려면 먼저 진공상태를 만든 다음 이를 냉각시키고, 이러한 바탕에서 자장磁場을 일으켜 부양을 시켜야 한다. 인간 집단이 빚어내는 창조행위도 마찬가지다. 순간 순간 비울 것은 비우고 채울 것은 채울 때 새로운 가능성이 잉태된다. 창조는 비우고 채우는 과정이다. 한 나라의 발전이나 도시의 성장도 마찬가지다. 발전은 그 구성원들이 비우고 채우는 창조성의 총화로 결정되는 것이다.

도시창생 사업은 특정한 지역의 지리적·자연적 특성과 문화적 소산 및 다양한 인재의 창조력을 최대한 활용함으로써 지역에 활력을 불어넣으려는 종합 사업이다. 지역에서의 창조활동이란 아무 것도 없는 장소, 예컨대 백지에 그림을 그리듯이 수행하는 것이 아니다. 어떤 지역에도 재래在來의 자연이 있고 풍토가 있으며, 생활을 영위하는 삶이 있다. 지역에서의 창조활동은 그러한 토대 위에서 새로움을 더해 가는 것이다. 따라서 지역에서의 창조활동은 지역을 창조적으로 재생시키는 사업이므로, 이를 지역창생 사업이라고 말할 수 있다.

도시창생 사업은 유형적인 건조물이나 사업체 그리고 제도를 만드는 것이 그 전부가 아니다. 지역창생의 결실로서 무엇보다도 중요한 것은 주민의 마음을 모으고 또 외부 사람의 마음을 얻는 것이다. 한 지역이 외부의 사람들에게 자신들이 기대하는 감정을 가지게 하거나 자신들과 동일한 감정을 가지게 하려면 먼저 지역 주민들 사이에 공유되는 그들 나름의 공통 감정이 전제되어야 한다. 감정을 공유하지 않고 있는 지역사회가 아무리 외형적인 투자를 한다고 하더라도 좋은 관광지로 발전할 수 없는 이유가 여기에 있다.

본서는 자신의 지역을 재창조하려는 설계자와 그 실천자들을 위한 것이다. 그러나 본서는 지역창생의 행동원리를 분야별로 분석하여 그 모델을 제시하려는 것이 아니다. 각 분야를 횡단적으로 보는 것을 통해 지역창생 정책의 입각점과 그것에 입각하여 다양한 분야에서 지식과 기술을 창조적으로 적용하는 전략적 방식을 정립하려는 것이다. 지역을 재창조하려면 먼저 지역의 바람직한 모습을 그려야 한다. 개인이 자아를 정립해야 만족하고 행복할 수 있듯이, 지역도 자신이 지향하는 구체적 목표를 세우고 실천해야 한다.

본서는 지역이 스스로의 정체성을 확립해 나가는 행동원리, 즉 지역의 미래를 주체적으로 설계하고 이를 실현해 나가는 창조적 사고와 행동방식을 정립하려는 것이다. 설계란 어떤 모델을 모방하면 그것으로 충분한 것이 아니다. 이미 존재하고 있는 것을 모방하기보다는 전혀 새로운 것, 즉 제로 상태에서 새로운 것을 만들어 내는 것이야말로 가치 있는 창조 작업이다. 본서는 도시의 경영자가 자신의 도시를 설계하고 실천할 때 일이관지(一以貫之) 해야 할 기본적인 입각점(마음가짐과 사고의 원리)을 제시하려는 것이다.

본서는 지역을 창생시키고 창조적으로 경영하려면 다음 사항을 실천하고 지켜나가야 한다는 전제하에 집필한 것이다.

첫째, 절실한 꿈을 가져야 한다.

창조는 절실히 필요로 할 때 이루어지는 것이다. 지역에서의 창조활동은 그것을 절실히 필요로 할 때 전개되는 것이다. 절실한 만큼 시간과 정성을 다하여 가치 창출이라는 적극적 결실을 키워 나가게 되는 것이다. 창조성을 발휘하여 성공한 사람들은 꿈속에 있는 자신自身으로부터 현실의 자신을 확립했다. 자기 동일성의 확립, 즉 분명한 자기확립이 창조성을 발휘시킨 것이다. 도시도 마찬가지다. 분명한 지향점이 있어야 창조적 경영이 가능해진다. 명확한 목표는 그것에 도달하기 위해 무엇이 필요하다는 것을 일깨워주는 것이다.

둘째, 하나로 일관해야 한다.

넘버원(Number One)이 아니라 온리원(Only One)을 추구하고 하나로 일관해야 한다. 도시경영 전 분야를 하나의 고유한 입각점으로 일관해야 하는 것이다. 지역 브랜드는 성공한 남들처럼 해서는 가꿀 수가 없다. 자신만의 고유한 모습을 창조해야 한다. 예컨대, 도시의 건축과 경관, 광고와 캠페인 그리고 이벤트에 이르기까지 도시를 전체적으로 일괄하여 기획하고 실천해야 한다. 그래서 그 도시에 들어서면 아무 말을 듣지 않아도 '그 도시다운 고유한 모습'에서 이미 무언의 메시지를 읽을 수 있도록 해야 한다.

셋째, 오페라처럼 함께 해야 한다.

지역의 경쟁력은 네트워크로 확산된다. 지역창생의 과업은 손 모아 함께 할 때 가능해지고, 지역경영의 창조성은 고립된 형태에서 발휘되지 않는다. 그것은 상상가와 실무가 그리고 다양한 주체들이 오페라처럼 함께 할 때 발휘된다. 도시를 창조적으로 경영하려면 협동의 유전자를 심고 퍼트려 세상의 능력을 끌어들여야 한다. 지역의 창조성은 여러 사람들이 힘을 합해 함께 추진하는 수완이 뛰어나며, 그러한 지식과 능력을 더욱 많은 대상에 적용할 때 확대되고 재생산된다.

넷째, 역사를 인식하고 장기적으로 대응해야 한다.

도시창생이라는 과업은 역사 사업이다. 전통과 경험에서 창조의 계기를 발견하고, 창조력을 발휘하여 전통을 발전시켜 나가야 한다. 창조적 활동이란 전통으로부터 벗어나야만 하는 것이 아니며 전연 새로운 것을 추구해야 하는 것도 아니다. 창조성이란 지금까지 인류가 쌓아 온 지식과 전통을 발전시켜 나가는 것에서 발휘된다. 창조적인 사람들은 어제의 결과로서의 오늘에 만족하지 않고 내일을 위한 오늘이 되도록 애를 쓴다. 후손들로부터 빌려 쓰고 있는 향토에 조금이라도 가치를 더하는 삶을 살아가려고 노력하는 것이다.

2010년 10월 22일
탄생 100주년이신 아버지를 그리워하며
강형기

〈차례〉

地域創生學 序說 ▪ 5

제1장 지역창생의 문화전략

제1절 지역창생의 문화전략과 창조도시 ▪ 17
  Ⅰ. 창조도시의 대두 ▪ 17
  Ⅱ. 지역창생과 문화적 이노베이션 ▪ 21
제2절 지역창생의 다양한 문화전략 ▪ 25
  Ⅰ. 문화예술로 경작하는 지역창생 ▪ 25
  Ⅱ. 창조산업으로 경작하는 지역창생 ▪ 37
  Ⅲ. 고유 자원으로 경작하는 지역창생 ▪ 44
  Ⅳ. 풍토로 경작하는 지역창생 ▪ 53

제2장 지역창생의 조건과 창조적 환경의 창조

제1절 창조성의 다양한 조건 ▪ 65
제2절 정치제도적 조건 – 경쟁의 제도화와 지방분권 ▪ 69
  Ⅰ. 위기감의 공유 ▪ 70
  Ⅱ. 지역간 경쟁체제의 확립 ▪ 74
  Ⅲ. 지방분권과 정부의 지원체제 확립 ▪ 78
제3절 공간적 조건 – 문화적 공간과 창생의 거점 구축 ▪ 81
  Ⅰ. 문화적 환경의 정비 ▪ 82
  Ⅱ. 창조산업의 기반조성 ▪ 86
  Ⅲ. 창생의 교두보 조성 ▪ 92

제4절 인간적 조건
　　　　 - 리더십과 네트워크의 구축 및 개방성의 함양 ▪ 97
　Ⅰ. 인재의 육성 ▪ 98
　Ⅱ. 네트워크의 구축 ▪ 101
　Ⅲ. 관용성의 함양 ▪ 106
제5절 창조도시로부터의 메시지 ▪ 113

제3장 지역브랜드의 창조와 브랜드경영

제1절 도시경영의 문화전략과 지역브랜드 ▪ 121
　Ⅰ. 지역브랜드 창조의 함의 ▪ 121
　Ⅱ. 지역브랜드의 성격과 가치 ▪ 126
제2절 지역브랜드의 구조와 구축 프로세스 ▪ 133
　Ⅰ. 지역브랜드의 가치구조 ▪ 133
　Ⅱ. 지역브랜드 구축 프로세스 ▪ 137
　　1. 대상 지역의 설정과 추진 조직의 구성 ▪ 138
　　2. 브랜드 자원(지역자원)의 발굴 ▪ 140
　　3. 브랜드 목표와 브랜드 컨셉의 설정 ▪ 141
　　4. 지역브랜드의 계획실행 ▪ 142
제3절 지역브랜드의 파워 형성과 아이덴티티 ▪ 142
　Ⅰ. 제품으로서의 지역브랜드 - 지역의 독창성 ▪ 144
　Ⅱ. 조직으로서의 지역브랜드 - 내발적 연대성 ▪ 147
　Ⅲ. 인격으로서의 지역브랜드 - 일관성 ▪ 155
　Ⅳ. 심볼로서의 지역브랜드 - 교류성 ▪ 160
제4절 지역브랜드의 홍보와 관리 ▪ 163
　Ⅰ. 지역브랜드 커뮤니케이션 ▪ 164
　Ⅱ. 지역브랜드의 관리와 혁신 ▪ 168

제4장 자원의 창조적 발굴과 개발

제1절 수요와 가능성의 탐색 - 天의 時를 읽어라 ▪ 177
　Ⅰ. 시대의 눈으로 창조하는 지역자원 ▪ 177
　Ⅱ. 슈퍼고객의 눈으로 발굴하는 지역자원 ▪ 180
　Ⅲ. 장기적인 안목으로 발굴하는 지역자원 ▪ 185

제2절 고유자원의 개발과 활용 - 地의 利를 활용하라 ▪ 189
　Ⅰ. 고유가치의 발굴과 개발 ▪ 189
　Ⅱ. 고유가치의 재창조 ▪ 203

제3절 리더십의 발휘와 협동의 연출 - 人의 和를 연출하라 ▪ 214
　Ⅰ. 리더십의 발휘 ▪ 214
　Ⅱ. 네트워크의 가동 ▪ 226

제5장 지역창생과 협동의 실천

제1절 목표 설정과 도시창생 ▪ 237
　Ⅰ. 목표 설정의 함의 ▪ 237
　Ⅱ. 목표설정 방법과 절차 ▪ 245

제2절 협동과 연대의 구축 ▪ 251
　Ⅰ. 인재의 발굴과 참여의 확대 ▪ 251
　Ⅱ. 공감의 창조와 공유의 확산 ▪ 254
　　1. 문제의식의 공유 ▪ 254
　　2. 공감의 확산 ▪ 256
　　3. 목표의 공유 ▪ 257

제3절 실행시스템의 구축 ▪ 259
　Ⅰ. 역할분담과 지원체제의 구축 ▪ 259
　Ⅱ. 사업과 지역 간의 연대 ▪ 262

제6장 무엇을 위한 창생이며 발전인가

제1절 지역 창생과 발전의 의미 ▪ 267
제2절 내발적 발전론의 비판적 재구성 ▪ 271
제3절 지역발전의 진정한 의미와 지역창생의 목표 ▪ 276
    1. 경제적인 성장 ▪ 278
    2. 자립성(Self-reliant)의 향상 ▪ 282
    3. 내발성(Endogenous)의 확립 ▪ 284
    4. 생태적 건강성(Ecologically sound)의 증진 ▪ 286
    5. 품격의 함양 ▪ 288

[맺음말을 대신하여] ▪ 293
[참고문헌] ▪ 297
[색인] ▪ 319

제1장

지역창생의 문화전략

자본의 국제이동, 생산의 글로벌화, 정보기술의 혁신에 의해 세계적인 규모로 생산과 서비스, 부를 창출하는 입지가 변하고 있다. 인건비와 물건비, 토지비의 국제비교에 의해 해외로 이전하는 기업이 늘고 있다. 도시계획, 시설계획, 사업계획 등 모든 분야에서 인구 증가를 전제로 해왔던 지방정부에게 인구 감소는 무엇보다도 치명적이다. 시간과 공간에 대한 관념이 바뀌면서 우리의 생활도 가상공간과 사이버공간을 포함해서 재구성되고 있다.

이동성과 가상화의 증대는 정주定住감각을 무디게 하고 있고, 근린近隣 레벨에서조차도 커뮤니티라는 감각이 사라지게 한다. 커뮤니티를 구성하는 사회적 동질성, 비非이동성, 협동의 필요성 등이 점점 소멸하고 있기 때문이다.* 이러한 상황에서 주민의 이동성은 지방이 연출하는 어메니티(amenities)의 질과 지방정부의 능력에 크게 영향을 받는다. 공업사회에서는 기계설비의 집적 정도에 따라 지역경제가 발전했다. 그러나 지식사회에서는 유능한 인재를 얼마만큼 어떻게 결집시킬 것인가에 따라서 지역발전이 결정된다. 어메니티가 보장된 생활공간이야말로 생산의 자장磁場이 되는 것이다.

주민의 이동요인이 변했고, 주민이 지방자치단체를 선택하는 시대에 있어서는 지방경영의 패턴도 근본적으로 바뀌어야 한다. 식당이나 백화점이 고객을 끌기 위해서 온갖 유인책을 내놓듯이, 갖가지 기발한 이주유치(移住誘致)와 정주책(定住策)을 짜내지 않으면 지방정부도 폐업을 선언해야 시대가 된 것이다.

지역 간 치열한 경쟁을 해야 하는 시대에는 지역 그 자체가 하나의 상품으로서 선택받는 시대이다. 지방정부가 이러한 시대적 요구에 부응하는 정책을 한 마디로 표현한다면 '문화적 지역경영'이라 할 수 있다.

---

* Charles Landry, *Creative City*(London : Comedia, 2002), p. 36.

제1절 지역창생의 문화전략과 창조도시

Ⅰ. 창조도시의 대두

경제의 세계화와 산업구조의 급격한 변화, 인구의 감소와 고령화 등에 의해 일부의 대도시를 제외한 거의 모든 지역이 침체의 길로 접어들고 있다. 이러한 상황에서도 주민들이 윤택하고 풍요롭게 살면서 애착과 긍지를 가질 수 있는 지역사회를 만들어 가려면 어떻게 해야 하는가. 지역의 지리적·자연적 특성과 문화적 소산 및 다양한 인재의 창조력을 최대한으로 활용하여 매력 있는 취업 기회와 쾌적한 생활기반을 새롭게 정비할 수는 없는 것인가.

지역에 어두운 그림자가 드리워지고 있는 지금, 지역정책과 도시 경영에 희망의 메시지를 주고 있는 새로운 메타포(metaphor)가 있다. 창조도시(Creative City)라는 새로운 지향이 그것이다. 창조도시는 도시의 시대인 21세기에 들어서면서 각광을 받기 시작한 지역창생 전략이다. 창조도시라는 새로운 도시경영 전략은 많은 도시들이 침체의 늪에서 허덕이고 있는 가운데 왜 몇몇 도시는 지난 30여 년 간 급속한 변화의 물결 속에서도 잘 적응해 왔는가를 고찰하는 가운데 생성된 것이다.

바르셀로나, 시드니, 밴쿠버, 헬싱키, 글래스고, 뱅갈로, 아흐메다바드, 쿠리치바, 로테르담, 더블린, 독일 루르지방의 엠셔 강변을 따라 형성된 클러스터, 취리히 주변, 칼스루에, 스트라스부르그 등과 같은 도시들은 급속한 변화의 물결에도 불구하고 사회경제적으로 크게 발전했다. 그러나 여타의 도시들은 변화의 물결에 끌려다닌 희생양이 되고 말았는데 그 이유는 무엇일까? 이러한 의문을 풀어가는 가운데 창조도시라는 메타포가 생성된 것이다.[1]

지금까지 지역과 도시에 관한 연구는 다양多樣하고도 다기多岐하게 전개되어 왔다. 연구자마다 자신의 창문으로 도시를 들여다보고 도시를 읽으며 도시를 그려 왔다. 도시는 연구자가 그려보고 싶은 지적 관심에 따라서 모자이크 되었고, 그만큼 다양한 도시상이 그려져 왔다. 따라서 최근 30~40년 사이에 도시를 연구하는 학자들이 사용하는 키워드도 많은 변천을 거듭했다. 1970년대의 선진국에서는 도시의 쇠퇴(urban decline)라는 용어가 범람했고, 1980년대에는 거대 도시의 새로운 번영을 설명하는 개념으로서 세계도시(world city)라는 개념이 등장했다. 1990년대를 맞이하면서는 좋은 도시(good city)를 건설해 나가는 데 있어서 장애요인은 무엇이며, 미래의 바람직한 모습은 어떤 것이어야 하는가를 논의하게 되었다.[2]

유럽 사회의 경우, 1980년대에 들어서면서 제조업 분야의 쇠퇴와 함께 청년실업을 비롯하여 대량 실업자가 양산되기 시작했다. 설상가상으로 대부분의 국가들은 복지국가의 종말을 맞은 것처럼 재정위기에 직면하게 되었고, 국가로부터의 재정지원이 줄어든 도시들은 스스로의 자구책을 강구해야 했다. 이러한 상황에서 도시경영자들은 어떻게 하면 국가의 재정지원 없이 자립하고 또 지속적으로 발전해 갈 수 있을 것인가를 고민하게 되었다. 그리고 시설 위주의 정책으로 도시의 경쟁력을 키워 나가려는 노력의 한계를 절감하고,

---

1) Charles Landry, *Creative City*(London : Comedia, 2002), p.3.
2) 加茂利男, 『世界都市と創造都市』, 創造都市(東京 : 學藝出版社, 2007), pp. 14~15.

재원의 한계라는 압박에서 새로운 돌파구를 찾으려고 몸부림쳤다.

그러한 가운데 글로벌화의 물결 속에서 제조업의 쇠퇴와 고용의 감축 그리고 도시 중심부의 급격한 쇠퇴에 직면한 일부 도시들은 지적이고도 부가가치가 높은 산업의 발전에 주목했다. 그리고 시장경제의 논리에서 사라져 가던 지역 고유의 산업과 문화가 오히려 현재의 도시가 직면하고 있는 각종 문제를 해결할 창조적인 힘의 원천이 될 수 있다는 사실을 알게 되었다. 안정된 지역경제를 구축하고 자긍심을 가지고 살아가도록 하기 위해서는 종래의 전략을 수정해야 한다는 것을 자각하게 된 것이다. 그리하여 지역의 고유 자원을 새로운 창조의 기점으로 활용하려고 했던 것이다.

창조도시라는 메타포는 바로 이러한 몸부림 속에서 탄생한 것이다. 오늘날 희망의 언어로 사용되고 있는 창조도시라는 메타포는 도시경영과 재정상태가 절망적인 상황에서 생성된 것이다. 창조도시야말로 절망을 희망으로 변용시키려는 지역창생의 문화전략이다.

그러나 창조도시라는 개념은 아주 다양한 요소를 내포하고 있기 때문에 그 용어를 쓰는 사람의 입장에 따라서 미묘한 차이를 나타내고 있다. 창조산업의 진흥을 중심으로 접근하면 그것은 산업 입지론立地論으로 전개될 수 있다. 문화정책론의 관점에서 살펴보면 아트 매니지먼트를 중심으로 한 논리가 전개된다. 창조도시라는 접근법으로 지역에 활력을 불러일으킨 사례들은 그 활동가의 활동 환경을 중심으로 전개되어 왔다.

창조도시라는 용어를 처음으로 사용한 제인 제이콥스(J.Jacobs)는 『도시와 국가의 부』라는 저서에서 국민경제를 발전시키기 위해서는 도시경제를 창조적으로 부흥시켜야 한다고 하면서, 이탈리아의 볼로냐와 피렌체처럼 인구 규모가 40만에서 50만 명인 도시를 가장 적절한 규모라고 생각했던 것 같다.3) 리처드 플로리다(Richard Florida)는 대도시의 창조성에 주목하고 창조산업의 중요성을 강조하면서 창조 계급이 선호하는 개성적이면서도 관용적인 도시환경의 조성을 중시하고 있다.

찰스 랜드리(Charles Landry)는 지역이 성장해 가는 과정에서 직면하게 되는 각종 문제들을 지역이 어떻게 창조적으로 해결해 나갈 수 있을 것인가에 초점을 두고 연구하였다. 랜드리의 연구 결과에 의하면, 소규모의 마을도 그 지역이 창조적 환경을 조성할 수만 있다면 창조적인 도시가 될 수 있다. 랜드리는 그의 저서의 일본어판 서문에서, 인구 6만 명의 나가하마시(長浜市)와 인구 1만 2천 명인 오부세쬬(小布施町)가 전통 자원을 활용하여 지역 브랜드의 구축에 성공하고 있는 점을 주목하면서 이들 도시야말로 창조적 도시의 전형이라고 평가하고 있다.

창조도시라는 메타포는 살기 좋은 지역을 건설하는 데 있어 장애요인이 무엇이고 미래의 달성 가능한 모습이 무엇인가를 종합적으로 논의하는 과정에서 탄생한 것이다. 그러나 창조도시는 어떤 구체적인 모습을 갖고 있는 것이 아니다. 행동을 위한 하나의 슬로건으로서의 지향점을 제시하는 것이다. 창조도시가 전하고자 하는 핵심 메시지는 대도시, 중소도시, 도회지는 물론이고 심지어는 조그마한 마을에서도 창조적으로 생각하고 계획하고 그것을 행동에 옮길 수 있는 조건만 충족된다면 지역을 활기차게 만들 수 있다는 것이다.4)

---

3) 창조도시라는 용어를 처음으로 사용한 사람은 미국의 도시경제학자 제인 제이콥스(J. Jacobs)이지만, 창조도시라는 아이디어가 제기되기 시작한 것은 1980년대 말 무렵이고, 그것이 본격적으로 논의된 것은 1990년대 초부터이다.

Ⅱ. 지역창생과 문화적 이노베이션

창조도시라는 지역창생의 새로운 접근법은 우수한 산업·문화·기술의 창조력과 국제적인 네트워크를 가진 도시를 만들기 위해 창조적으로 노력하는 도시를 말한다.

고유의 역사와 독창적 문화가 있는 곳은 세계와 소통하는 도시로 발전한다. 한 도시는 그곳이 고유한 문화를 구축하는 것만으로도 글로벌한 도시 관계 속에서 자신의 위치를 가지게 된다. 창조도시라는 새로운 발상은 독자성 있는 고유한 문화를 키워 나가고 자립적인 경제기반을 재구축한 도시의 성공 사례에서 자극받은 지역창생의 문화적 접근법이다.

최근 세계의 많은 도시들은 예술문화의 창조성을 높임으로써 시민의 활력을 이끌어 내고 도시경제에 활력을 불어넣는 문화전략에 주력하고 있다.[5] 안토니오 가우디로 상징되는 건축의 메카 바르셀로나, 바그너의 음악이 있는 도시 바이로이드, 와인 문화의 심볼 보르도, 물의 도시 베네치아처럼 중규모이거나 소규모일지라도 세계로 통하는 도시는 수없이 많다. 특히 바르셀로나는 문화와 예술로 일구고 있는 대표적 도시로 꼽히고 있다.

바르셀로나가 창조적인 도시의 대표로 손꼽히는 이유는 다음과 같다. 첫째, 현대예술의 에너지가 도시 전체에 충만해 있고, 시민

---

4) 임상호(역), 『창조도시』(서울: 해남, 2005), pp. i~v.
5) 加茂利男, 世界都市と創造都市, 『創造都市』(東京 : 學藝出版社, 2007), p.15.

들은 이러한 분위기를 십분 활용하고 있다. 순수예술의 세계에서 볼 때 피카소, 달리, 조안 미로 등과 같은 거장이 바르셀로나 주변에서 태어났고, 이들 3인의 개인 미술관을 비롯하여 46개의 미술관과 박물관이 있다. 또한 산타마리아 성당을 비롯한 공원과, 안토니오 가우디파 건축가들에 의한 건축물들도 독특한 경관과 개성 있는 분위기를 연출하고 있다.

바르셀로나에는 그러한 예술 창조의 에너지가 과거에서부터 현재까지 맥을 이어가고 있다. 예술문화의 창조성을 산업에 활용한 창조산업군(創造産業群)이 도시경제를 일으키는 새로운 엔진이 되어 고용과 부富를 만들어 내고 있다. 예컨대, 최근 오디오 비주얼 관련 산업을 비롯한 창조적 문화산업의 성장이 비약적으로 늘어났다. 바르셀로나 GDP의 7%, 고용의 8.5%가 문화 관련 산업이며, 매년 500만 명의 관광객이 바르셀로나를 찾고 있어 문화관광 분야도 호황을 누리고 있다.[6]

문화로 도시를 재창조하려는 전략은 그 지역만이 가진 고유 가치를 창조하여 발전해 가려는 전략이다. 발전을 지향한 프로세스로서, 그리고 여정旅程으로서의 문화 전략을 구사하려는 이유는 단순하다. 창조적인 인재들이 모여들도록 하고, 그곳에서 지식과 아이디어 등이 교류됨으로써 새로운 산업과 문화가 창조되기를 기대하는 것이다. 지역창생의 성패는 보다 많은 창조적 인재들이 다양하고도 밀도 높게 교류할 수 있는 공간과 시간, 즉 창조적 환경을 만들어 내느냐의 여부에 달려 있기 때문이다.

창조적 환경은 창조적 인재를 키우고, 창조적 인재는 창조적 환

---

6) 佐佐木雅幸, "創造都市論の系譜と日本における展望",『創造都市』(東京: 學藝出版社, 2007), pp.31~33.

경을 만들어 나간다. 21세기의 도시가 세계의 무대로 나아가려면 지식집약형 산업을 도입하고 벤처기업의 육성을 통해서 새로운 산업을 개척하는 것도 중요하다. 이를 위해서는 도시의 이노베이션을 담당할 창조적 인재를 확보하여 육성하고, 그러한 인재들이 살고 싶어 하는 도시환경을 만들어야 한다.

이노베이션이란 지역에서 신기술·신상품 개발이 활발하게 전개되어 기존 산업의 고도화와 신산업의 도입이 촉진되고, 창업과 벤처 및 기존의 기업들이 제 2의 창업을 활기차게 하는 엔진기능을 하는 것이다. 따라서 지역에서 이노베이션을 담당할 창조적 인재가 결집하도록 하는 것이야말로 지역창생의 플랫폼이다.

이노베이션을 담당하는 창조적인 인간과 그들의 네트워크가 발하는 창조성이 왜 지역창생을 위한 최고의 자원인가? 그것은 지역발전의 원동력이 극적으로 바뀌기 때문이다. 인간의 지혜, 욕망, 동기, 상상력, 창조력이라는 요소는 지금까지 도시의 중요한 자원으로 기능해 왔던 입지, 자연자원, 시장의 접근성보다도 더 중요해진다. 한 지역을 경영하는 최고의 자원은 그 구성원들의 풍부한 상상력과 그 상상력을 생산적으로 활용하는 창조적인 조직, 그리고 그러한 조직을 지원하는 리더십(정치문화)이다.[7]

우리는 도시를 경영하는 사람의 창조성이 미래의 성공을 결정하는 시대에 살고 있다. 어느 시대에나 그 쇠퇴는 물질보다도 심성心性에 각인된 폐퇴의 요인에서 비롯했다. 맹자孟子는 말했다. "사람은 모름지기 자기가 스스로를 멸시한 후에야 남들이 그를 멸시하며, 한 국가가 멸망하는 것은 반드시 그 국가 스스로가 멸망할 짓을 한 후에 다른 나라가 그를 멸망시킨다."[8] 그렇다. 지역발전의 원동

---

7) Charles Landry, *Creative City* (London: Comedia, 2002), p.3 .

력이 근본적으로 바뀐 현재의 문제를 한물 간 선왕지도(先王之道)로 대응하면서 운명을 탓해서는 안 된다.

발전하는 지역의 사람들은 지역의 운명론적 진로에 따르지 않고 자신들의 희망과 이상을 실현하기 위해 스스로 정한 정책에 따른다. 발전하는 도시에서 활동하는 중심 인물들은 개방적인 시각, 모험을 무릅쓰는 도전의식, 전략적 사고, 명확한 장기목표의 소유, 지역의 고유성을 활용하여 약점을 강점으로 바꾸는 능력, 다른 사람의 지혜를 존중하고 적극적으로 배우려는 자세를 가지고 있다. 발전하는 지역에서는 사람들의 그러한 특질들이 결합되어 구성원과 조직, 이들이 짜내는 프로젝트 그리고 최종적으로는 지역을 창조적으로 변화시키는 것이다.[9]

이렇게 볼 때, 지역창생의 관건은 지역에서 창조적인 인재를 육성하고, 육성된 인재들의 창조력을 북돋우어 지역의 창조적 자원을 발굴하고 활용하는 것이다. 그리고는 인재와 인재, 인재와 자원의 네트워크를 구축하여 인재와 자원의 가능성을 키워 나가는 것이다. 그러나 쇠퇴衰退하고 조락凋落하고 있는 곳에서는 인재를 육성하려는 의지도, 인재에게 기회를 부여하는 시스템도 미약하여 창조성의 잠재력이 고갈되어 있다. 그렇지 않았더라면 그곳은 이미 쇠퇴에서 탈출했을 것이다. 지역이 새로운 인재를 받아들이고 육성하며 인재들 간의 네트워크로 창조력을 극대화하는 것이야말로 지역창생의 출발이다.

---

8) 『孟子』離婁王章句(上) : "人必自侮以後人侮之, 國必自伐以後人伐之."
9) Charles Landry, *Creative City* (London: Comedia, 2002), p.4. .

제2절 지역창생의 다양한 문화전략

Ⅰ. 문화예술로 경작하는 지역창생

　20세기의 도시들은 고용과 세금납부라는 장점 때문에 대기업 유치에 목을 매었다. 그러나 모든 지역이 대기업을 유치할 수 있는 것은 아니며, 설사 대기업을 유치한다고 하더라도 그것만으로 한 지역이 행복하게 살아갈 수 있는 것도 아니다. 또한 전국에 지점망을 형성한 대기업들은 지역의 전통공예와 토착산업을 밀어내고 지역마다의 고유한 생산양식과 기술을 가졌던 장인들의 설 자리를 앗아간다. 그 결과 지역의 고유성을 배경으로 한 전통과 예술 그리고 그러한 토대 위에 구축되었던 지역문화가 상실되도록 한다.
　경제적 효용성만을 추구하는 기업들이 지역의 오래된 건물, 정감 있던 개울, 옛 길과 경관을 무차별적으로 파괴하는 것도 지역경제의 근본을 파괴하는 것이다. 따라서 지역발전을 위한 효율이라는 것은 경제 그 자체만이 아니라 보다 종합적인 관점에서 고찰해야 한다는 것을 인식하게 되었다. 도시정책을 효율적으로 추진하려면 지금까지 별개의 분야로 다루어 왔던 문화, 경제, 사회, 공간계획이 실로 밀접한 관계를 가진다는 인식 하에 그 대응책을 강구해야 한다는 자각을 하게 되었다.
　지역에 활력을 불러일으키려는 정책은 종합적인 관점에서 문제를 인지하고 포괄적으로 대응할 때 빛을 발할 수 있다. 이러한 관점에서 종합적으로 지역창생을 기획·실천하고 있는 도시로서 일본의 요코하마시(橫浜市)를 주목할 필요가 있다. 요코하마는 2004년부터 "문화예술 창조도시"를 슬로건으로 하여 도시정책을 실천하고 있다. 요코하마시의 특징은 문화예술, 산업, 지역개발(마찌쯔꾸리)을 통합하여 일체적으로 대응하고 있다. 지금까지 개별 영역으로 취급해 왔던 문화정책, 산업정책, 도시계획을 융합하여 총괄적으로 대응하는 새로운 이노베이션을 실험하고 있다.[10]

예술과 문화를 통해 지역사회의 잠재력을 발현시키고, 예술문화의 창조적 파워를 통해 새로운 산업을 잉태시키는 것은 창조도시 전략의 기본이다. 따라서 지혜로운 도시 경영자들은 예술에의 투자가 창조적인 인재를 양성하는 지름길이며, 그것은 바로 미래에 대한 투자라는 것을 알고 실천했다. 문화는 경제에 의해 지탱되는 것이지만, 경제 또한 문화에 의하여 향도된다는 것을 자각하고 인간의 마음을 경작하는 산업을 중시한 것이다. 21세기의 도시와 산업은 '마음의 밭(心場)'이라는 문화를 경작함으로써 발전하는 것이기 때문이다.

20세기의 도시들은 법률과 행정 그리고 토목기술자들에 의해 관리되어 왔다. 그러나 이제부터는 아티스트와 디자이너의 힘을 더해야 한다. 좌뇌左腦로 움직이던 행정에 문화와 예술로 상징되는 우뇌형右惱形 사고방식을 더할 때 새로운 가능성이 생긴다. 지금 우리의 시대가 필요로 하는 창의적인 사고와 아름다운 도시는 좌뇌형 인재와 우뇌형 인재들이 결합할 때 그 창생이 시작된다.

역사적으로 볼 때, 창조가 실현된 곳은 그 사회가 일종의 자기검

---

10) 橫浜市·鈴木伸治(編),『創造性が都市を変える』(東京: 學藝出版社, 2010), pp. 12~13.

증(自己檢證)을 하고 있는 것처럼 기존의 질서에 반항하면서 새로움을 추구하고 있거나 심각한 도전에 직면한 불안정한 장소였다. 모든 질서와 기준이 소멸한 사회에서 창조성을 발휘하기란 어렵지만, 반대로 틀에 짜여질 정도로 정체된 사회에서도 창조성을 발휘하기는 어렵다. 절대적이고 당연한 가치에 지배되어 살고 있는 곳에서 개성 있는 삶을 개척하기가 어려운 이유는 무엇인가. 그러한 곳에서는 '살아가는 것이 아니라 살아지는' 것이기 때문이다.

그런데 예술가는 남과 다르게 바라보면서 새로운 도전을 하도록 학습한 사람이다. 그래서 예술에는 행동과 사상을 규정하는 낡은 틀에 대한 불만과 불안의 에너지를 표현하는 동시에, 그 에너지를 육성하여 사회의 소리로 만들려는 꿈이 함축되어 있다. 예술의 '창조적 파괴'라는 요소가 도시의 창조성을 북돋우는 것이다. 따라서 사회적 문제(Social Agenda)에 예술이 관여하게 되면 종래의 해법과는 다른 발상으로 접근하므로 전연 다른 해결책이 나오기도 한다. 예술만이 가진 힘이 발휘되는 것이다.

예술가의 창조적 발상은 기존과는 다른 새로운 가치관과 방식을 제시하고, 그 새로움을 토대로 사회의 존재 양상 그 자체를 변혁시키는 이노베이션을 가져오기도 한다. 그래서 예술과 문화를 경작耕作함으로써 지역을 발전시키려는 곳에서는 예술가와 문인들의 창조성을 도시창생의 원동력으로 활용하고 있다. 도시의 활력을 불러일으키기 위하여 예술과 문화를 중시하고, 예술과 문화를 육성하기 위해서 예술가와 창조자를 중시하고 있는 것이다.

21세기의 도시가 중시하는 예술은 '예술을 위한 예술'이 아니다. 예산을 투입하여 보존 기능을 수행하는 닫힌 박물관이나 미술관을 만드는 것도 아니다. 추상적인 현대 예술일지라도, 시민에게 개방되고 생활문화 속에 파고들어 산업과 비즈니스에 응용할 수 있는 예술과 문화를 중시한다. 특정한 '무엇을 위한 예술'은 진정한 예술이 아니라고 말하는 사람도 있다. 그러나 예술을 위한 예술이라는 발상은 19세기 이후에 만들어진 생각일 뿐이다. 그 이전에는 가톨릭을 위한 예술, 불교를 위한 예술 등 무엇을 위한 예술이야말로 진정한 예술이었다.

그렇다. 그 무엇을 위한 목적 지향의 예술이야말로 생명력 넘치는 예술이다. 이렇게 볼 때, 행정의 문화화를 추구하는 것만큼 또한 중요한 것은 예술가들이 지역사회와 행정을 이해하여, 행정과 지역사회에 파고들어 가는 것이다.

문화를 경작하여 지역을 일구는 곳에서는 미래를 창조하는 문화 전략의 일환으로 과거와 미래의 결합도 추구한다. 그래서 역사적 건조물과 역사적 경관의 수복修復을 중시하는 것이다. 전통문화와의 대화를 통해 감성을 자극하고, 고유한 발상이 싹트는 분위기를 정비함으로써 그곳에 살거나 일하는 사람들의 창조성을 북돋우기 위해서이다. 따라서 기존의 도시 재개발에서 보여준 것처럼 물리적으로 구조를 정비하고 시설을 확충하는 차원의 경관 개선만으로 만족하지 않는다. 공동체에의 참여라는 문화적 과정을 통하여 지역의 고유 가치를 창조하고 개성을 키우려고 한다.

문화란 생활양식이다. 지역 주민 한 사람 한 사람이 자신의 삶에 긍지를 가지고 있고, 그 모습이 있는 그대로 주민의 생활양식에 반영되어 너무나도 매력적이어서 다른 지역 사람들이 동경하는 도시가 될 때, 그 지역은 문화력을 갖고 있다고 말할 수 있다. 문화력이라는 것은 눈에 보이듯이 "아 좋구나!" 하고 느끼게 하는 힘이다.

문화에는 두 가지 차원이 있다. 살아가는 일상의 문화와 축제나 행사 또는 예술과 같은 비일상의 문화가 있다. 지역의 축제처럼 비일상의 문화는 다른 지역의 사람들에게 지역을 알리는 좋은 기회가 된다. 비일상의 문화는 단기간에 사람의 마음을 끄는 가장 효과적인 방법과 수단이다.

그러나 다른 지역의 사람들을 끌어들이고 매료시키는 구심력은 일상의 생활문화에서 우러나오는 것이다. 멈포드가 그의 명저 『도시의 문화』에서 말한 것처럼, 도시의 문화란 궁극적으로는 그 고도한 사회적 표명表明으로서의 생활문화에서 스며나오는 것이다. 따라서 지역창생의 기본 과제는 풍요로운 생활문화를 향유하며 삶을 영위할 수 있는 지역을 만드는 것이다. 그 어떤 기질의 사람에게도 어떤 감성을 가진 사람에게도 안식을 주는 도시라면 그것은 문화적으로 충만한 도시다. 따라서 시민의 내면에 잠재하고 있는 깊은 주관적 욕구에 대응하는 객관적인 장소를 창조하고 보존하려는 노력을 창조적으로 전개해야 한다.

남 프랑스 프로방스 지방의 생활양식, 이탈리아 토스카나 지방 사람들이 살아가는 모습, 워즈워스의 시가 느껴지는 영국 북서부 호수지방 사람들이 살아가는 모습. 그것은 우리가 생각하는 아름다운 생활문화의 전형이다. 식문화도 세련된 것이면 예술의 경지가 된다. 주거문화, 차 문화, 복식服飾, 기타의 서브컬처(sub-culture)와 같은 생활문화도 즐기면 예술의 경지에 오른다. 문화의 꽃은 예술로 피어나는 것이다. 인간의 삶과 살아가는 모습이 매력적일 때 그것은 이미 예술성을 띠게 되는 것이며, 도시는 그러한 예술을 집약적으로 표현하는 장소인 것이다.

군사력과 경제력이 외부를 향해 작용하는 힘이라면, 예술로 견인된 문화력은 내면적으로 마음을 움직이는 힘이다. 20세기의 국가들이 부국강병(富國强兵)을 외쳤다면, 21세기의 국가가 문화력文化力을 추구하는 이유는 단순하다. 군사력과 경제력을 배양하면 '힘의 문명'을 갖게 된다. 그러나 문화력을 양성하면 마음을 끌게 하는 '미의 문명'을 갖게 되는 것이다. 군사력이란 밖을 향하여 생명과 환경 그리고 생활을 파괴하는 힘이다. 경제력은 싸고 좋은 물품을 만들어 시장을 넓히고 개척해서 지배력을 가지는 것이다.[11]

군사력과 경제력에 의하여 지탱되는 문명은 '힘의 문명'이다. 이에 비하여 문화력은 "…그러한 생활을 하고 싶다"고 느끼게 하는 것, "아! 좋아!" 하고 느끼고 생각하게 하는 것이다. 따라서 스스로 찾아오게 하고 스스로 마음을 열게 하는 힘을 발휘한다. 스스로 찾아오는 도시를 만들려면 도시를 틀 짓는 구성요소를 재정비하여 생활환경이 풍요로운 도시를 만들어야 한다. 이를 위해서는 문화활동과 창조활동을 촉발시키고 새로운 문화발전을 위한 무대로서의 도시를 만들어야 한다.

한 도시를 풍요롭게 하려면 인간의 감수성을 풍부하게 하는 정감, 평온, 미감 등과 같은 가치관을 받아들이고 조화시켜야 한다. 인간의 감성을 풍부하게 하는 환경을 만들고, 역사와 전통 등과 같은 지역의 특성을 살리는 것도 중요하다. 그리고 무엇보다도 중요한 것은 그 지역을 '그 지역답게' 가꾸는 것이다. 지역이 지역답다고 하는 것은 그곳에는 기대하는 고유문화가 있다는 것이며, 고유한 모습이 느껴진다는 것이다. 그 지역의 문화를 느끼는 것은 '그 지역 다움'을 느끼는 것이다. '청주답다'고 느꼈다면 그것은 청주의 고유한 모습이 있다는 것이며, '일류식당 답다'는 것은 일류식당에 기대했던 가치가 있다는 것이다. 성장하는 도시란 그 '다

---

[11] 川勝平太, 『文化力』(東京 : ウエッジ, 2006), pp. 101~102.

움'이 충만하여 '가 보고 싶은 도시', '살고 싶은 도시'를 만들어 나가는 도시를 말한다.12)

한 도시의 '다움'은 어떻게 일구어 나가야 하는가? 인간이 다양한 개성을 가지고 있는 것처럼, 도시도 그 속에서 전개되고 있는 인간의 생활과 활동에 의하여, 그리고 지형과 물, 숲이 어우러진 상태에 따라서 다른 도시와 차이를 가지게 된다. 우리는 그러한 다양성을 한마디로 도시의 특성이라고 부른다. 도시는 바로 그러한 특성을 축으로 하여 그 '다움'이 형성되는 것이다. 그러나 한 도시의 '다움'은 공원, 주택, 빌딩과 같은 도시의 외형적 구성요소를 인위적으로 디자인하는 것만으로 완성되는 것이 아니다. 공동체를 함께 가꾸려는 시민의식과 산업문화의 잠재력이 함께 할 때 경작耕作되는 것이다.

문화를 경작함으로써 성공적으로 경영하고 있는 도시의 사례는 참으로 많다. 그 중에서도 바르셀로나는 많은 사람들이 모델로 삼고 있는 창조도시이다. 30여 년 전, 스페인에 민주주의 체제가 부활했을 때만 해도 바르셀로나는 황폐한 공업도시였다. 그러나 디자인과 건축 분야의 자랑스러운 전통을 토대로 건축, 도로, 인테리어, 선박, 카페에서부터 레스토랑을 포함한 디자인 도시로서 아이덴티티를 확립하려고 노력했다. 그 결과 바르셀로나는 도시 자체가 과거가 아닌 현재를 살아가는 예술작품으로 충만한 문화적 명소가 되었다.13)

바르셀로나의 도시창생 사업은 주택, 오피스, 도로에서가 아니라 공공스페이스의 정비로부터 시작했다. 그리고 커뮤니케이션과

---

12) 강형기, 『향부론』(서울: 비봉출판사, 2001), pp. 228~229.
13) Charles Landry, *The Art of City Making* (London : Earthscan, 2006), pp. 362~363.

집회장소를 만들고, 전통적인 이벤트를 부활시켜 시민의 공생의식 (共生意識)을 육성하고 무대예술도 발전시켰다. 이를 위해 문화육성을 도시정책의 핵심으로 위치시켰으며, 특히 공공디자인과 2004년의 세계문화포럼과 같은 대단위 이벤트를 연동시켜 추진했다. 이러한 사업들은 이미 1988년에 시작한 '도시권 전략계획'에 기초한 것으로서, 그 계획에는 이노베이션과 창조성의 가구街區·건설도 포함되어 있었다. 그러한 노력의 결과 바르셀로나는 비즈니스 관련 랭킹 순위가 착실히 상승하여 런던, 파리, 베르세이유, 프랑크푸르트와 같은 유럽의 선진도시들과 경쟁하게 되었고 관광객도 꾸준히 늘고 있다.[14]

빌바오(Bilbao) 시는 철강도시에서 문화도시로 변신한 대표적 모델이다. 스페인의 북서쪽에 위치한 빌바오는 철강, 화학, 조선 등의 산업으로 번성했다. 그러나 1975년 이후 중화학공업의 침체로 실업자가 양산되고 환경도 망가져서 도시는 마치 버려진 언덕처럼 되어 가고 있었다. 더구나 다양한 인종간의 불화는 도시 전체에 먹구름을 더하고 있었다. 이러한 상황에서 빌바오시는 도시의 활력을 회복하고 시민의 문화생활을 고양하기 위한 정책을 입안했다. 그러한 정책의 핵심이 바로 '도시의 문화경영'이었다.

빌바오시는 문화 경영을 통하여 주민의 삶의 질을 증진시키고 도시경제도 성장시키려고 했다. 축제, 감사제, 야외공연 등 다양한 문화행사를 개최했고, 시민간의 연대와 통합을 도모하기 위해 '모두를 위한 스포츠'라는 명제 하에 스포츠 정책을 추진했다. 주민들이 지역에 애착심을 갖게 하고 연대하게 하는 방안으로 지역 청소년들이 시정市政에 참여할 수 있는 계기를 늘리고, 공동체의 각종

---

14) Ibid., p. 368.

시설을 활용할 수 있도록 했으며, 향토교육을 강화했다.15)

특히 빌바오시는 주민들이 참여하여 도시의 미래를 계획하도록 하고, 주민참여로 도시를 발전시키는 문화전략을 중시했다. 이러한 전략은 '구겐하임미술관'16)이 오픈하기 10년 전인 1989년부터 실천한 빌바오시의 장기계획에서 비롯한다. 빌바오시의 장기계획은 잃어버린 항만산업과 제철산업을 대신할 새로운 산업을 염두에 두고 작성한 것이다. 1991년에 설립한 계획추진본부(Metropoli-30)는 주로 미래의 방침 등을 세웠고, 신규 건설사업은 비영리기관(Bilbao Ria 2000)이 담당하도록 하면서17) 계획의 실현을 위하여 문화와 인프라에 지속적으로 자금을 투입하였다.

뿐만 아니라 우수한 건축가들의 참여를 통하여 도시 내부에 새로운 중심성을 구축하는 사업도 추진하였다. 중심 시가지의 중심성을 구축하기 위하여 질적으로 높은 수준의 디자인 기준을 설정했고, 상징적인 건축물과 문화시설의 건축, 환경친화적인 선진적 디자인과 지속가능성의 확립, 유럽의 국제기관 본부의 유치, 국제적 이벤트의 개발과 개최 등을 적극적으로 추진하였다. 이러한 다양한 시책의 결과 많은 투자가 이루어졌고, 빌바오는 로테르담과 버밍엄에

---

15) Franco Bianchini and Michael Parkinson, *Cultural Policy and Urban Regeneration: The West European Experience*(Oxford Road : Manchester Universty Press, 1993), pp.73~89. 강형기, 『향부론』(서울: 비봉출판사, 2001), pp. 321~323.
16) 빌바오시는 유럽 진출을 모색하던 뉴욕 구겐하임미술관의 분관을 유치하고, 프랭크 캐리의 설계로 독특한 미술관을 건립하였다. 총 1억 달러를 투자한 빌바오 구겐하임미술관은 그 독특한 건축양식으로 유명세를 타서 전 세계에서 연간 100만 명 이상의 관광객을 모으고 있다. 이러한 여세를 몰아 빌바오시는 대형호텔, 컨벤션 센터, 공연장, 공항과 항만시설의 정비, 인도교 건설, 강변지역 개발 등을 통하여 문화산업을 주력산업으로 성장시켰다.
17) Charles Landry, *The Art of City Making*(London : Earthscan, 2006), p.370.

필적하는 비즈니스 도시가 되었다.[18]

2009년, 유네스코 창조도시 네트워크의 공예 분야에 등록된 일본의 가나자와시(金澤市)도 주목할 필요가 있다. 가나자와시는 도시계획과 문화정책 그리고 산업정책을 통합하여 문화도시 정책을 추진하고 있는 아시아권의 대표적 문화도시이다. 인구 약 46만 명인 가나자와시는 일본 고유의 품격을 느낄 수 있는 시가지와 전통공예로 대표되는 생활문화 및 중소기업을 기반으로 새로운 산업창출을 착실하게 전개하고 있는 도시이다. 일찍이 에도(江戸)시대부터 학술문화와 예술, 전통공예에 힘을 쏟아 많은 문학가가 배출되었고, 도자기, 염색공예(加賀友禅), 칠기, 금박 공예 등의 전통 공예품은 물론 직물, 간장, 술 등의 재래산업도 자리하고 있다. 또한 아름다운 공원(兼六園) 등의 역사적 자취도 남아 있어 문화산업과 자존심이 조화를 이루고 있는 도시이다.

가나자와가 문화도시로서의 위상을 가지는 것은 단순히 역사와 전통을 보존하는 것에 만족하지 않고 "보존과 개발의 조화"를 통해 시대를 거듭하면서 새로움을 더해가고 있기 때문이다. 가나자와의 발전모델은 내발적 발전의 전형이며, 그 기법으로 본다면 창조도시의 모델이기도 하다. 가나자와에는 연구개발 기능을 갖춘 중소기업과 공장은 많아도 대기업은 없다. 지역의 풍토와 장인 기질에 토대를 둔 다양한 중소기업들이 끊임없는 이노베이션과 상호 자극을 통한 보완으로 전통산업에서 하이테크산업에 이르기까지의 기술과 노하우를 축적하였다. 그 결과 부가가치를 증대시키고 지역 내에서의 경제가 순환하도록 하여 자립성 높은 도시경제를 구축하게 된 것이다.

---

18) Ibid., p. 372.

그러한 가나자와는 당연히 문화적 자존심이 높다. 야마데 타모츠(山出 保) 시장은 가나자와의 경영철학을 다음과 같이 말하고 있다.

"가나자와가 관광도시로 인식되는 것을 좋아하지 않습니다. 관광도시라는 말에는 집객集客에 능한 도시라는 이미지가 풍기고 고유한 멋을 추구하려는 진지함이 배어나지 않습니다. 저는 가나자와가 학술문화 도시로 인식되기를 바랍니다. 가나자와는 학술문화 도시입니다. 가나자와의 학술문화를 동경하여 많은 사람들이 방문한 결과 관광이 활성화된 것일 뿐입니다. 관광도시라는 것은 우리가 추구하는 학술문화 도시의 결과일 뿐, 우리의 목표가 아닙니다."[19]

가나자와는 1967년에 일본에서는 처음으로 제정한 「가나자와시 전통환경 보존조례」를 시작으로 「가나자와시 마을풍경 보존조례」「가나자와시 사면녹지 보존조례(金沢市斜面緑地保存条例)」, 「가나자와시 시민참여에 의한 마찌즈꾸리 추진에 관한 조례」, 「도심 정주定住 촉진조례」, 「가나자와시 걸을 수 있는 마찌즈꾸리 추진에 관한 조례」, 「학생의 마을 추진 조례」, 「골목길 보존 조례」, 「야간경관 조례」 등 마을 꾸미기와 관련한 독특한 조례만도 수없이 많다. 독창적인 조례 제정을 위해서는 정책형성 능력이 있어야 하고, 시민의 참여를 통해 실천하기 위해서는 협동과 연대의 기풍이 정착되어야 한다.[20]

가나자와는 다양한 방법으로 전통문화와 현대문화의 접목을 시

---

19) 井口貢, 『まちづくり觀光と地域文化の創造』(東京: 學文社, 2005), p.1.
20) 遠藤 新, 「藩政期の城下町エリアを繼承し續ける金澤市」, 『地域開發』, vol.516. (東京: 日本地域開發センター, 2007), pp.40~41.

도하고 있다. 새로운 문화를 가나자와에 정착시키려는 시도, 즉 가나자와에 없는 것을 바탕으로 이질적인 것을 추가함으로써 새로움을 잉태시키는 작업을 하고 있는 것이다. 가나자와는 예로부터 샤미센(三味線), 거문고(琴), 장구(鼓) 등에 의한 전통음악 활동이 활발했다. 그러나 클래식 음악이 없다는 점에 착안하여 클래식 음악을 연주하는 오케스트라「앙상블 가나자와」를 만들었다.

1996년에 문을 연 가나자와 시민예술촌(金沢市民芸術村)도 가나자와에 부족한 연극과 재즈, 록 등 현대문화를 충전하려는 것이다. 방직공장의 빈 창고를 재활용하여 멀티 공방, 드라마 공방, 아트공방, 뮤직공방, 퍼포밍 스퀘어, 시골집 등을 구비하고 문화생활을 하려는 사람이면 누구라도 24시간 연중무휴로 이용할 수 있도록 하고 있다. 가나자와의 시민예술촌은 예술문화에 투자를 하지 않는 도시는 발전이 없다는 도시경영의 이념에 기초하여 운영되고 있는 창조도시의 문화적 거점이기도 하다.

가나자와를 말할 때 '가나자와 21세기미술관'을 빼놓을 수 없다. 가나자와는 역사적 자원을 활용하여 도시를 경영하고 있었으나, 2003년 도심부의 현청사(縣廳舍)를 교외로 이전하자 도심부가 공동화되는 문제에 직면하였다. 이에 2004년, 전통공예와 전통예능 그리고 현대예술의 융합을 지향하고, 시민들이 참여하고 교류하는 거점으로 기능하는 21세기미술관을 건설하여 도심부 활성화를 도모했던 것이다. 구도심 상점가와 연계된 21세기미술관은 미술관 관람자들이 도심부에 장시간 체재하도록 하는 장치로서도 기능하고 있다.

그런데 가나자와 21세기미술관이 유명세를 타고 있는 것은 그 독특한 건물디자인과 아울러 다음과 같은 경영이념 때문이기도 하다.

미술관 건립의 구상에서부터 경영이념의 설정에 이르기까지 시민 참여로 설정한 21세기미술관은 첫째, 세계의 조류와 함께 하는 미술관을 지향하면서, 현대미술의 감상을 통하여 지역의 미래를 창조하는 교두보로서 기능하도록 한다. 둘째, 시민과 함께 꾸려가는 참여하고 교류하는 미술관을 지향하면서 교육, 창조, 엔터테인먼트, 커뮤니케이션의 장소 등 새로운 '도시의 광장'으로서 기능하도록 한다. 이를 위해서는 시민과 산업계 등 다양한 조직과의 연계를 도모한 가운데 미술관을 경영한다. 셋째, 지역의 전통을 전승시키고, 세계와의 네트워크를 구축하는 미술관을 지향하면서 21세기를 향하여 전통공예를 비롯한 지역의 고유문화가 가진 가능성을 탐색하는 미술관으로서 기능하도록 한다. 넷째, 어린이들과 함께 성장하는 미술관을 지향하면서 미래의 문화를 창조할 어린이들에게 열린 교실을 제공한다.

Ⅱ. 창조산업으로 경작하는 지역창생

도시는 집적集積의 이익을 추구함으로써 인구가 모이고 산업이 성립하면서 발전한 곳이다. 따라서 인구가 감소하고 산업의 공동화空洞化라는 위기에 직면한 도시를 활성화시키려면 도시 본래의 힘을 되살려야 한다. 그러나 21세기의 도시는 과거 그것이 성립되던 시기와는 전혀 다른 사회경제 환경과 산업구조를 가지고 있다. 21세기의 도시가 사람과 돈과 정보가 고밀도로 모여들게 할 힘을 가지려면 새로운 힘을 가지고 있어야 한다. 새로운 산업과 문화가 움트게 하는 개방적이고 관용적인 문화의 힘을 양성해야 하는 것이다.

플로리다(Richard Florida)의 연구에 의하면, 1990년대에 들면서 많은 기업과 벤처 캐피탈이 창조적 인재가 많은 장소로 이동했다. 인간이 일을 따라 지역을 이동한 것이 아니다. 고등교육을 받은 인간이 있는 곳에 그들을 고용하는 회사가 생기고 투자가 유치된 것이다. 따라서 도시의 발전은 창조적 인재의 결집에 크게 의존하며, 창조적인 인재들이 모여드는 특성을 지닌 지역이 발전하는 것이다. 그런데 플로리다의 연구에 의하면, 창조적 인재들이 살고 싶어 하는 지역은 관용적이고, 다양성이 있으며, 개방적인 장소이다.[21]

플로리다에 의하면, 1980년 이후 미국에서는 과학, 공학, 건축, 디자인, 교육, 예술, 음악, 오락 등의 분야에 속하는 창조적 계급의 핵이라고 불러야 할 노동자군群이 급증했다. 그런데 이러한 노동자들의 공통적인 경제적 기능은 아이디어, 기술, 새로운 콘텐츠의 창조이다. 그리고 그러한 핵(core)의 주변에는 비즈니스, 파이낸스, 법률, 의료 등의 분야에서 고도로 복잡한 문제의 해결을 담당하는 프로페셔널 전문 직업인들이 있다. 그러한 창조적 계급은 그 핵과 주변을 합친다면, 1999년을 기점으로 볼 때, 미국 노동자의 약 30%(3,830만)에 달한다. 이러한 수치는 1910~50년대에는 10%, 1970~80년대에는 20%였다는 점을 감안하면 비약적으로 증가하고 있는 것이다.

그리고 "슈퍼 크리에이티브 코어"라고 부르는 창조계급의 핵심을 이루는 사람이 1,500만 명으로 전 노동인구의 12%에 달했다.

---

[21] Richard Florida, *The Rise of the Creative Class*(New York : Basic Books, 2002), pp. xiii~xxx.

1900년대에는 2.5%에 불과했던 이러한 계층이 빠른 속도로 증가하고 있는 것이다. 한편, 전통적인 노동계급은 3,300만 명으로 노동인구의 25%를 점하고 있었는데, 그 비율은 40%였던 1920년대부터 서서히 줄어들었으나 1970년대 이후 그 비율이 급감했다. 반면에 서비스업에 종사하는 사람은 5,520만 명으로서 전 노동자의 43%를 차지하고 있었고, 그 수치는 100년 전에 비할 때 10배가 늘어난 것이다.[22]

오늘날 대량생산형 공업사회에서 지식사회 내지는 탈脫공업사회로의 전환은 그 정도의 차이는 있어도 선진국의 보편적 현상이다. 선진국에서는 중소 규모의 도시에서도 서비스업종이 차지하는 비중이 늘고 있고, 컴퓨터와 IT 보급의 확대, 카피라이터, 변호사, 회계사, 연구자 등의 직종이 차지하는 비율이 높아지고 있다. 그리고 특히 영화와 음악 그리고 애니메이션과 연극 등의 문화산업이 침체일로에 있는 제조업을 대신하여 지역의 성장과 고용을 견인하는 사례도 많다. 이처럼 문화산업이 도시 문제에 대한 창조적 해결방식을 제공하는 다양한 아이디어의 원천이 된다는 것을 여러 사례에서 볼 수 있는 것이다.

지식집약형 산업은 창조적 인재의 아이디어가 보다 넓게 산업부문으로 확산됨으로써 창출된 것이다. 이러한 창조산업의 가능성은 창조적 활동에 종사하는 사람들의 아이디어만큼 커지는 것이다. 따라서 창조적 인재를 지역으로 불러들이고 결집시켜야 한다. 창조계급은 자신이 살고 있는 곳에서 창조성을 발휘하여 새로운 성장을 야기하기 때문이다. 플로리다가 창조계급 자체를 산업 입지立地의 중요한 구성요소라고 주장했던 이유가 여기에 있다.[23]

---

[22] Ibid., p.74.

그다지 수익을 올리지는 못하지만, 첨단적尖端的인 일에 종사하는 아티스트와 크리에이터가 마음껏 활약할 수 있는 조건의 정비야말로 도시경제의 진흥을 위해서는 불가결하다.[24] 그런데, 노동자를 대신하여 도시의 새로운 주인공이 된 이러한 직종의 사람들은 자신이 살고 있는 도시환경의 질에 민감하다. 기술이 진보하면 할수록 인간의 창조력과 인간성을 키우는 환경이 생산성에 미치는 영향력은 더욱 커지기 때문이다. 따라서 지금 중요한 것은 기업이 어떠한 곳에 입주할 것인가를 분석하는 것이 아니다. 사람들이 어떠한 곳에서 살려고 하는가를 연구하는 것이다.

기업친화적인 환경 조성은 주로 하드웨어 중심으로 기울게 된다. 반면에 인간친화적인 환경 조성은 소프트웨어적 접근을 기본으로 한다. 이제 우리는 고속도로를 닦고 세금을 우대하여 기업을 유치하는 정책에 모든 것을 걸 것이 아니라 창조적 인재가 살고 싶어하는 도시공간을 만들어야 한다. 도시의 문화활동 및 사회적 기반이 창출해 내는 이노베이션 작용과 능력을 근저로 한 도시의 활력으로 경쟁해야 하는 것이다.[25]

창조적 인재가 자신의 에너지를 발산할 수 있도록 사이언스 파크를 정비하고, 개발 기능을 갖춘 기업과 사업소, 대학을 비롯한 연구기관의 입지를 촉진하는 것도 중요하다. 요시무라(吉村)의 연구에 의하면, 대규모 공장의 입지는 고용창출에는 유리하지만 창조적 인재의 집적을 도모하는 데에는 그다지 효과가 없다. 창조적 인재는

---

23) Ibid., pp.5~7.
24) 임상오, "창조도시의 쟁점과 전망", 『문화예술과 도시발전』(서울: 한국문화경제학회, 2008), p.11.
25) Richard Florida, *The Rise of the Creative Class* (New York: Basic Books, 2002), pp.20~23.

자신이 몰두할 수 있는 일만을 중요시하는 것이 아니다. 안심하고 생활할 수 있는 평온한 환경과 양질의 주택 그리고 도시 기반시설이 잘 정비된 곳에서 생활하려고 한다.26)

창조적 인재가 살고 싶어 하는 장소는 물리적 시설을 확충하는 것만으로 완성되는 것이 아니다. 무엇보다도 중요한 것은 쾌적한 환경과 다양한 경험이 공유되는 개방적 환경이다.27) 지역의 이노베이션은 기업과 대학 그리고 지원기관 등의 다양한 주체가 상호관계 속에서 새로운 가치를 창조하는 활동 속에서 이루어진다는 점도 유념해야 한다. 도시는 그러한 활동을 유발하고 촉진하는 환경(場)을 제공해야 한다.

그렇다면 개인과 기업은 도시에 대하여 어떠한 기능과 특성을 기대하고 요구하는가? 그리고 어떤 유형의 도시를 선택하려고 하는가?

도시는 직접적 요소와 간접적 요소로 구성된다. 직접적 요소는 도시 기반과 도시의 다양성으로 나누어 볼 수 있다. 간접적 요소는 연구 기반, 기업 집적, 행정지원으로 구분할 수 있다. 도시 기반은 범죄와 교통사고가 적은 안전, 병원과 보육원의 충족과 같은 안심, 편리하고 값싼 주택이 보급되는 거주, 상하수도와 공원 및 도로와 같은 인프라로 구성되는 것이다. 도시의 다양성은 은행과 쇼핑센터 등의 집적으로 구성되는 도시 기능, 미술관과 콘서트 홀 및 학교시설의 충실로 확충되는 도시의 매력, 음악가와 디자이너 등 자유인이나 외국인 등을 받아들이는 도시의 포용력으로 이루어진다.

---

26) 吉村英俊, 『イノベーションの構造と都市創生』(東京: 海鳥社, 2009), pp.161~162.
27) Richard Florida, *The Rise of the Creative Class*(New York : Basic Books, 2002), p.218.

연구 기반은 대학과 같은 연구기관의 입지로 형성된다. 기업 집적은 제조업과 서비스업 그리고 도소매업으로 구성되며, 특히 지역 내에 상응하는 수요가 있고 또 지역 내에서 부품의 조달과 외주 처리가 용이할수록 선호된다. 행정지원은 행정이 적극적으로 지원하는 시스템의 수준을 말한다. 창업가나 기업의 입장에서 본다면 보조금, 융자, 산학연계를 위한 코디네이트, 컨설팅을 수행하는 능력의 정도로 평가할 수 있다.[28]

그러나 우리나라의 도시들을 살펴보면 창조적 인재의 유입을 위한 다양한 정책을 효율적으로 전개하지 못하고 있다. 상대적으로 경쟁력이 있다는 수도권마저도 인구 과잉으로 삶의 질이 점점 떨어지고 있다. 그리고 나머지 대부분 지역은 인구 감소와 고령화로 이노베이션의 동력을 잃어가고 있다. 도시 기능과 서비스업의 집적도를 높이고, 행정의 적극적 지원활동을 증대시키며, 도시의 매력도와 다양성을 키우기 위한 인프라를 새롭게 정비하지 못하고 있다. 창조적 인재를 유인하기 위한 적극적인 정책을 실행하지 못하고 있는 것이다.

지금 우리사회는 급격한 패러다임의 전환에 처해 있다. 산업화에 성공하면서 임금과 땅값이 앙등하게 되었고, 기업들이 싼 노동력과 공장 터를 찾아 해외로 이전하는 바람에 국내 산업의 공동화가 발생했다. 이러한 상황에서 지금 우리가 추진해야 할 산업정책은 중국과 베트남 등으로 이전한 공장을 다시 불러오고, 한국에서 가동 중인 공장이 해외로 나가지 못하도록 하는 것이 아니다. 우리는 싸워야 할 적이 무엇인지 제대로 알아야 한다. 지금 우리가 추진해야

---

[28] 吉村英俊, 『イノベーションの構造と都市創生』(東京: 海鳥社, 2009), pp.113~132.

할 과업은 국내의 산업구조를 전환시키는 것이다.

　우리는 중국의 제조업과 싸울 것이 아니라 산업구조를 개혁해야 한다. 성장사회에서 성숙사회로 이행하려면 우리의 산업구조가 전환되어야 한다. 이제 우리는 공업제품의 수출국에서 서비스산업, 정보산업, 기술의 수출국으로 발전해야 하는 것이다. 이를 위해서는 예술문화의 감수성을 사회 전역에 확산시키면서 창조적인 기풍을 진작시켜 창조경제로 전환해야 한다. 아이디어와 감성으로 승부가 나는 창조산업은 중화학공업에 필요했던 원재료의 조달에서도 자유롭다.

　공업화 사회는 생산자와 공급자 중심의 사회였다. 따라서 무엇을 팔 것인가, 그리고 무엇이 팔릴 것인가를 기점으로 발상하는 사회였다. 그러나 성숙사회의 주력산업인 서비스업, 정보산업, 기술력은 소비자를 중심으로 발상發想될 때 경쟁력이 생긴다. 따라서 무엇을 팔 것인가가 아니라 '무엇을 살 것인가'의 관점에서 발상을 해야 한다. 소비사회에 있어서는 소비 자체가 사회의 주역이며, 모든 발상은 공급자의 관점이 아닌 소비의 관점에서 검토되어야 하기 때문이다.

　서비스가 산업의 중심이 되는 소비사회에서 예술과 문화는 기초연구와 기초학력의 역할을 담당한다. 우주개발에서처럼 현시점에서 채산이 맞지 않더라도 과학기술의 기초연구에 지원을 하듯이, 정부는 예술 문화에 지원을 해야 하는 것이다. 성숙사회에서는 국민 개개인의 감성과 발상력이 국력을 좌우하게 된다. 그래서 특수한 계층만의 센스가 아니라 국민 전체가 높은 센스, 그리고 높은 감성을 공유하도록 해야 한다. 서로 다른 모든 사람의 감성이 모이고 그 총합이 국력을 만드는 시대이기 때문이다. 예술 문화에 대한 투자, 그리고 국민의 문화 향유의 수준이 서비스산업 입국의 기초가 되고 있는 이유가 여기에 있다.

루이비통과 샤넬이 팔리고 있는 것은 그 브랜드들의 노력 때문만이 아니다. 프랑스가 문화국가라는 이미지를 유지하고 있기 때문이다. 프랑스가 최첨단의 예술작품을 끊임없이 생산하면서 그 이미지를 세계로 발신하고 있기 때문에 개별 브랜드들의 가치가 키워지는 것이다. 최첨단의 예술을 육성하고 그것을 해외로 소개하는 것은 프랑스공화국을 위한 최선의 산업정책인 것이다. 마찬가지로, 우리가 창조경제를 발현시키고 창조산업을 꽃피우려면 그 바탕으로서 창조도시를 지향해야 한다. 그리고 창조도시는 인간 친화적인 문화전략으로 일굴 수 있는 것이다.

Ⅲ. 고유자원으로 경작하는 지역창생

소규모의 지역이라 할지라도 그 지역이 가지고 있는 잠재능력을 이끌어 낼 수만 있다면 어느 지역도 창생의 가능성은 있다. 지역창생의 프로젝트는 규모와 금액이 아니라 그 첨단성尖端性과 창조성創造性으로 경쟁하는 것이다. 그렇다면 피폐하고 궁지에 몰려 있는 농·산촌의 집락集落들도 창생의 가능성이 있는가? 창조도시의 전략으로 지역창생을 구상하는 사람들이라면 이러한 물음에 대답하기 전에 그곳의 인적자원을 살펴볼 것이다.

자원을 발굴하려고 지혜를 짜내고 함께 대응할 인재를 널리 구하는 곳이라면 그 어느 곳에서도 새로운 가능성을 싹틔울 수 있다.

지역창생의 가능성은 그곳에 살고 있는 주민들의 마음에 달려 있다. 지역에서 무언가를 해보려고 애쓰는 건강한 사람들이, 지역에 있는 자원을 최대한으로 활용하면서, 현실을 개선하고 지속적 발전의 가능성을 창조해 나가려는 마음이 있는 곳에는 언제 어디에나 가능성이 있다. 창조는 현실의 한계를 극복하는 활동이며, 주어진 조건과 한계를 극복하는 기량을 발휘함으로써 얻어지는 것이기 때문이다.

지역에서 창조성을 발휘할 수 있는 것은 소위 창조계급들만이 아니다. 그리고 창조력을 발휘해야 할 대상은 IT산업으로 대표되는 창조산업이나 문화산업만이 아니다. 지역에 지금까지 없던 새로운 산업을 유치하여 고용과 세수稅收를 증가시키는 것만이 산업정책의 전부가 아니다. 오히려 더 중요한 것은 기존의 산업을 발전시키면서 지역 주민들의 생활을 새롭게 디자인해 나가는 것이다. 지금 우리에게 절실히 필요한 것은 기존의 토대 위에 새로움을 더해 나가는 것이다.

문화적인 것을 기업화하거나 산업화하는, 즉 문화산업을 육성하는 것만이 중요한 것이 아니다. 기존의 산업을 문화화 하는 것에도 주목해야 한다. 헐리우드의 영화나 파리의 패션산업처럼 문화산업만이 중요한 것은 아니다. '산업의 문화화文化化' 야말로 우리가 추구해야 할 지역창생의 핵심사업이다. 산업의 문화화는 기존의 산업에 문화전략을 구사하여 부가가치를 창조하고 경쟁력을 높이려는 전략이다. 산업의 문화화는 문화의 창조력을 지역의 특성에 부가하여 지역산업의 경쟁력을 높이려는 문화전략이다.[29]

찰스 랜드리(Charles Landry)가 일본에서 창조도시로서 가장 성공

---

29) 강형기, 『향부론』(서울: 비봉출판사, 2001), pp.314~318.

한 지역으로 꼽았던 인구 1만 2천의 나가노현(長野縣) 오부세쪼(小布施町). 오부세라는 브랜드의 창생은 밤 과자를 만드는 작은 상점과 일본 에도(江戶)시대의 유명한 화가 카츠시카 혹사이(葛飾北齊)의 그림을 전시하고 있는 혹사이미술관(北齊美術館)을 기점으로 한 것이다. 그리고 마을의 경관 사업에 착수하여 마을과 거리의 이미지를 통일하면서 지역브랜드가 형성되기 시작했다. 미술관이라는 한 점을 기점으로 하여 밤 과자를 만드는 공장과 상점이 선으로 연결되고, 밤을 이미지로 한 골목길에 작은 박물관, 전시관, 민예품점과 상점들이 '면面'으로 확대되면서 '오부세 브랜드'가 만들어진 것이다.[30]

오부세라는 브랜드도 처음에는 중심부의 아주 좁은 지역에만 한정되었었다. 그러나 농가의 참여와 협력으로 소위 개방정원(開放庭園)이라는 적극적 개념을 도입하여 농가의 개인 정원에도 관광객이 드나들 수 있게 함으로써 면적 확대를 도모했다. 주민의 개인 정원을 개방함으로써 마을을 산책하고 싶어 하는 도시민들의 마음을 사로잡은 것이다. 그리고 옛날의 양조장 건물을 레스토랑으로 개조하고, 생활 편의시설을 정비하여 여유롭게 살아가는 마을 만들기에 노력하는 등 농農이 있는 전원마을의 특성을 살려온 것이다.[31]

오부세가 그러했듯이 성공한 그 어떤 브랜드도 처음에는 미미하게 출발했다. 중요한 것은 시작의 크고 작음이 아니다. 지역의 고유 자원을 발굴하고 그것을 일관되게 활용하여 고유한 브랜드를 구축한다면 어떠한 지역도 새롭게 창조할 수 있다. 지역의 고유 자원

---

30) 關 滿博・及川孝信, 『地域ブランドと産業振興』(東京: 新評論, 2006), pp.116~132.
31) セーラ・マリ・カミングス(編), 『Obusession : 2001-2002』(東京: 日經BP企劃, 2002).

이란 그 지역에서 많이 생산되거나 가장 먼저 생산한 것을 말하는 것이 아니다. 함평의 브랜드가 나비이지만 나비는 함평에만 있는 것이 아니다. 교토(京都)의 도자기는 멀리 나가사키(長崎)에서 가져오는 흙으로 만든다.

고유자원이란 무엇인가? 고유자원이란 고유한 발상으로 활용하는 자원이다. 지역의 자원을 재평가하고 무엇이 가능할지를 상상하는 것만으로도 고유 자원의 개발을 시도하는 것이다. 틀에 박힌 사고방식에 대항하면서 새로움을 창조하려는 생각, 식견識見, 용기, 상상력, 끈기, 결단력이 있는 지역이라면 그 어디에서도 지역을 새롭게 창조하는 과업을 이룰 수 있다.[32] 틀에 얽매이지 않는 사고의 창조성을 가진 곳이라면 소규모의 지역일지라도 창생의 가능성은 있다. 다만, 좁은 지역일수록 '지知의 창발創發'을 이끌어 낼 '창지創知의 장場'을 구축하기가 더 어려울 뿐이다.

그렇다면 일정한 규모 이상의 지역에서만 창조도시의 전략을 구사할 수 있는 것인가? 아니다. 소규모의 지역이라 할지라도 새로운 아이디어의 적용을 자유롭게 할 수 있는 공간과 시간을 만드는 사람이 모여드는 곳에서는 어디에서도 창조도시의 전략을 구사할 수 있다. 다만 소규모의 도시에서는 이러한 적용이 더 어려울 뿐이다.

지역에는 '지知'에 입각하여 남을 판단하는 사람들과 '정情'에 입각하여 판단하는 사람이 있다. '지知'를 앞세우는 사람들은 지력(知力: intellegence)으로 사물과 현상을 판단하므로 다른 사람의 생각을 받아들일 때에는 현賢·우愚를 기준으로 판단한다. 그러나 '정情'을 앞세우는 사람은 자신이 상대방을 좋아하는가 싫어하는가를 판단의 기준으로 삼는다. 자신과의 친소親疎 관계를 중심으로 판단

---

[32] 後藤和子(譯) 『創造的 都市』(東京: 日本評論社, 2003), p. iv.

하는 것이다. 그런데 규모가 큰 지역일수록 지知를 앞세우는 사람을 모으고 규합하기가 쉽다. 그래서 혁신적인 새로운 생각을 적용하고 실천하기가 어렵다.

다른 사람의 의견은 '무엇을 하려는가?' 하는 내용과 '무엇을 위하여 하는가?' 하는 목적에 입각해서 판단하는 것이 중요하다. 그러나 누구나 그렇게 할 수 있는 것은 아니다. 인간에게는 감정이 있기 때문이다. 그래서 '나는 저 사람이 싫다. 그래서 저 사람이 하는 일은 다 싫다'는 식으로 판정해 버리기 쉽다. 그렇게 되면 상대가 무엇을 하고 있는가는 문제가 되지 않는다. 단지 '누가 하느냐' 만이 중요할 뿐이다. 사람 내지는 인간관계가 모든 판단의 기준이 되고 있는 곳에서는 그만큼 혁신이 어렵다.

지역창생은 '누가 하느냐' 가 아니라 '무엇을 하느냐' 가 그 기준이 되는 곳일수록 실천하기가 쉽다. 다양한 이해를 조정하고 다양한 사람들의 협업으로 문제를 해결해 나가야 하는 지역사업에 있어서는 '누가 하느냐' 보다는 '무엇을 하고 있느냐' 로 논의하는 기풍을 만들어야 한다. 그리고 '무엇을 하도록 하기 위해 어떤 사람을 앞장세워야 하느냐' 를 기준으로 사람을 찾아야 한다. 정情이 아니라 지知를 앞세워 살아가는 사람을 모으고 규합하는 것이 중요하다. 그러나 좁은 지역일수록 그러한 작업이 어렵다. 그래서 소규모의 지역에서 창조도시의 원리를 적용하기가 더 어려운 것이다.

창조적 환경은 기술적 진보만으로 조성되는 것이 아니다. 새로운 아이디어가 힘을 발휘하기 위해서는 다양한 주체들 간의 다양한 네트워킹을 구축해야 한다. 디지털미디어 경제나 문화산업이 집단화하는 경향은 그 때문이다. 작은 도시보다 큰 도시가 더 유리한 이유도 여기에 있다. 시민의 창조적 잠재력을 이끌어낼 정책 제안은 개방적인 도시에서 쉽게 수용될 수 있다. 새로운 아이디어의 적용을 자유롭게 할 수 있는 공간과 시간을 만들고, 창조적인 인재들의 아이디어가 받아들여지고 이를 실천하는 문화적 풍토를 경작해야 하는 것이다.

조건이 불리함에도 생존과 자립을 위하여 몸부림치며 도전하는 지역은 많다. 국고 보조금이나 대규모 시설 유치보다 더 중요하고 본질적인 것이 있다는 것을 알고 실천하는 지역도 많다. 지역의 개성에 대한 주민의 자각, 지역의 고유한 발전 방향에 대한 주민의 이해, 이를 실천하려는 주민의 의욕을 이끌어 내는 것이 무엇보다 중요하다. 지역 고유의 역사와 환경을 활용하여 새로운 가치를 개발하여 산업을 일으키려는 노력이 무엇보다도 중요하다.

특별한 자원이 없기 때문에 오히려 불가사의한 에너지를 결집시키는 지역도 있다. 어디에나 있는 요소要素에 전통과 문화의 옷을 입힘으로써 새로운 자원으로 재창조한 곳도 있다. 일본의 에히매현 후타미쬬(愛媛県雙海町)에서는 저녁노을을 자원화 하여 지역을 활성화시키고 있다. 나비를 지역경영의 자원으로 활용하는 함평군처럼 무無에서 유有를 창조한 것이다. 역경을 오히려 자원으로 활용하고, 결점을 개성으로 승화시키면서 새로운 가능성을 개척하는 지역이야말로 문화적 발상으로 지역창생을 도모하고 있는 전형이다.

대량생산·대량소비형의 사회경제 시스템은 균질화되고 안정된 자원에 의존하는 체제다. 따라서 소량분산형의 지역 자원은 활용될 길이 없어졌다. 물레방아를 통한 수력 이용이라든가 대량생산에 한계가 있는 수공예품, 중심 상점가의 소매점 등은 바로 소량분산형이기 때문에 소멸하고 있다. 이것은 전국에 들어서고 있는 대규모 체인점이 대량조달을 통하여 상품의 단가를 낮추어 판매한 결과 농촌에서도 자급자족을 위한 다품종 소량생산을 포기하고 특정 농산물의 대량생산을 지향하게 한 것과 그 괘를 같이 한다.

지역자원에는 전국적으로 또는 국제적으로 유통되거나 소비되는 것이 있는 반면, 활용되지 못하고 그냥 버려지고 있는 자원 간의 양극화도 심화되고 있다. 이러한 와중에 농어촌의 인구 유출은 지역자원을 활용할 인재의 부족을 가중시켰고, 지역의 자원이 버려지고 소실되는 결과를 가속화시켰다. 그러나 최근 지구온난화 등의 환경문제가 강조되면서 새로운 조류가 형성되고 있다. 환경 부하負荷를 억제하고 생물 다양성의 유지를 중시하는 경향으로 자원을 활용하려는 움직임이 그것이다.

에코(eco)를 접두어로 하는 에코 시스템, 즉 자연생태계 또는 인간과 환경계라고 하는 인간과 자연간의 관계를 포괄적으로 파악하여 요소간의 연계를 중시하려는 시각이 자원을 보는 눈을 새롭게 하고 있다. 이처럼 에코로지칼(ecological)한 관점에서 자원을 새롭게 조명하면서 만들어진 대표적인 움직임이 바로 에코투어리즘(ecotourism)과 에코뮤지엄(ecomuseum)이다.[33]

에코투어리즘은 대안적 관광의 새로운 양식이다. 관광이란 지역의 자원에 빛을 비추어 재원財源으로 활용하는 것이다. 교류인구의 증대에 사활을 걸고 있는 오늘날, 거의 모든 지역은 관광사업의 전개에 골몰하고 있다. 이러한 노력 가운데 대형시설물을 만들기보다는 지역 고유의 자원을 창조적으로 활용하려는 노력의 하나로 생성된 것이 바로 에코투어리즘이다.

에코투어리즘은 지역경관과 생태계의 파괴를 초래한 하드웨어

---

33) 三井情報開發株式會社總合硏究所(編著), 『地域資源』(東京: ぎょうせい´, 2003), pp.150~151.

중심의 개발을 탈피하고 마음의 개발을 중시하려는 것이다. 그리고 지역의 문화와 역사적 환경 보전 및 이를 기반으로 한 학습프로그램과 같은 소프트웨어를 중시한다. 또한 경제적인 관점만이 아니라 지속 가능성을 중시하며, 지역 주민의 지역 학습과 의욕 향상, 그리고 현장 사람들의 고용창출을 중시하는 만큼, 특정한 수익자의 만족만이 아니라 보다 많은 이해관계자의 만족을 중시한다. 따라서 현장에서 일하거나 참여하는 사람과 관계기관 등 지역 내에서 산업 관련구조가 유기적으로 형성되는 것을 중시한다. 에코투어리즘 사상은 지역을 개발의 대상이나 객체가 아니라 발전의 주체로 보면서 접근하기 때문에 외부의 자원을 활용하더라도 지역이 주체가 되어 추진하는 것이기도 하다.

에코시스템의 관점에서 볼 때, 지역이 활용할 수 있는 자원은 다양하다. 자연자원만이 아니라 자연과 대치하는 가운데 생성된 지혜와 기술 및 문화, 그리고 그러한 요소를 활용한 생활과 주민의 삶 등 모든 것들을 자원으로 활용할 수 있다. 지역의 자원을 상품화하여 조금씩 떼어 내다 파는 것이 아니다. 지역의 자원을 일상생활과 생업 가운데 활용함으로써 보존하고 활용하는 시스템 그 자체를 견학과 체험의 대상으로 할 수도 있다. 주민의 일상에 투영된 지역의 풍토 그 자체로 경쟁하는 것이다.[34]

인간과 자연의 관계 속에서 구축된 지역의 개성을 계승해 나가면서 새로운 미래를 창조해 나가는 또 하나의 접근법으로 에코뮤지엄을 들 수 있다. 에코뮤지엄은 지역이 통째로 박물관이 되게 하는 것이다. 지역의 토지 전체가 박물관이라는 집이며, 지역의 역사와 설화說話, 산업과 삶에 이르는 일상의 모든 것을 박물관의 유물로

---

34) 上揭書, pp.152~153.

삼는다. 그리고 모든 주민과 내방객을 학예원學藝員으로 승화시키려는 전략이다.

에코뮤지엄은 주민 스스로가 지역의 역사와 문화 그리고 생활을 이해하여 지역에 대한 애착과 긍지를 가짐으로써 지역 바깥의 사람들이 지역의 가치를 평가하도록 하려는 전략이다. 에코뮤지엄은 선사先史시대에서 현재에 이르는 시간의 흐름 속에서 인간이 자연과 더불어 생활해 오면서 생성되어 온 발자취를 이해하면서 미래를 전망하는 장이기도 하다. 이렇게 볼 때, 에코투어리즘과 에코뮤지엄은 그 대응방법에는 차이가 있지만 지역 자원을 에코시스템으로 포착하고 그 고유성과 문화성으로 대응하려는 것이라는 점에서 근본적으로는 같은 맥락의 접근법인 것이다.[35]

지역의 고유자원을 활용하여 세계적인 도시를 만든 대표적인 곳은 공원과 생태도시로 유명한 꾸리찌바 시이다. 1971년, 레르네르 시장이 취임했을 때만 해도 꾸리찌바에는 공원이라고는 도심속에 있는 시민공원이 유일했다. 그러나 자연과 공존하는 도시를 만들기 위해서는 도시 내에 공원과 광장을 지속적으로 만들어 가는 것이 중요하다는 것을 인식하고, 이를 정책으로 실천했다. 공원부지를 조성하여 담장을 쌓고 많은 나무를 이식했던 것이다.

그러나 그러한 방식으로 공원을 만들기에는 너무 많은 비용이 들었다. 새롭고도 저렴한 공원조성 방식이 필요했다. 마침 연방정부가 매년 여름이면 범람하는 하천에 콘크리트 제방을 쌓는 보조금을 주고 있었다. 따라서 대부분의 도시들은 연방의 보조금 요강에 맞추어 콘크리트 제방을 쌓았다. 꾸리찌바 시의 담당자들도 처음에는

---

35) 최효승·강형기, 「에코뮤지엄의 함평 실현을 위한 경관 형성」(청주: 한국지방자치경영연구소, 2010), pp. 7~12.

시를 관통하는 다섯 개의 주요 하천과 강에 수로를 만들고 높은 제방을 쌓으려고 했다. 그러나 그 방식을 바꾸었다. 꾸리찌바 시는 예산의 상당액으로 하천 주변의 토지를 매입하고 또 소규모 댐을 막는 데 투입했다. 그리고 범람 위험이 높은 일부 하천을 호수로 되돌리는 사업에 투자했다.

꾸리찌바의 정책은 적절했다. 그렇게 해서 만들어진 많은 호수들이 홍수기에 우수雨水를 저장하는 유수지 기능을 하게 된 것이다. 도시 하천에서 흔히 보이는 하천의 직강화, 둔치 정비, 하천의 건천화로 인한 하천생태계의 파괴가 중단되었다. 뿐만 아니라 그 이후 20여 년 동안 탄생한 호수들이 공원의 중심지가 되었고, 주변 지역에 수많은 수변식물과 나무들이 자라서 공원으로 거듭났다. 그리하여 지난 35년 동안 3배로 증가한 인구에 비해, 1인당 녹지면적은 1백배(0.5㎡에서 52㎡로)로 증가했다. 주요 하천이 있는 모든 도시들이 연방보조금을 받았지만, 꾸리찌바 시만이 자원을 창조적으로 활용했던 것이다. 그들은 홍수만 대비한 것이 아니라 세계최고의 생태도시를 만들어 냈던 것이다.[36]

Ⅳ. 풍토로 경작하는 지역창생

지역창생의 가장 원초적 자원은 그 지역의 풍토이다. 지역을 새롭게 발전시키려면 지역의 구석구석을 세밀하게 조사하여 그 지역이 가지고 있는 특성을 활용하고, 지역에 내재하고 있는 자원을 토

---

36) 박용남, 『꿈의 도시 꾸리찌바』(서울: 녹색평론사, 2000), pp.206-207.

대로 개성을 연출해야 한다. 그 토지가 가지고 있는 역사와 풍토에 토대를 둔 좌표축을 설정하고, 옛날부터 지역에 있었던 기억, 그 장소가 가지고 있는 독특한 분위기를 읽어야 한다. 앞으로 그곳이 어떤 장소가 되어야 할 것인지, 그 장소 스스로가 말하고 있는 무언의 암시에서 비전을 이끌어 내는 것도 중요하다.

고유한 오리지널리티를 간직하지 않은 지역은 없다. 어느 지역에도 그 지역만이 가지는 독자의 매력은 반드시 있다. 문제는 잠자고 있는 자원을 발굴하여 빛을 발하게 하는 능력이다. 지역의 산과 강 그리고 자연 등의 자원과 이들로부터 이야기로 전해지고 있는 역사 자원을 활용해야 한다. 나에게는 당연한 것이라도 다른 사람에게는 새삼스러울 수 있듯이, 지역 내에서는 너무 흔한 것이라고 생각되는 것도 외부에서 볼 때에는 매력적인 자원이 될 수 있다.

지역창생 사업은 지역이 활용할 수 있는 자원을 창조적으로 발굴하여 그 가치를 고유한 문화로 키워 나가는 것이다. 지역의 고유가치와 문화를 활용하고 육성한다는 것은 지역이 가진 자원을 재창조하여 그 토지의 고유풍토로 정착시킨다는 것이다. '풍토風土'란 특정한 토지의 기후, 기상, 지질, 지형, 경관 그리고 그 토지 위에서 일어나는 문예, 미술, 종교, 풍습 등 그곳에서 일어나는 모든 인간생활의 포괄적인 현상을 말한다. 지역의 자연현상과 인간, 그리고 문화사회적 현상 모두가 풍토를 구성하는 것이다.[37]

풍토는 그 토지에서 살고 있는 사람들의 정신구조 속에 녹아 있다. 풍토란 공간을 축으로 지역의 자연과 문화, 그리고 인간을 총체적으로 이해하는 '틀'로서 자연환경과 일체가 된 인간의 생활경관 전체를 말하는 것이다. 우리는 정치적 풍토의 문제, 기업풍토의

---

[37] 和辻哲郎, 『風土』(東京: 岩波書店, 1981), p.7.

개선이라는 표현을 쓴다. 여기에서 풍토라는 말에는 전통, 환경, 분위기라는 의미가 내포되어 있다. 풍토라는 말은 그 사회가 특정한 관습과 행동양식에 지배되어 있는 상태, 즉 특수한 사회환경을 의미한다.38)

물론 풍토란 말은 글자 그대로 보면 바람風과 흙土이 결합되어 이루어진 것이므로 대기大氣와 토지의 상호작용으로 구성되는 것이고 그래서 풍토는 기후와도 불가분의 관계에 있는 것으로 여겨질 수도 있다. 그러나 중국에서 만들어져 전달된 풍토란 말의 원래 의미는 지역적인 생활양식과 사회의 상태를 지칭하는 것이었다. 풍토의 '風'은 풍습, 풍속 등처럼 주민의 습속과 기질 같은 문화적·심리적 작용을 의미하며, '土'는 땅(土)으로 대표되는 자연환경이라는 의미가 내포되어 있다. 따라서 풍토는 지역마다의 독특한 사회·문화적인 인간환경을 의미하며, 그것은 역사와 함께 하는 '인간존재의 근본구조'를 설정하는 바탕이 되어 간다.39)

인간이라는 존재는 시간과 공간 속에서 살아간다. 인간은 대지大地 위에서 살아가고, 그들이 살아가는 공간의 역사가 풍토를 만들어 간다. 풍토는 그 지역에서 살아가는 사람들의 생활양식과 문화 및 사회 전반에 영향을 미치고 또 영향을 받는다. 예컨대, 추운 곳에서 서로 만났을 때 "오늘 정말 춥네요?"라고 건네는 인사말은 추운 날씨라는 풍토와 인간과의 만남이 만들어낸 문화이다.40)

풍토와 연관된 용어로서 풍경風景이라는 말이 있다. 사람들에게는 지역의 이름을 듣는 순간 떠 올리는 풍경이 있다. 사람들은 풍경을 통해서 직관적으로 지역에 접근하면서 지역이 발신하는 이미지

---

38) 木岡 伸夫, 『風土の論理』(東京: 미네르바書房, 2011), p.6.
39) 上揭書, p.7.
40) 和辻哲郎, 『風土』(東京: 岩波書店, 1981), pp.8~15.

의 전체를 통하여 그 지역을 받아들인다. 그런데 '경관이 훼손된다' 는 말에서처럼, 경관은 훼손되기 쉬운 것이다. 그럼에도 불구하고 훼손되지 않고 남아 있으면 그것은 풍경이 된다. 시간의 흐름과 더불어 풍경이 그 땅에서 살고 있는 사람들의 심상心象에 정착해 나가면 그것은 드디어 풍토로 승화된다.

경관景觀은 십년의 노력으로 만들 수 있고, 풍경은 세월의 풍화를 견디어 백년쯤 지나면 드리워지는 것이다. 그러나 풍토는 햇볕에 바래고 달빛에 물들며 곰삭아 가는 수백 년의 세월을 거쳐 신화처럼 자리 잡는 것이다. 경관 십년, 풍경 백년, 풍토 천년인 것이다. 그래서 풍토적 특성은 수구성守舊性이 강하여 새로운 미래의 경작과 창생 작업을 가로막는 장벽이 될 수도 있다. 풍토는 고유 가치를 잉태시키는 토대이지만 또한 극복하고 타파해야 할 장해물이 되기도 한다.

그러나 개성 있는 지역창생은 전통의 전승과 미래의 창조가 상생할 때 가능해진다. 모든 창생은 그 풍토 속에 숨어 있는 고유가치와 미풍양속을 토대로 할 때에 차별성이 부각되기 때문이다. 문제는 지금 우리의 지역에는 고유한 창조의 기반인 전통문화는 소멸되고 미풍양속은 사라지고 있다는 점이다.

시장경제의 원리가 생활의 구석구석까지 파고들면서 대도시권에서는 지역 특유의 미풍양속을 찾아볼 수 없게 된 것은 이미 오래전의 일이다. 그러나 비록 창생의 여건이 열악하지만 그래도 농·산·어촌에는 미풍양속의 희미한 그림자가 남아 있다. 창생의 싹으로 쓸 마지막 자원이 남아 있는 것이다. 풍토적 자원은 농어촌을 창생시키고 활력을 불어넣는 차별화된 마지막 자원인 것이다.

지역창생에 있어서 풍토의 고유성을 활용한다는 것은 그 토지만이 가진 유일한 방식으로 지역창생을 모색한다는 것이다. 그것은 풍토라는 자원을 도시의 문명론적 전환에 대항하는 최후의 수단으로서, 그리고 경제제일주의에 맞서는 '최후의 저항점'으로 활용하려는 것이다. 그러나 현대사회에서 붕괴하고 있는 지역사회를 새롭게 창생시키려는 문화적 전략으로서의 풍토적 접근은 폐쇄적 공간으로서의 풍토를 상정한 것이 아니다. 글로벌 레벨까지 확대된 개방적 공간에서 생활하는 인간생활의 거점으로서, 지역의 공간적 가치와 개성을 확립해 나가는 근원으로서 풍토라는 자원을 활용하려는 것이다.[41]

오늘날 지역창생의 과제는 지역붕괴의 차원에 따라 3중의 의미를 가진다.[42] 첫째는 한계집락(限界集落)으로 상징되는 것으로서, 인구감소와 고령화에 의해 주민생활 시스템 그 자체가 붕괴한 지역의 창생이다. 이것은 인간 존재의 부재화不在化에 따라 지역사회가 붕괴한 곳의 문제를 말한다.

둘째는 도시화와 극단적인 시장논리에 의하여 각 지역의 고유한 생활양식과 그 지역을 중심으로 한 생활 시스템이 해체되고 공동화空洞化됨으로써 붕괴하고 있는 지역의 창생이다. 지역이 주민의 생활단위로서 기능하지 못하고 생활의 장場으로서 가지고 있던 지역 본래의 역할을 상실했다는 의미에서의 지역붕괴이다. 지금 전국에서 전개하고 있는 개성 있는 지역 만들기 운동은 이러한 붕괴로부터 탈피하려는 움직임이다. 그러나 첫 번째 붕괴와 두 번째 붕괴는 별개의 것이 아니다. 첫 번째 붕괴는 두 번째 붕괴의 연장선상에 있는 것이기 때문이다.

---

41) 唯物論硏究會(編), 『地域再生のリアリズム』(東京: 靑木書店, 2009), pp. 164~165.
42) 上揭書, pp.148~149.

근대화·공업화가 가져온 도시화는 지방의 생활공간을 대도시와 동질화시키도록 작용하면서 중소도시와 농촌지역이 가진 그 본래적 기능을 약화시켰다. 농촌과 중소도시 및 대도시간의 격차가 확대되고 서열화가 뚜렷해지면서 지방으로부터의 인구유출은 지금도 진행 중이며 앞으로도 지속될 전망이다. 신자유주의 노선, 구역 통폐합으로 상징되는 효율 일변도의 국가정책 등은 지역붕괴를 더욱 재촉하고 있다. 상황이 이러할수록 우리는 지역의 개성과 특성을 살린 문화경영으로 지역의 경쟁력을 회복하여 붕괴하는 지역을 살리는 묘안을 찾아야 한다.

지금 우리가 대응해야 할 지역붕괴 현상은 농촌과 중소도시의 문제만이 아니다. 지역붕괴는 대도시 그 자체의 본질적 문제로서도 대두하고 있다. 출생율의 급격한 저하, 정부의 재정위기, 산업의 공동화, 지역의 문화적 매력 상실, 지역 아이덴티티의 실종, 커뮤니티의 붕괴, 지역에 대한 애착심의 결여라는 공통의 중병에서 자유로운 도시는 거의 없다. 더욱 심각한 것은 그러한 도시들이 희망의 미래로 탈출할 탈출구가 보이지 않는다는 점이다. 농촌에서 대도시에 이르기까지 거의 모든 지역에서 심화되고 있는 지역붕괴 현상. 그 절박한 상황에서 우리를 희망으로 인도하는 새로운 통로는 없는 것일까?

하나의 도시는 정주定住주민과 교류交流주민이 함께 만들어가는 것이다. 정주주민의 수보다도 100배나 더 많은 교류주민이 찾아온다면 그곳에는 번영의 꽃이 필 것이다. 그러나 교류주민의 질과 양을 결정하는 것은 정주주민이다. 그 지역의 주민들이 기쁘게 살아갈 때 그 모습이 부러워서 멀리 다른 지역의 사람들도 찾아오기 때문이다(近者悅, 遠者來). 정주주민에도 선택형 주민과 숙명형 주민이 있다. 선택형 주민은 그곳에서 살고 있다는 것에 자긍심을 가진 사람이다. 숙명형 주민은 어쩔 수 없어서 그곳에서 살고 있는 사람이다. 숙명형 주민은 경제적 여력만 있다면 빨리 그곳을 탈출하려는 사람인 것이다. 그래서 숙명형 주민이 많이 살고 있는 지역은 더 이상 구제할 길이 없다.

문제는 탈출지향적인 행동이 숙명형 주민에게서만 나타나는 것이 아니라는 점이다. 원래 지역에 사는 주민들은 저항을 하다가 그것이 여의치 않으면 탈출을 시도한다. 저항이란 그 지역을 더 좋게 만들기 위해 개선하고 노력하는 대열에 참여하는 것이다. 탈출이란 개선을 포기하고 더 좋은 다른 곳으로 이주하려는 지향을 말한다. 그러므로 지역에서 저항해야 할 세력이 탈출을 마음먹는 순간 그 지역에는 희망이 없어진다. 지금 우리의 많은 지역이 심각한 붕괴 현상에 직면하고 있는 본질적 이유가 여기에 있다.

지금도 전국의 지역에서 탈출지향적인 주민들이 늘어나고 있다. 인간은 소비하는 상품에 불만이 있으면 다른 상품을 선택한다. 탈출하는 것이다. 그러나 향토에서 살아가는 사람들은 마을에서 불편한 문제가 있으면 개선을 생각하고 노력하는 대열에 참여해 왔다. 문제는, 그러한 행동패턴은 이미 과거의 모습이라는 것이다. 최근에 들어서 대부분의 사람들은 마음으로 연결되는 향토鄕土가 아니라 토지로서의 지역에서 부동산인 집에서 살고 있다. 그래서 거주하는 지역을 상품처럼 선택하고 팔고 탈출하는 것이다.

그러한 탈출은 도시에 국한된 것만도 아니다. 도시에서 향토가 사라졌듯이 농촌에서도 풍토의 미풍이 사라지면서 애착이 말라가고 있다. 토지에 묻어 둔 마음이 엷어지면서 빛바래진 풍토의 자리에는 차가운 환경이 자리 잡는다. 그리고 마음 떠난 향토에 오직 남아 있는 것은 부동산으로서의 토지뿐이다. 그래서 우리가 감당해야 할 지역창생은 토지를 향토로 만들고, 환경이 풍토로 승화하게 하는 것이다.

우리가 풍토를 새롭게 경작해야 하는 것은 사라지는 마을과 소멸되는 미풍양속을 보존하기 위해서만이 아니다. 지역마다의 고유 풍토가 사라진다는 것은 우리의 고유한 가치와 발상 그리고 상상력 자체가 말라버리는 것이다. 풍토를 경작해야 하는 이유는 그것이 지역을 재창조하려는 열망에 부응하려는 것이면서 동시에 국가의 문화적 품격과 경쟁력을 높이기 위한 본질적 대응이기 때문이다. 지금처럼 인구 감소의 속도를 줄이고 지역에 있는 기업의 철퇴撤退와 폐업을 막기 위해 노력하는 것만으로는 안 된다. 본질과도 관계없는, 그리고 단지 안락사安樂死를 위한 사업만으로 지역을 활성화시킬 가능성이란 없기 때문이다.

그러나 우리에게는 풍토가 있다. 풍토를 경작함으로써 다른 지역과의 차별화를 도모해야 한다. 풍토적 자원은 우리의 지역에 개성을 입힐 마지막 자원이다. 한 지역에서 풍토로 경영할 소재는 참으로 다양하다. 정감 있는 골목길이 있고, 밤의 평온을 느낄 수 있는 산책길이 있는 것으로도, 콘서트홀과 연극시설이 특화되어 있는 것으로도, 공원과 역사적 건조물이 있는 것으로도 매력을 높일 수가 있다. 범죄와 교통사고가 없는 안전으로 안심할 수 있는 마을, 건강증진 프로그램이 특화된 복지시설 때문에 머물고 싶은 지역을 만드는 것으로도 시작할 수 있다.

이제 내 집을 갖고 싶고, 만원 버스에서 벗어나고 싶으며, 자연환경이 좋은 곳을 찾고 있는 사람들에게 매력적인 지역을 만들 수도 있다. 안심하고 아이를 키울 수 있고, 평생학습을 위한 기반 환경이 좋은 것만으로도 차별화된 고장을 만들 수 있다. 이웃사람들과 웃는 얼굴로 인사를 하고, 산과 들에서 놀 수 있으며, 개울에서 물고기를 잡을 수 있는 도시를 만드는 것으로도 분위기를 바꿀 수 있다.

지역으로 들어가서 찾아낼 수만 있다면 가능한 일은 얼마든지 많다. 우선 가능한 것부터 특화를 해야 한다. 지금 해야 할 일, 그리고 할 수 있는 일부터 시작해야 한다. 그리하여 어느 누구라도, 그 모든 사람이 좋아하는 고장을 만들지는 못하더라도, 비록 창조적인 인재는 아닐 지라도, 그 지역을 필요로 하고 선택하는 사람을 만들어 나가야 한다. 그러한 길이 바로 지역창생의 길이다.

제 2 장

지역창생의 조건과 창조적 환경의 창조

다음 세대를 이어갈 젊은 사람이 정착하고, 일하고 싶은 사람 누구에게나 일자리가 있으며, 일정한 소득이 유지되어 소비와 여가, 그리고 문화생활을 풍요롭게 영위할 수 있는 지역. 건강과 의료 그리고 일상의 복지에 대한 걱정 없이 안심하고 살 수 있는 마을. 서로가 연대하고 협동하여 활기 넘치는 마을. 그것은 우리가 꿈꾸는 향토의 이상향이며 지역창생의 종착역이다.

그렇다면 그러한 지역을 만드는 창조의 출발점은 어디에 있는가? 그리고 도시창생의 플랫폼을 만드는 창조의 기본조건은 무엇인가?

도시창생을 위한 창조적인 인재는 저절로 나오는 것이 아니며 창조적인 성과는 아무 곳에서나 기대할 수 없다. 그렇다면 창조성은 어디에서 발생하며, 왜 그 장소인가. 지역의 특정 환경이 일종의 정신적 풍토를 만들기 때문에 어떤 특별한 재능은 어느 특정 시대와 장소에서 발전해 나가는 것인가. 창조성은 특정 장소에서 오랫동안 축적된 문화와 생활양식으로서 획득되는 것인가. 어떤 특별한 종류의 능력은 어떤 특정 장소에 살면 마치 자석처럼 달라붙는 것인가.

창조적 환경을 구축하기 위해서는 다양한 전제조건이 필요하다. 구성원들이 위기감을 공유함으로써 창조에 대한 절실한 갈증을 느끼도록 해야 한다. 이러한 상태를 만들기 위해서는 지역간 경쟁체제를 도입하고, 결과에 대하여 책임지도록 해야 한다.

창조적 환경을 창조하는 바탕으로서 창조적 인간들이 모여들게 하는 것도 중요하다. 이를 위해서는 문화적인 환경을 정비하고, 창생의 교두보를 구축하는 등 창조산업의 지반도 구축해야 한다. 또한 무엇보다도 중요한 것은 인간적 조건을 구비하는 것이다. 리더와 인재들이 연대하고 협업을 펼치며, 다양한 인재들이 자유롭게 활동할 수 있는 관용적인 개방사회를 만들어야 한다.

제1절 창조성의 다양한 조건

창조력은 대뇌피질의 전두엽前頭葉이 발하는 능력에 의한 것이라고 한다. 전두엽을 가진 것이 인간의 특징인 이상, 창조력은 인간 특유의 능력이다. 그런데 전두엽을 제거하더라도 기억이라든가 지능지수, 즉 IQ가 변하지 않는다는 사실에서 볼 때, 창조력은 기억력이나 IQ와는 별개의 것임을 알 수 있다. 그러나 IQ와는 관계가 없다고는 하지만 창조력을 발휘한다는 것은 참으로 어렵다. 창조력을 발휘하기가 어려운 이유는 무엇인가?

창조력의 발휘를 가로막는 최대의 장애물은 창조력의 산물인 지식과 언어 그리고 그러한 것을 구사하는 논리적 사고이다. 인간의 두뇌는 획득한 지식을 도구로서만 활용하는 것이 아니다. 인간의 두뇌는 제한된 지식에 지배되어, 그 지식에 관하여 아무런 의문을 가지지 않거나, 자신이 가진 지식에 반하는 것을 배제해 버리는 경우가 많다. 지식이 많거나 논리적인 사람이 곧 창조적인 사람이 아닌 이유가 여기에 있다.[1] 그리고 새로운 물결을 받아들이지 않는 닫힌 사회에서도 창조력을 발휘하기 어려운 이유가 여기에 있다. 그래서 21세기의 위대한 혁신가로 불리는 스티브 잡스는 말했다.

"혁신은 우리가 절대 잘못하지 않았다고 생각하는 일, 정말 많은 노력을 투입했다고 생각하는 천 가지 일에 대해 '아니오'라고 말하는 데에서 나온다."

인간의 재능은 지금까지의 방식이 통하지 않는 위기의 상황이나

---

1) 服部敏夫, 『創造の工學』(東京 : 開發社, 1992), p.22.

역경에서 잘 발휘된다. 인류의 역사를 살펴보면 위대한 창조는 위기의 소산이었으며 역경을 자원으로 한 것이었다. 역경과 위기적 환경에서는 시행착오를 거듭하면서, 기존의 지식에 얽매이지 않고 생각하여 다양한 가능성을 모색해 나가는 가운데 재능과 창조력을 발휘한 것이다. 따라서 인간이 일상을 살아가면서 기존의 양식을 뛰어 넘는 창조력을 발휘한다는 것은 참으로 어렵다.[2] 하물며 개인을 초월한 집단과 지역이 집합적으로 창조력을 발휘한다는 것은 더욱 어려운 과제이다.

창조의 길로 들어서게 하는 '창조의 창문'을 만들 수는 없는가? 우에하라(上原)는 인간의 창조성 발휘에 관한 조건으로서 목표 명확화의 원칙, 자유경쟁의 원칙, 조건 적응의 원칙, 분리·재결합의 원칙, 병열진행(竝列進行)의 원칙을 제시했다. 명확한 목표를 가질 때 인간의 뇌세포는 활성화되며, 경쟁해야 하는 환경에서 위기감을 느끼게 된다는 것이다. 그리고 자유로운 환경 하에서 책임감을 갖게 되고, 어려운 조건에 적응하기 위해 기존의 지혜를 창조적으로 재구성하며, 다양한 분야의 복합적 문제에 대처하는 가운데 지혜가 증폭한다는 것이다.[3]

창조성은 창조를 절실히 필요로 하고 또 창조적 아이디어를 실천할 수 있는 창조적 환경(Creative Milieu)에서 배양되는 것이다. 도박게임을 즐겼던 독일의 구텐베르크는 견고한 골패를 만들고 싶은 명확한 목표가 있었기에 금속활자를 개발할 수 있었다. 그러나 구텐베르크가 인쇄기를 만들 수 있었던 결정적인 요인은 그가 살았던 독일 마인츠가 와인의 주산지였기 때문이다. 구텐베르크가 인쇄기

---

[2] 上揭書, p.23.
[3] 上原春男, 『創造の原理』(東京: 日本經營合理化協會出版局, 2002), pp. 111~326.

를 만든 것은 당시의 목판 기술, 동전제조 조각 기술, 와인제조를 위한 압착 기술이라는 전연 다른 3가지의 기술을 분리·재결합한 것이다.4)

창조적 환경을 구축하기 위해서는 실로 유무형의 요소로 구성된 많은 전제조건이 필요하다. 스웨덴의 안데르센(Andersson)은 '창조의 장場'에는 다음과 같은 6가지의 특징이 나타난다고 했다. 엄격한 규제가 없으며, 건전한 재정 기반, 독창적이고도 기본적인 지식과 능력, 수요와 기회의 불균형, 다양성 있는 환경, 지역 내외에 걸쳐 개인의 이동과 의사소통의 용이성容易性이라는 특징이 있다는 것이다.5)

찰스 랜드리는 도시의 창조력이란 것은 다양한 주체, 다양한 배경을 가진 이해집단, 열망, 잠재능력, 그리고 문화의 총합에서 나온다고 했다. 따라서 자질 있는 개인, 그들에게 의지를 심어주고 이끌어 가는 리더, 리더를 뒷받침하는 조직문화, 다양한 인간과 다양한 재능에 접근하는 네트워킹의 역동성, 이들을 담는 공간과 시설 등이 필요하다고 했다.6)

한 사회의 발전이 그 사회의 구성원이 발휘하는 창조성의 총화總和만큼 이루어진다면, 우리가 지역 전체의 창조성을 극대화시킬 때 국가 발전도 가능해지는 것이다. 그러나 지역 전체의 창조성을 높이려면 지적, 문화적, 기술적, 조직적 창의성이 동시에 향상되어야 한다. 물론 창조성을 발휘하기 위한 일부의 조건만 충족되어도 한

---

4) A., Koestler, *The Act of Creation*(London : Picador, 1975), pp.121~124.
5) A. E. Andersson, *Creativity and Regional Development*, Papers of the Regional Science Association(1985), pp. 5~20 : P., Hall, 『創造性が都市を動かす』, 『創造性が都市を変える』(東京: 學藝出版社, 2010), p.33.
6) Charles Landry, *Creative City*(London: Comedia, 2002), pp.105~106.

지역의 창조력은 어느 정도 가동될 수는 있다. 예컨대, 세계의 크고 작은 어느 도시, 심지어는 조그마한 마을도 풍부한 상상력을 바탕으로 생각하고 계획하며 행동할 수 있는 전제조건이 충족되기만 하면 그곳은 일시적으로 창조도시를 지향할 수 있다.[7]

한 도시가 자신이 가진 잠재력을 충분히 발휘하고 그 환경에 창조적으로 대응하기 위해서는 새로운 가능성을 창조하는 데 필요한 다양한 조건들이 충족되어야 한다. 도시의 창조성은 도시 내적으로 볼 때 개인의 창조성, 개인의 상호작용으로서의 집합적 창조성, 도시환경의 창조성이라는 3차원에서 생각해 볼 수 있다.[8]

개인의 창조성이란 문화와 예술에 종사하는 창조인력만이 아니라 도시에 살고 있는 일반시민들이 갖는 창조성을 말한다. 집합적 창조성은 문화예술단체, NGO, 영리법인, 정부기관 등 다양한 조직이 갖는 창조성을 말한다. 환경의 창조성이란 특정 도시의 장소, 지구, 구역 등의 공간이 가지고 있는 창조적 풍토를 말한다.

우리의 도시들이 창조도시의 전략으로 창생을 도모하려면 어떠한 조건들을 충족시켜 나가야 할 것인가? 우리의 경우에는 보다 거시적인 차원에서 창조활동이 적용되는 조건을 구축해 나가야 한다. 창조도시 전략은 본래 내생적 발전의 한 모델이다. 그러나 우리나라에서는 지방이 내생적인 전략을 취하도록 하려면 스스로 자구책을 마련하게 하는 정치적 환경을 조성하도록 해야 한다. 이렇게 볼 때, 우리나라에서 도시들이 주체적으로 자신의 지역을 창생하게 하는 기본 조건은 정치제도적 조건과 도시공간적 조건 및 인간적 조

---

[7] Ibid. pp.138~139.
[8] R. E. Caves(2000), *Creative Industratries : Contracts between Art and Commerce*, Harvard University Press. : 後藤和子, "創造性へのインセンティブと都市政策", 『創造都市への展望』(東京: 學藝出版社, 2007), p.86.

건으로 나누어 볼 수 있다.
　정치제도적 조건은 위기의식을 공유하게 하고 자유롭게 경쟁하게 하는 시스템을 말한다. 공간적 조건은 개별 지역의 문화와 경제적 기반의 혁신을 말하며, 인간적 조건은 지역창생의 담당자인 리더와 창조적인 개인들을 육성하고 그들 간의 네트워크를 구축하도록 하는 것이다. 그러나 이러한 조건들은 각각 개별적으로 존재하기보다는 상호 보족적補足的이다. 따라서 지역에서 창조적 아이디어를 적용하기 위한 다양한 요소들 모두가 하나의 무대에서 종합될 때 더욱 큰 힘을 발휘하게 되는 것이다.

제2절　정치제도적 조건
　　　 － 경쟁의 제도화와 지방분권

　인간의 창조성은 절실한 필요성을 느낄 때 발동된다. 절실한 필요성은 그것이 없다면 존재의 위협을 느끼는 위기감에 사로잡힐 때 더욱 커진다. 도시도 마찬가지다. 한 도시를 새롭게 창생하려면 그 도시의 구성원들 스스로가 위기감을 공유해야 한다. 지역이 서서히 침몰해 가고 있는 상황에서도 위기감을 느끼지 못하는 지역은 재생의 가망이 없다. 지역 주민들이 위기감을 공유하고 스스로 자구책을 마련하려고 애를 쓸 때 정부의 지원도 효력을 발휘할 수 있다. 지방이 스스로 자구책을 마련하고 자립을 도모하도록 해야 한다.
　지방이 자립을 지향한다는 것은 지역의 운명에 대하여 스스로 책임지려는 것이다. 그러나 대부분의 사람들은 위기감을 느끼면서도 별다른 외적 충격이 없다면 위기감을 행동으로 표현하지 못한다. 따라서 지역을 창생시키려면 현실을 인식시키고 경쟁에서 도태되면 존속할 수 없다는 위기감을 의식적으로 공유시켜야 하는 것이다. 그러한 가운데 국가는 스스로 돕는 지방만을 지원하는 제도를 구축해야 한다. 이러한 시스템이 바로 지방분권을 통한 지역 간 경쟁체제의 도입이다.

Ⅰ. 위기감의 공유

우리의 지역은 패러다임의 극적인 변화를 겪고 있다. 경제활동의 글로벌화는 중앙정부를 대신하여 지방과 도시가 문제해결의 주역으로 등장하도록 요구하고 있다. 특히, 자유무역협정의 체결 등은 우리 국민들의 삶이 상상을 초월하는 거대시장 속으로 통합되는 속도를 가속화시킬 것이다. FTA의 체결은 국민경제에 대한 국가의 기능을 국가의 경계를 넘는 공공公共공간으로 이관시키는 것이다. 먹고 살아가는 문제에 있어서 나라와 나라 사이의 국경이 없어지는 것이다. 이제 국가라는 통일된 정치체제의 통제력이 약화되면서 산업에 대한 국가의 역할은 대폭 저하된다. 국제경제의 파고가 국가의 여과장치를 거치지 않고 직접 지방으로 몰아치게 되는 것이다.

이러한 상황에서는 역발상으로 지역의 역량을 키워야 한다. 나라와 나라 사이의 국경이라는 커튼이 없어져도 남는 것은 지방과 도시이다. 지방과 도시가 주체가 되고 주도자가 되어 국제화의 혼란과 파고를 흡수해야 한다. 시장경제의 글로벌화가 진전되면 될수록 건실한 지역경제가 국가경제의 근간을 형성하도록 해야 한다. 세계질서의 혼란이 예측조차 못할 정도로 커져가고 있는 지금, 우리가 취해야 할 생존전략은 지역경제라는 방파제를 탄탄하게 하고, 이를 기반으로 한 국민경제를 형성해 나가는 것이다.

그러나 우리는 지역경제의 기반을 상실하고 있다. 우리의 국민경제는 수도권 일극의 경쟁력으로 지탱되어 왔다. 우리의 국민경제는 지역경제라는 방파제도 없이 격변하는 세계경제의 소용돌이 속으로 직결되고 또 휘몰아쳐지고 있다. 우리의 지역경제가 격동하는 세계경제에 아무런 여과장치도 없이 직결되고 있다. 방파제도 없는 항구처럼 우리의 도시경제는 세계화의 파고에 휩쓸리고 있는 것이다. 이제부터라도 지역의 개성을 살리고, 지역에 뿌리를 둔 지역경제를 구축하면서, 이러한 지역경제를 기반으로 한 국가경제를 구축해 나가려면 어떻게 해야 하는가?

수도권 일극집중(一極集中)은 날이 갈수록 심화되고, 모든 지역은 획일화되고 있다. 전국에 형성된 지점망과 새로운 유통형태는 획일화의 양상을 더욱 견고하게 하고 있다. 물류와 교통망의 정비, 통신수단의 발달로 지역간의 물리적 장벽이 제거되는 것은 발전의 한 양상이라고도 할 수 있다. 그러나 온 나라 안의 지역경제가 서울 브랜드의 지점으로 기능하면서 그 고유성은 압살당하고 창조성은 말살된 가운데 단지 부양되고 있는 것을 두고서 발전이라고 할 수는 없다.

온 나라의 어디를 가더라도 똑같은 모습이면 그 나라는 작은 나라이다. 온 나라의 어디를 가 보아도 새롭고 다양한 풍경이 있다면 그 나라는 큰 나라다. 지금 우리 국토는 전국이 하나처럼 획일화되고 있다. 이러한 상황에서 지역마다의 고유한 문화를 가꾸고 그 바탕에서 지역의 브랜드를 경작하려면 어떻게 해야 하는가. 모든 지방이 하나의 모델을 따르면서 균질화되고 있는 동이불화(同而不和)의 국토에 아무리 여러 지방이 있다고 하더라도 그것은 양적인 숫자에 불과하다. 물에 물을 타는 것처럼, 거문고의 같은 줄을 두드리는 것처럼, 그 존재나 기능이 사회에 새로운 가치와 의미를 더해 주지 못한다.

모두가 다 똑같다면 작은 것은 큰 것에 질 수밖에 없다. 그러므로 대도시와 소도시 그리고 농촌과 도시는 상생할 길이 없다. 서로 다르지 않은 존재가 같은 이익을 좇을 때는 다툼도 그치지 않는다. 그것은 마치 백화점의 모든 진열대에서 같은 품목을 팔면 점포의 주인들이 사이좋게 살아갈 수가 없는 것과도 같다. 따라서 우리는 철저히 진행되고 있는 획일화의 와중에서도 그 지방에 뿌리내린 고유한 문화를 경작해야 한다. 지역마다의 브랜드를 경작하여 화이부동(和而不同)한 국토를 경작해야 하는 것이다.

'화和' 란 물에 물을 더했을 때처럼 성질이 같기 때문에 이루어지는 것이 아니라, 서로 다르기 때문에 이루어지는 것이다. 화합이란 물, 소금, 간장, 양파, 마늘, 고기가 각자의 맛으로써 조화를 이루어 전체적으로 맛있는 요리가 되는 것처럼, 서로 다르기 때문에 좋은 맛을 내는 것이다. 그러므로 모든 지역이 브랜드를 구축하여 지역의 개성이 더욱 빛나는 화이부동한 국토를 건설해야 한다.

우리는 인구 감소라는 상상하지도 못했던 사태에 직면하고 있다. 세계에서 가장 빠른 속도로 진행되고 있는 인구 감소와 고령화는 지방의 붕괴를 더욱 재촉하고 있다. 고령화와 낮은 출산율이 가져오는 경제활동의 축소는 생산력과 소비력의 저하를 가져오고 국가

재정도 어렵게 할 것이다. 고령화가 가져오는 자산운용의 보수화, 노동생산성의 저하에 따른 국력의 쇠퇴는 복지비용의 조달도 더욱 어렵게 할 것이다. 그 결과 지방자치단체에 대한 국가의 재정지원은 줄어들 수밖에 없다. 이러한 상황에서 단지 보조금을 충실히 집행하고 교부금을 적절히 사용하는 것만으로 생존을 도모할 수 있는 지방은 더 이상 존재하지 않는다.

그러나 이러한 현실 앞에서도 많은 지역들이 만성병 환자가 증상을 자각하지 못하는 것처럼 위기감을 느끼지 못하고 있다. 그러다가 이미 현상 타개를 위해 합칠 힘도 없는 경우가 되어서야 비로소 문제의 심각성을 느끼게 될지도 모른다. 모든 가능성이 사라진 후에야 사활을 걸겠다며 나서 보아도 그때는 이미 동원할 수 있는 모든 수단도 고갈된 상태가 된다. 우리는 알아야 하며 또한 알게 해야 한다. 예측할 수 있는 도시의 위기를 마지막까지 방치한다면 그 응보는 참으로 가혹하다는 것을 알게 해야 한다.

중요한 것은 현실을 바라보는 눈이다. 오늘이 아니라 내일과 모레를 생각하면 위기감은 저절로 생긴다. 위기감은 긴급한 반응을 불러오고 장벽을 뛰어넘도록 독려하며 창조력을 자극한다. 위기감을 느끼게 한다는 것은 사람들로부터 열망을 이끌어 내고, 더 이상 주저할 시간이 없다는 것을 느끼게 하는 것이다. 어느 사회에서도 열망을 이끌어 내는 자극과 긴장이 세상을 새롭게 만들고 미래 세대들이 희망을 가질 수 있게 했던 것이다. 따라서 이제 우리는 바로 지금이야말로 우리의 모든 지역이 위기감을 느끼게 할 마지막 기회라는 것에 대한 위기감도 느껴야 한다.

지역사회가 직면하고 있는 과제는 참으로 다양하다. 그러나 문제가 있어도 심각함을 느끼는 정도에 따라서 무시되기도 한다. 때로는 주민운동이나 시민참여를 통하여 발전하기도 하고 경우에 따라서는 과장되는 경우도 있다. 그리고 리더의 성격에 따라서 일과성의 이벤트로 취급되어 발전으로 진화하지 못하는 경우도 있다.

우리는 알아야 한다. 지역창생의 원동력은 지역이 직면하고 있는 심각한 문제, 절실한 문제에 대해 지역의 사람들이 공통의 인식을 갖는 것에서 생성된다는 것을 알아야 한다. 그리고 그 공통인식은 지역주민이 지역에 애착을 가지고 연대할 때 확산된다. 즉, 지역사회의 문제해결능력은 지역사회의 주인공들이 지역의 과제에 대해서 공통의 인식을 가지고 연대와 협동을 통하여 해결하려는 생각과 행동력에 달린 것이다.

Ⅱ. 지역간 경쟁체제의 확립

지역간 경쟁시스템을 도입하여 위기감을 확산시키고 그 위기감을 공유시켜야 한다. 인간의 창조성은 자유도가 높고 경쟁하는 문화 속에서 발휘된다. 경쟁이 없는 곳, 스스로 발상하고 그 발상을 실천하려고 애쓰지 않는 곳에서 창조성이 신장될 수는 없다. 인간은 경쟁심을 불태우면서도 리스크를 회피하고 안전한 상황을 추구하려고 한다. 인간은 안정된 환경에 안주하게 되면 뇌세포의 작동이 느려져서 창조성이 저하되고 머지않아 새로운 리스크가 유발된다. 반면, 경쟁은 불안정을 유발하는 만큼 창조를 잉태시킨다.

인간은 경쟁해야 하는 환경 하에서 자신의 일상생활과 일을 통하여 활력을 불어넣고, 새로운 변화를 만들어 나가려고 노력한다. 보수적이고 안정된 사회에서는 창조성을 발휘하기 어렵다. 창조적인 곳은 기존의 질서가 새롭고 창조적인 집단에 의하여 끊임없이 위협받고 있는 도시이거나 이제 막 기존의 오래된 질서가 파괴된 곳이다. 창조적인 장소는 안정적인 장소, 그냥 쾌적한 장소가 아닌 것이다. 그렇다고 해서 완전히 무질서한 곳에서 창조력이 발휘되는 것도 아니다.

자유롭지만 경쟁해야 하는 환경이 불안정을 유발시키고 이러한 불안정이 창조를 낳게 한다. 따라서 자유의 확대는 인간이 추구하는 목적이면서 동시에 수단이다. 그러나 창조성은 자유가 무제한적으로 발휘되는 환경에서 발휘되는 것이 아니다. 인간과 조직의 창조성은 다른 주체와 경쟁하거나 새로운 조건에 적응하지 않으면 살아남을 수 없는 환경 하에서 보다 적극적으로 작동된다. 창조성은 자유로운 경쟁 하에서 발휘되는 것이고, 자유는 경쟁 속에서 신장되는 것이다. 경쟁은 긴장하도록 자극하고 이러한 자극이 창조를 잉태시킨다.

경쟁을 의식한다는 것은 위기감을 일상에서 지니고 있다는 것을 의미한다. 위기감이 창조의 동기를 부여하는 것이다. 창조는 그것을 절실히 필요로 하는 곳에서 잉태되기 때문이다. 따라서 보호의 우산으로 경쟁하지 않아도 생존할 수 있는 곳에서는 창조성이 저하된다. 강자에 대한 규제와 약자에 대한 강력한 보호책이 작동하고 있는 곳에서 약자의 창조성은 길러지지 않는다. 약자의 창조성이 상실된 곳에서는 약자를 위한 새로운 보호책을 강구해야 하는 악순환이 되풀이된다. 이러한 방책으로 약자를 보호할 수 있는 최대의 성과는 단지 생존하게 하는 것일 뿐이다.

지금 우리가 갈구하는 것은 명맥이라도 유지하면서 생존하는 것이 아니다. 전인격적으로 생활하면서 번영을 구가하는 것이야말로 우리의 희망이다. 가난한 지역을 살린다면서 보호하고 규제하는 것에만 급급해서는 안 되는 이유가 여기에 있다. 가난한 지역일수록 창조성의 싹을 틔워야 한다. 따라서 모든 구조개혁과 규제완화는 창조성의 발휘라는 관점에서 실천해야 한다.

자유가 없고 경쟁적이지도 못한 지역은 붕괴한다는 철칙을 여실히 증명하고 있는 곳은 북한이다. 북한은 철저한 계획경제 하에서 모든 생산수단을 관제로 통일하였다. 주민들은 국가의 계획에 따라 행동하고 노동하며 생산·생활한다. 이러한 시스템은 그 도입 당초에는 일부의 열성적인 관리자들의 노력으로 높은 효율성이 나타난다. 그러나 그러한 체제 하에서의 지역과 주민들은 머리를 쓰고 경쟁할 필요가 없다. 위에서 부여한 임무만 수행하면 될 뿐이다. 북한 주민들은 자신의 머리로 생각하는 습관을 잃어버려 뇌세포를 활성화시킬 기회를 상실했던 것이다. 정부의 방침과 계획에 의문을 품은 사람이 있어도 그러한 의견을 수용하는 윗사람이나 시스템도 없다. 그래서 북한 주민들의 창조성은 말살되어 버린 것이다.

인간은 자신의 의사와 창의에 의하여 스스로 책임지고 일하게 되면 자신이 수행하는 일의 진행을 정확히 파악하게 된다. 따라서 예측할 수 없었던 문제가 발생하더라도 신속하게 대응할 수 있다. 그러나 모든 일을 명령에만 따르거나 매뉴얼에 있는 그대로만 하면 창조성은 상실된다. 그래서 매뉴얼에 없는 사고가 나면 더 이상 아무런 손도 쓸 수 없게 된다. 1986년 4월 26일, 소련의 체르노빌에서 원자력 사고가 났을 때, 그곳의 직원들 어느 누구 하나 전혀 손을 쓰지 못했던 것도 그 때문이다.

특출한 사람의 그늘에서 그를 추종하면서 일한 사람이 새로운 환경에 직면하면 능력을 발휘하지 못하는 사례를 우리는 많이 보아왔다. 예컨대 대기업의 창업자들은 강한 개성과 뛰어난 능력을 가진 사람이다. 그러나 그 후계자의 역량이 창업자를 따라가지 못하여 기업을 더 이상 성장시키지 못하고 때로는 파산하기도 한다. 그 이유는 단순하다. 창업자의 영향이 너무 큰 나머지 후계자들은 창업자의 입만 쳐다보고 그가 생각하고 말하는 범위 내에서 행동하는 것으로 일관하다보니 창조적 대응력이 전무하게 된 것이다.

훌륭한 지도자는 자신의 재능과 감각, 즉 재각才覺을 자랑하듯이 모든 것을 자신이 결정하고 부하는 따르도록 하는 사람이 아니다. 진정한 지도자는 부하들이 스스로 생각하고 책임지도록 하여 부하들의 뇌를 활성화시키는 사람이다. 이러한 논리는 국가경영에도 그대로 적용된다. 중앙집권체제 하에서의 지방은 중앙의 지침과 규정에 따르는 것에 길들여져진다. 지방이 스스로 생각하고 또 창의성을 발휘하지 못하게 되는 것이다.

중앙이 중요한 결정을 대신 해주는 체제에서 지방은 중앙을 쳐다보다가는 결국 의존만 하는 허약체질이 된다. 주체적이지도 창조적이지도 못한 지방의 운명은 국가의 처분에 따라 결정되는 것이다. 그러한 나라에서 국가는 결과의 평등을 보장한다는 명목으로 자신의 역할을 강조하려고 한다. 그러나 의존만 하려는 지방을 살릴 묘수가 있는 중앙정부는 존재하지 않는다. 우리의 지방은 중앙이 보장하는 결과의 평등이라는 울타리 안에서 안락사의 길을 걷고 있다. 이제 우리는 지방이 책임지는 기회의 평등으로 지역들이 경쟁하도록 해야 한다.

Ⅲ. 지방분권과 정부의 지원체제 확립

　한 지역의 역사나 운명의 주인공은 그 지역 자신이지 그 어느 누구도 아니다. 그러나 그 지역주민들이 자신의 운명의 주인공이 되지 못하거나 그 존재에 대한 설득력을 잃게 되면 쇠퇴는 불가피해진다. 주체성을 상실하고 또 스스로의 존재에 대한 책임감을 가지고 있지 않은 지방을 국가가 나서서 살릴 길은 없다. 중앙집권이 결과의 평등을 보장하는 체제라면 지방분권은 기회의 평등을 보장하는 시스템이다. 지방에게 도전할 기회를 주고 그 결과에 대해 책임지도록 해야 한다.

　중앙집권적 행정시스템은 다양한 매뉴얼을 만들어 지방에 내려 보내고 이에 따르는 지방에 재원을 준다. 중앙관료가 지방을 위하여 머리를 쓰려고 노력을 하면 할수록 지방의 고유한 특성은 무시되고 획일화劃一化가 강화되는 것이다. 중앙집권 국가에서 균형발전을 강조하게 되면 결과의 평등을 지향하는 토건土建국가를 지향하게 된다. 그러나 전국을 커버해야 하는 그 방대한 관료기구로 인하여 점점 더 경직되어간다. 그리고 전국을 대상으로 한 그 후견적 지배기능은 결국 심각한 재정위기를 초래하게 되어 더 이상 힘 쓸 능력이 고갈된다. 그리하여 종국에 가서 재정위기에 처하게 되면 "지방의 문제는 지방이 알아서 하라"며 발뺌을 하게 된다. 지방의 창의력을 고갈시키고 스스로 책임질 기력도 없게 한 다음에야 무책임하게도 손을 떼게 되는 것이다.

　지방분권 체제에서도 중앙정부는 균형발전 정책을 추진해야 한다. 그러나 지방분권 체제에서 추진하는 균형발전 정책은 앞선 곳을 억제하여 후미진 곳과 키를 맞추는 절장보단(截長補短)의 칼을 휘두르는 것이 아니다. 지방이 스스로의 지혜와 창의를 다하도록 하는 경쟁을 촉진시키고, 이를 위한 물적·인적 지원을 하는 것이 그 핵심을 이룬다. 중앙은 지방이 자주적·자립적으로 대응하는 능력을 지원함으로써 지방의 개성 있는 창생을 지원해야 하는 것이다. 지방분권에 있어서의 균형발전이란 절장보단이 아니라 자력창생(自力創生)을 지원하는 정책을 펴는 것이다.

지방분권시스템 하에서 국가의 역할은 스스로 돕는 지방을 돕는 것이다. 지방이 붕괴한다는 것은 그 지방만의 문제가 아니다. 지역에 활기가 없으면 나라에도 활기가 없어진다. 지역이 개성을 살리고 활기를 띠면 그것은 개별 지역의 활력을 능가한 크기로 나라 전체에 활력을 가져온다. 어느 한 지역의 성공은 다른 지역에 살고 있는 사람들에게 '가 보고 싶은 곳', '사고 싶은 것', '살아 보고 싶은 곳'을 제공한다. 사람들에게 선택의 기회와 가능 영역을 넓혀 주는 것이다. 따라서 한 지역의 성공은 이미 그 자체만으로도 국가에 활력을 불러일으키고 국민의 행복지수를 높이는 것이다.

지역이란 인간이 공동으로 일상생활을 영위하는 장소이다. 지역이 피폐하고, 쇠퇴하며, 황폐해져서 인간의 삶도 그 공동체도 붕괴한다면 그것은 그 지방만의 문제가 아니다. 지역이 붕괴한다는 것은 국가의 일부가 붕괴한다는 것이며, 지역의 붕괴는 국가사회의 해체로 연결되는 것이다. 정부가 지역창생을 담당할 인재 양성과 인재 네트워크의 구축을 지원하고, 민간의 노하우를 현장에서 적용하도록 지원해야 하는 또 하나의 이유가 여기에 있다.

인간은 대지大地의 품안에서 살아간다. 지역창생은 주민들이 자신의 터전에서 생활할 수 있는 기반을 구축하려는 것이며, 생활자의 인권을 보장하려는 것이다. 지역창생은 자연과 공생하는 지역을 창조하려는 것이며, 지역에 살고 있는 사람들이 그 지역의 주역으로 살아가는 환경을 창조하려는 것이다. 따라서 정부는 지방이 창조적으로 지역의 자원을 발굴하고 활용할 능력을 키워주고, 지역의 자립기반을 지원하기 위한 지원을 해야 하는 것이다. 이를 위해서는 〈그림 2-1〉처럼 지방자치단체가 자주적으로 '지역창생 계획'을 수립하고, 일정한 기준을 충족한 계획에 대해서는 국가가 지원을 하는 시스템을 구축하는 것도 필요하다.

[그림 2-1] 지역창생 사업에 대한 정부지원 체제

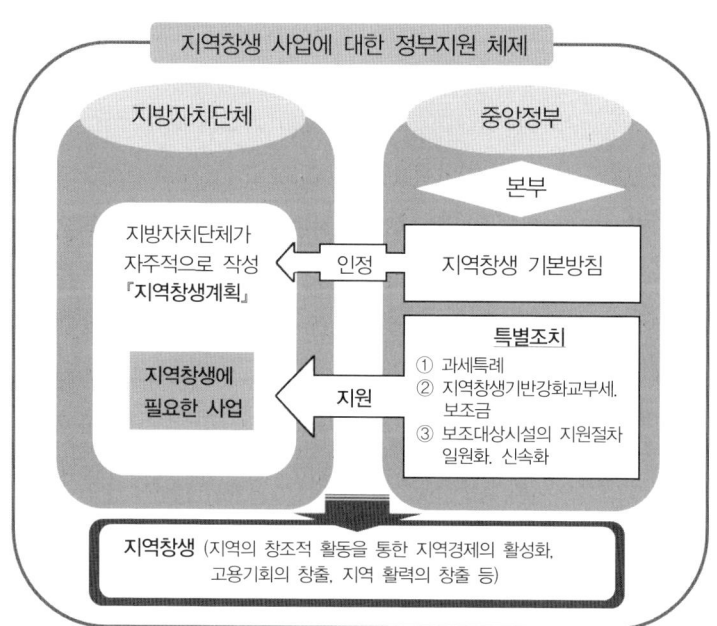

제3절 공간적 조건
- 문화적 공간과 창생의 거점 구축

　지역경영의 기본은 지역의 문화와 고유자원의 바탕 위에서 새로움을 더해 나감으로써 발전해 나가는 것이다. 이를 위해서는 무엇보다도 창조적인 인재들이 선호하는 창조적 공간을 만들어야 한다. 지역에 창조적인 개인들이 모여들게 하고, 그들이 그곳에서 지식과 아이디어를 교류할 때 집합적 창조성이 발휘된다. 그리고 그러한 창조의 분위기가 점차 확산되어 지역에 창조적 기풍이 자리 잡게 되면 새로운 문화와 산업이 잉태된다. 창조적 인재가 모여서 문화와 산업을 잉태시키는 '창조의 장場'을 구축하는 것은 지역창생의 공간적 조건이다.

　지역창생의 기반 구축을 위해서는 경영론적인 관점에서, 그리고 학습론적인 관점에서 접근하는 것도 중요하다. 그러나 그 근본은 역시 공간론적인 접근이다. 창조적 인재가 선호하는 창조적인 공간은 하드웨어적인 요소와 소프트웨어적 요소로 구성된다. 하드웨어적인 요소로서는 연구와 개발 및 다양한 문화활동이 가능한 터전으로서의 '일 터'와 '쉴 터' 그리고 '놀 터'와 '배울 터'를 구비하는 것이다. 소프트웨어적 요소로서는 지역사람들이 지역에서 살아가는 것을 행복해 하고, 다른 지역에 있는 사람들도 그것이 부러워서 그 지역으로 창조적 인력이 모여들게 하는 문화·서비스적 요인들이다.

Ⅰ. 문화적 환경의 정비

활기 없고 침체된 지역은 그 속에서 살아가는 사람의 창조력을 이완시킨다. 반면에 다양한 인간관계가 겹쳐 북적거리고 활기찬 도시는 스스로를 창생시키는 상호작용을 증폭시킨다. 경제와 문화활동이 도시를 중심으로 전개되는 이유가 여기에 있다. 그러나 멋진 도로와 다리를 만들고 아름다운 건축물을 세우는 것만으로 좋은 도시를 만들 수 있는 것은 아니다. 좋은 도시란 아름다운 곳, 그곳 밖에는 없는 곳, 살기에 쾌적한 곳, 문화의 향기가 넘실거리는 곳, 다양한 가치관이 공존할 수 있는 곳이다.

제멋대로의 간판, 무질서하게 난립한 상점가, 개성 없는 쇼핑몰, 황폐한 공원, 안전이 걱정되는 주점들, 상점가를 산책하는 즐거움도 맛 볼 수 없는 고립된 문화시설. 이러한 마을에서 살아가는 사람들이 '향토의 정서'를 느끼고 살아가기는 어렵다. 정보화 사회, 재택근무, 인터넷이나 이메일과 같은 사이버스페이스가 아무리 발달한다고 해도 인간의 삶에는 변하지 않는 것이 있다. 인간은 사람 냄새가 나는 북적거리는 거리를 그리워하며 사람 소리가 들리고 서로 인사를 주고받을 수 있는 곳에서 살고 싶어 한다.

술집과 미술관 옆에는 광장이 있고, 그 곁에는 분수가 있어 외롭지 않으며, 거리 양쪽으로 늘어선 간판들은 작아서 오히려 마음을 끄는 도시. 표지판의 디자인이 아름다워 눈길이 가고, 영화관으로 가는 길을 걸으면 마음이 편해지는 환경은 이제 인간의 생활에 제2의 자연이 되었다. 이러한 도시의 요소들은 나무와 꽃, 야생동물과 새들의 노래 소리, 수변의 아름다운 풍경과 산들바람만큼이나 매력을 주는 것이다. 그래서 인간은 도시로 모이는 것이다.

길을 걸으면서 그 도시의 아름다움을 느끼는 것, 예컨대 정말 멋진 곳에 왔구나 하고 느끼는 것, 그리고 아! 정말 아름답구나 하는 느낌은 논리로 생각하는 것이 아니다. 인간은 우뇌로 아름다움을 느끼고 생각하며 행동한다. 그러나 전통적으로 시설을 만드는 사람과 관리하는 사람은 좌뇌로 생각하면서 논리적으로 일을 처리해 왔다. 우뇌로 느끼고 행동하는 인간과 좌뇌로 설계하고 시설을 만드는 사람간의 간격을 메워야 한다.

왼쪽 두뇌로 사물을 생각하고 만들어 가는 사람들일수록 오른쪽 두뇌가 말하는 것에 귀를 기울여야 한다. 아름다운 도시를 만드는 아트와 테크놀로지는 그 관여하는 인간이 사용하는 뇌의 분야가 서로 다르다고 생각해 왔다. 그러나 최근의 성공적인 도시에서는 그 두 영역의 창조성이 하나로 합쳐지고 있다. 창조적이면서 성공적인 업적을 자랑하는 도시의 사람들은 마치 신인류처럼 좌우 양방의 뇌를 동시에 사용하고 있다. 창조적인 도시, 아름다운 공간으로 만들려면 이러한 신인류를 키우고 육성해야 한다.

인간이 무엇을 좋아하고 무엇을 싫어하며, 어떤 매력에 끌려서 행동하는지를 알아야 한다. 무슨 매력에 끌려서 그 도시에 가며, 도시의 어떤 모습에 즐거움을 느끼는지 그 감동의 요소를 중시해야 한다. 보다 더 인간적인 것이 되도록 노력하면서 방문자들에게 그 곳이 인간의 도시임을 강하게 느끼도록 해야 한다. 이를 위해서는 도시 디자인을 단순히 시각적 인상으로만 파악해서도 안 된다. 오감五感의 자극으로부터 그 도시에서 어떤 행동이 나올 것인가 하는 관점에서 디자인을 해야 한다.

문화전략으로 지역을 활성화시킨 도시들을 살펴보면, 그들은 마을 역사를 기억한 오래된 성당이나 사원, 개울과 돌다리, 공원과 관공서 청사의 고유한 이미지를 연출했다. 공장과 창고로 활용되던 건물의 외관을 그대로 유지하면서 갤러리나 레스토랑 또는 쇼핑센터로 활용했다. 오래된 도시를 새로운 경제에 적합하도록 개조시킨 것이다. 도시의 양적 개발보다는 옛 거리와 구 건물을 활용한 새로운 이미지의 상점가를 만들었고, 환경의 보전과 커뮤니티의 통합에 보다 많은 가치를 부여했다. 옛것을 활용하여 새로운 비즈니스의 기회를 만들었고, 도시의 산업구조를 지식경제로 전환시키는 자원으로 활용했다.

도시의 속과 마을의 부분 부분을 피부로 느끼면서 세심하게 가꾸어 나갈 때 비로소 사람들에게 신선한 자극을 줄 수 있다. 좋은 도시란 조각적彫刻的인 관점만이 아니라 인간적인 관점에 입각하여 만들어야 한다. 이를 위해서는 수많은 장벽을 넘어야 한다.

하나의 도시를 만들기 위해서는 도로법이나 도시계획법, 건축법 등 그 기본으로서 많은 법률을 적용한다. 이러한 법을 토대로 도로나 건물을 만들고, 건물과 도시를 어떻게 하면 채산성 있고 효율적으로 운영할까를 경제학이나 행정학에서 연구한다. 지금까지 대학에서 지역과 관련된 분야를 연구하고 가르치는 것은 토목학과, 건축학과, 행정학과, 경제학과, 지리학과 등이었다. 그러나 이제는 이러한 장벽을 넘어야 한다. 인간의 감성을 이해하고 개발하는 '문화적 접근'으로 도시를 만들어야 한다. 지금의 사회는 올 라운드 플레이어(all-round player)로서의 기본적인 재각才覺과 스페셜리스트로서의 전문적인 감성을 겸비한 도시경영자를 요구하고 있다. 창조를 잉태하는 문화적 환경은 전방위적인 노력과 협력을 통해서만 경작될 수 있는 것이다.

지역창생의 과업은 행정이 변하는 것만으로 실현될 수 있는 것도 아니다. 시민이 변해야 하며, 시민의 생활양식이 변해야 한다. 지역을 문화적으로 경영하기 위해서는 시민들의 생활에서 창조성이 발휘되어야 한다. 예술, 공예, 상품개발, 기술개발, 학술활동 등 모든 분야를 망라하는 지적 영역에서 창조의 기풍이 자리하도록 해야 한다. 상점가의 운영을 예로 든다면, 지역의 개성과 문화가 보이는 거리를 만들고 그러한 개성의 총화로서 상점가의 고유한 브랜드가 저절로 인식되도록 해야 한다.

도시의 구성원들이 오로지 일에만 묻혀 살아가는 마을에서는 창조적인 문화를 꽃피우지 못한다. 획일적인 제품을 보다 많이 생산하는 것으로 경쟁하던 공업사회와 산업사회에서는 일에만 전념하는 사람들이 경제를 키웠다. 그러나 웰빙시대에서는 역설적이게도 장시간 근면하게 일만 하는 시민이 많은 것만으로는 그 도시를 활성화시킬 수 없다. 활기찬 도시는 풍요한 생활을 향유하는 시민들이 만들어가는 것이다. 풍요로운 생활문화를 향유하는 시민이 있고, 창조와 감상, 그리고 비평이 조화롭게 자리 잡은 곳에서만 문화와 예술이라는 꽃이 핀다. 시민들이 살아가는 생활방식도 바뀌어야 하는 것이다.[9]

활력 있는 도시를 만들려면 창조적인 일을 하는 사람들이 살아갈 경제를 구축해야 하고, 창조적 행위가 받아들여지는 환경을 만들어야 한다. 그리고 무엇보다도 아티스트 크리에이터가 살고 싶어 하는 창조적 공간도 만들어야 한다. 예술적 영감으로 충만된 인재를 육성하고 유인해야 하며, 이들이 활동할 수 있는 문화적·경제적 공

---

9) 鹽澤由典(編), 『創造都市への戰略』(東京 : 晃洋出版, 2007), pp.6~7.

간을 만들어야 한다. 21세기의 도시가 세계를 향하여 비상하려면 과학과 기술의 엔진에 예술의 날개를 달아야 한다. 인재들이 문화와 예술의 날개를 타고 상상하며 창조할 수 있는 문화적 환경을 만들어야 한다.

Ⅱ. 창조산업의 기반조성

지역발전의 원동력이 극적으로 바뀐 지금, 기업이나 조직에서 기존의 틀에 박힌 업무만을 수행하는 인재로는 미래를 보장할 수 없다. 한 지역이 발전하려면 정해진 절차에 따라 반복적으로 수행하는 일에 종사하는 사람의 수를 줄여야 한다. 그리고 새롭게 생각하고 새롭게 만드는 일에 종사하는 사람의 수를 늘려야 한다. 창조적인 산업에 종사하는 인재를 더 늘려야 한다는 것이다. 창조적 인력을 결집하는 도시환경을 창조하는 첫 걸음은 역시 문화적인 공간을 조성하는 것이다.

『창조계급론(Creative Class)』의 저자 리처드 플로리다(Richard Florida)에 의하면, 오늘날 사회를 변모시키는 최대의 동력은 인간의 창조력이며, 창조력을 갖춘 사람들이 결집하는 도시야말로 발전하는 도시다. 플로리다가 말하는 창조계급이란 과학, 기술, 건축, 디자인, 교육, 예술, 음악, 오락 등의 활동에 종사하고, 새로운 아이디어를 만들어 내는 사람을 말한다. 2000년대에 들어서면서, 미국의 경우 이러한 계급에 속하는 사람은 노동자의 30%로서 약 3900만 명이며 이들이 미국 사회의 주역이라고 한다.

제조업이 점하는 부가가치 및 종업원의 수가 줄어들고 있는 우리나라에서도 창조계급이 종사하는 콘텐츠산업은 우리 경제를 부양할 주력산업의 하나이다. 콘텐츠나 아트비즈니스는 오로지 인간의 아이디어와 감성에 의존하는 것이다. 콘텐츠산업은 그 성장가능성이 높으면서도 자원이나 에너지의 제약이 없는 산업이기도 하다. 중화학공업과는 달리 원재료의 확보라는 전제에서 자유로운 산업이므로 우리의 매력을 더욱 끌고 있다. 이제 콘텐츠산업을 담당하는 창조계급이 살면서 일하는 지역이나 도시가 우리경제를 주도하게 되는 것이다.

　창조계급이 성장할 수 있는 도시나 지역사회를 만드는 것이야말로 21세기의 도시를 활성화시키는 관건이다. 그러나 창조적인 활동에 종사하는 사람은 자신들의 기호에 맞는 지역으로 이동하려는 경향을 갖는다. 그들은 두터운 노동시장이 구비된 곳에서 한 가지 일이 아니라 다양한 고용기회를 찾는 특성이 있으며, 다양한 생활양식이 혼재하고 다양한 사상이 존중되는 곳을 좋아하며, 일하는 장소만큼이나 노는 장소를 중시한다.[10]

　인간의 창조활동이 자유롭게 발휘되도록 그러한 경제시스템을 창조적인 문화와 산업으로 구축한 혁신적이고도 유연한 도시를 만들어야 한다. 이러한 도시를 창조하려면 창조자본(Creative Capital)을 키워야 한다. 그리고 기술개발 능력과 재능 있는 인재를 빨아들일 수 있는 매력과 관용을 겸비한 거점과 이를 토대로 하여 세계무대로 발신할 수 있는 질 높은 지역문화를 함양해야 한다. 창조적인 도시를 견인하는 창조산업은 도시문화의 다양성과 창조성에 크게

---

10) 이태길(역), 『창조적 변화를 주도하는 사람들』, Richard Florida, *Creative Class*(서울: 전자신문사, 2002), pp.342~359.

의존하기 때문이다.

　창조산업은 아티스트와 크리에이터만이 아니라 창조산업을 생성시키는 인재와 그것을 부화시키는 시설, 즉 창조를 지원하는 인큐베이터 시설을 필요로 한다. 창조산업이란 개인의 창조성과 기술 및 재능을 원천으로 하여 부와 고용을 창조할 가능성을 가진 문화산업으로서 일반적으로 콘텐츠산업이라 불리는 산업이다. 창조적 산업은 창조성이 중요한 역할을 수행한다는 점에서 일반적 산업과 다르며, 과학기술과 결합한 복제에 의하여 상업적 요소를 부가한 것이다.

　창조산업은 다양한 기술을 가진 이업종異業種의 사람들이 작은 단위로 활동하며, 프로젝트별로 계약에 의하여 협동하는 산업조직이라는 특징도 가지고 있다. 또한 하나의 조직 내에도 창조적이며 비영리적인 동기를 가진 사람과 상업적 동기로 참여하는 사람이 혼재하고 있는 것도 특기할 만하다. 창조산업은 창조적이고 실험적 성격을 띤 문화와 단조롭지만 영리적으로 수행하는 노동이 결합하여 성립하는 것이다.[11]

　창조산업을 분석해 보면 거기에는 두 가지 요소가 포함되어 있다. 문화 생산(문학, 영화, 그림, 음악 등)에 관계하는 부문으로서 '예술을 위한 예술' 또는 '표현을 위한 표현'을 주된 목표로 하는 부문이 있다. 그리고 문화적 콘텐츠를 이용하여 수익을 얻는 것을 주된 목표로 하는 영업부문이 있다. 창조산업은 이러한 양자의 결합으로 구성되는 것이 많다. 전자는 생산자 조직 내지는 생산지향적인 조직으로서 소규모의 극단이나 독립한 영화 회사, 작은 출판사 등과 같은 것이다. 후자는 유통업자 조직 내지는 유통지향 조직으

---

[11] 後藤和子, "創造性へのインセンティブと都市政策", 『創造都市えの展望』(東京 : 學藝出版社, 2007), pp.86~87.

로서 전국을 네트워크로 하는 유통회사, 대형 영화배급회사 등이 해당한다.12)

창조산업이 발전하려면 창조활동이 유통회사의 하청적 존재가 아니라 창조자 개인의 창조성이 평가되는 시스템을 만들어야 한다. 그리고 이러한 시스템을 위해서는 창조성과 상업성을 매개하는 프로듀서나 편집자, 즉 문화적 가치를 평가할 수 있는 게이트 키퍼(gate keeper)를 육성하고 지원하는 것도 중요하다. 그런데 창조산업은, 하나의 대기업이 창조적 인재나 자산을 확보하고 관리하는 수직적 통합의 형태 보다는, 할리우드의 영화산업처럼 독립한 개인이나 작은 회사가 프로젝트별로 계약을 맺어 일하는 네트워크의 형성으로 실현되는 경우가 많다.13) 사람들의 네트워크가 산업과 도시 발전의 기반이 되는 것이다.

문화단체에 속하는 개인, 문화 관련 연구소와 스튜디오, 다양한 문화시설, 개인 기업으로 구성된 네트워크는 아이디어의 발전을 위한 일종의 사회자본이다. 창조산업이 어느 특정 지역에 집적集積하는 경향을 가진 이유는 거래비용의 절감보다도 관련 지식과 경험, 노하우 등의 축적과 강한 네트워크의 구축 등이 창조적 업무를 시행하는 사람을 불러들이게 되고, 이러한 기반이 이노베이션의 원천이 되기 때문이다. 특정 지역에 창조산업이 집적하고 있다면 그곳에는 그러한 눈에 보이지 않는 자산이 축적되어 있는 것이다.

창조산업의 진흥전략은 개인과 집단의 창조성을 지탱시켜 주는

---

12) 上揭書, p.94.
13) 山下勝, "日本の映畵産業「ダークサイド」 - 企劃志向の座組志向と信賴志向のチーム戰略の間で", 一橋大学イノベーションセンター(編), 『一橋ビジネスレビュー 53券3號』(東京: 東洋經濟新報社, 2005), p.25 : 後藤和子, 前揭論文, p.88.

눈에 보이지 않는 자산을 어떻게 구축해 나갈 것인가에 달려 있다. 따라서 창조산업에 인센티브를 부여하는 도시정책의 핵심은 장기적인 관점에서 눈에 보이지 않는 자산의 축적을 조장하고 지원하는 것이다. 종래의 산업정책의 핵심은 눈에 보이는 큰 자산(시설, 설비)을 소유하거나 이용하게 하는 것이었다. 그러나 창조적 산업에 있어서는 눈에 보이지 않는 자산을 육성하는 것이야말로 신산업창조의 기반이다. 창조도시 전략이 도시의 경제를 부흥시키기 위하여 문화적 관점에서 논의를 전개하는 것은 이러한 맥락과 통하는 것이다.

창조산업에 내재하는 도시 문화의 담당자는 다수로서의 동업자 조합이 아니라 문화기업가(文化起業家: Culture Entrepreneurs)로서의 개인들이라는 점도 직시해야 한다. 창조산업이 마케팅에 약하고 정치 세력이 약한 이유도 여기에 있다. 그러나 창조산업을 육성한다면서 창조산업을 규모성이 있는 산업조직으로 성장시키려는 정책은 창조성을 말살시키는 것이다. 창조산업은 규모가 커지고 수평적 통합이 이루어지게 되면 그곳에서 일하는 사람들의 손끝에서 문화성과 예술성이 엷어지게 된다. 창조산업의 요소인 비영리적이며 창조적인 활동과 영리적이며 단순한 노동의 두 요소 중에서 단순노동의 측면만 부각되기 때문이다.[14]

창조산업의 진흥을 위해서는 수직적 통합을 지원할 것이 아니라 작은 단위의 수평적인 네트워크를 활성화시켜야 한다. 규모는 작지만 저마다 주체로 참여하는 창조산업을 번성시켜야 하기 때문이다. 이를 위해서는 무엇보다도 제작을 담당할 우수한 인재의 안정된 공급이 중요하다. 외부화外部化된 인재와 기술 스텝을 적절히 세트

---

14) 後藤和子, "創造性へのインセンティブと都市政策", 『創造都市への展望』(東京 : 學藝出版社, 2007), p.102.

(set)시키고 창조적인 작품을 만들어 내는 지식과 경험 그리고 노하우 등 눈에 보이지 않는 자산을 축적해 나가는 강한 구조를 만들어야 한다.[15)]

창조산업은 기존의 산업에 비하여 창조성 발휘가 용이한 소규모 조직으로 경영되는 경우가 많다. 그리고 관련사업 간에 밀접한 거래를 반복하기 위하여 특정한 창조적인 분위기를 가진 장소를 선호하여 집적하는 경향이 강하다. 창조산업은 본래 클러스터(cluster)를 형성하기가 쉬운 것임을 말하는 것이다. 따라서 창조적인 도시를 지향하려면 창조성을 발휘하기 쉬운 환경과 분위기, 즉 다양한 주체의 상호작용을 활성화시키는 도시공간을 만들어야 한다. 그리고 이를 위한 산업정책은 문화정책과 도시경관형성정책 등을 융합하는 것이어야 한다.

한편, 창조산업과 관련하여 우리의 현실을 직시할 때 무엇보다도 시급한 것은 고유기술을 가진 전통장인들을 살리는 정책이다. 우리의 지역에서 기업을 열어 경쟁적으로 활동하는 전통 장인匠人들의 자취가 거의 사라지고 있다. 고유기술이 있어도 사업마인드까지 갖춘 사람은 더욱 드물다. 자금보다는 기술력이 더 중요한 분야라고 말하지만, 원천적으로 영세한 그들은 설비투자로 규모의 경제를 확보하지도 못하고 유통체계에 막혀 사멸되고 있다. 지역의 전통과 문화 전승을 위해서도, 인재 육성을 통한 창조산업의 토양을 경작하기 위해서도, 정부와 자치단체는 그러한 점에서 앞장서야 한다.[16)]

---

15) 강형기, "일본 교토시와 가나자와시의 문화산업정책에 관한 비교연구", 『한국정책연구』 제8권 제1호(경인행정학회, 2008), pp.37~60.
16) 상게논문, pp.59~61.

Ⅲ. 창생의 교두보 조성

발전하는 지역의 특성을 살펴보면 도시를 구성하는 각종 요소들 간에 순환 메커니즘이 적극적으로 회전하고 있다. 예컨대, 도시 공간, 인재, 예술계, 과학계, 비즈니스계가 서로 창조성을 높여주는 상생적인 상호작용을 하고 있다. 반면, 정체되고 있는 지역에서는 각 분야의 창조성을 높여주는 순환메커니즘이 가동되지 못하고 있다. 물론 그러한 곳의 지방정부도 정책 레벨에서 각각의 요소에 대하여 개별적으로 지원을 하고는 있다. 그러나 그 지원이 따로따로 뿔뿔이 이루어지고 있어서 순환시스템의 가동에 장애가 나타난다. 순환시스템이 회전되지 않는 것이다.[17]

지역에서 발휘되는 창조성도 인간의 일상사처럼 전개된다. 일이 잘 풀릴 때에는 다양한 요소가 서로 힘을 강화하는 방식으로 작용하면서 신뢰와 성과를 고조시킨다. 그러나 사양斜陽의 국면에 접어들면 서로 떠받치는 양상들이 정반대로 누적적인 문제를 유발시킨다. 선善순환이 악惡순환으로 변질되는 것이다. 따라서 중요한 것은 도시를 구성하는 다양한 요소 간에 서로의 창조성을 높이는 상승효과의 순환메커니즘을 회전시키는 것이다.

경제활동의 주체가 공간적으로 상호영향을 미치는 효과를 외부효과(外部效果)라고 한다. 도시의 창조적인 지구가 가지는 창조적인 분위기는 창조적인 인재를 불러들이는 외부효과를 유발시킨다. 지

---

17) 鹽澤由典・小長谷一之(編), 『創造都市への戰略』(東京 : 晃洋書房, 2007), pp.29~30.

역에 창조적인 인재가 모이고 이들이 대면접촉이 가능한 공간에서 활동하면 그 집적을 통하여 창조적인 아이디어의 교환이 진전되어 새로운 예술과 문화 그리고 비즈니스의 창조 가능성이 높아진다. 도시의 특정 지구에 창조적 인재의 밀도가 높아짐으로써 인재들의 교류가 많아지는 외부효과가 발생하는 것이다.

외부효과를 거듭하고 중복해 나가면 집적의 이익이 발생한다. 도시 내의 한 지구를 선정하여 그것을 지역창생의 거점으로 활용함으로써 집적의 효과를 유발하도록 할 수 있는 것이다. 할리우드의 영화, 밀라노의 패션거리, 뉴욕의 뮤지컬, 대학로의 연극무대, 실리콘밸리, 홍대 앞의 인디문화. 이들은 모두 외부효과와 집적의 이익을 극대화시키고 있는 사례들이다. 이처럼 지역창생의 가장 실천전인 전략은 창조적 인재가 결집할 수 있는 창조적 거점을 만드는 것이다.[18] 그러한 메커니즘의 선순환구조의 시작점은 〈그림 2-2〉처럼 나타낼 수 있다.[19]

순환의 메커니즘을 예로 들어보자. 쇠퇴하고 있는 도시의 한 지구에 시정부의 보조로 마련된 공방에 가난한 예술가가 정착하고, 그를 따라 비슷한 성향의 예술가들이 입주하면 그들의 취향에 맞는 소비 공간 및 문화 인프라가 형성된다. 얼마 후, 그 지역에 매력을 느끼는 외부인들이 유입하면서 지역은 특색이 분명한 이미지를 가지게 되고 유동인구를 불러들이게 된다. 이러한 상황이 전개되면서 그 지역의 이미지를 활용하려는 자본이 유입된다.

이처럼 도시의 한 지구에 창조의 거점(공간의 창조)을 마련하면 그곳에 창조적 인재들이 자리를 잡고(인재의 창조), 그들이 상호 교류

---

[18] 上揭書, p.31.
[19] 上揭書, p.30.

[그림 2-2] 지역창생의 메커니즘의 순환

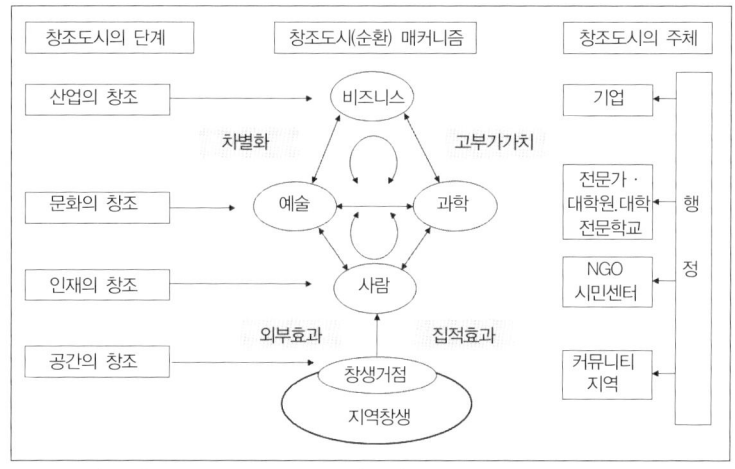

註 : 鹽澤由典·小長谷一之(編), 創造都市への戰略(東京: 晃洋書房, 2007)

를 통하여 지적인 창발(知의 창조)을 자극하면 산업의 창조가 이루어 지도록 할 수 있는 것이다. 이러한 순환메커니즘은 지역창생의 구성요소인 활동거점, 인재, 아트와 사이언스 등 지적 산물, 비즈니스 등에 주목한 것이기도 하다. 그리고 이들이 승수효과(乘數效果)를 거둘 외부효과와 집적효과, 차별화, 고부가 가치화 등을 실현시켜 순환메커니즘을 작동시키려는 것이다.

본질적으로 지역창생전략은 종합정책으로 대응해야 하는 것이다. 행정의 각 부서가 부서의 벽을 넘어 총체적으로 대응하지 못하는 곳에서는 지역을 창생시킬 수가 없다. 이러한 과제는 문화와 창조산업에 종사하는 고도의 전문가들을 중심으로 창조산업을 일으키려는 경우에만 적용되는 것이 아니다. 지역창생의 모든 분야에 적용되는 것이다. 예컨대, 지역의 식재食材와 고유한 향토 요리를 토대로 음식브랜드를 만들려는 경우에도 그대로 적용된다.

예를 들어 보자. 모든 지역은 지역에 사람을 불러들이고 그들을 즐겁게 할 지역 나름의 자원을 가지고 있다. 그러한 자원 중에서도 가장 보편적인 것이 바로 현지에서 채취한 식재료를 활용하고 지역의 생활양식을 반영한 향토요리다. 이름 있는 프랑스 식당이나 고급호텔에서도 맛볼 수 없는 고유한 문화로 표현되는 향토요리는 지역의 고유한 자원으로 자리잡게 된다. 인간이 살아가는 곳이라면 그 어느 지역일지라도 그 지역 나름의 맛(食)과 일상생활을 매개로 한 특성이 형성된다. 지역의 맛과 일상생활은 그것이 다른 지역과 차별화 되고 그것이 외부 사람들에게도 공유되기 시작할 때 새로운 부가가치를 창출하게 된다.

경제생활의 향상으로 대량소비가 보편화되면서 대형메이커를 중심으로 한 대량생산체제가 구축되었다. 소비자와 메이커 사이에서 유통을 담당하는 대형마켓도 출현했다. 오늘날 대형메이커들은 전국을 획일적인 시장으로 설정하고 전국적인 판매망을 통하여 자사의 제품을 내셔널브랜드로 만들어 대량으로 공급한다. 대형마켓이 내셔널브랜드를 중심으로 상품을 확보함으로써 주민들이 일상으로 사용하는 상품은 대형마켓의 과점체제 하에서 공급된다. 문제는 이러한 체제가 너무나도 강고하게 자리 잡고 있다는 점이다. 이제 소비자들은 개별 상품보다도 그 상품을 판매하는 유통기관을 보고 소비하는 경우가 많다.

최근에는 가공식품이나 음식점의 인터내셔널브랜드도 출현하고 있다. 고기와 생선, 과일과 야채 등과 같은 일차산품도 원산지 표시를 하게 되었고, 고유한 상표를 의식하고 구매하는 소비자도 늘어나고 있다. 그러나 다른 상품에 비하여 식품의 인터내셔널브랜드 형성 정도는 아직 미약하다. 장기 보존과 유통의 제약 때문에 지역마다의 산품에 의존해야 하는 경우가 많기 때문이다. 따라서 농산품을 중심으로 하는 식재료는 인터내셔널 브랜드와 대비되는 의미에서의 지역브랜드를 확립할 수 있는 가능성이 크다. 특히, 해외에서 안전성이 확보되지 못한 농산물이 대량으로 수입되면서, 생산자의 얼굴이 보이는 안전한 식품을 구매하려는 수요자가 늘어나고 있다. 안심과 안전을 차별화하는 것만으로도 하나의 브랜드는 시작된다.

농산물이나 음식을 지역브랜드로 구축하려면 어떻게 해야 할까. 지역이라는 무대 위에서 식食을 키워드로 하여 1차 산업인 농산물, 2차 산업인 가공식품, 3차 산업인 음식점을 융합하면 식의 클러스터(cluster)를 구축하게 된다.[20] 이러한 클러스터를 구축하는 포인트가 바로 지역의 '식食브랜드화'이다. 지역의 식브랜드를 구축하려고 할 때 가장 중요한 것은 식브랜드에 동참하는 참여자가 모이게 하는 무대 장치다. 거리와 마을 그리고 지역이 소비자와 긴밀한 커뮤니케이션을 구축하는 장소로 기능해야 하기 때문이다.[21]

긴밀한 커뮤니케이션은 상품개발과 생산에 종사하는 생산자 그리고 식재를 제공하는 사람들 간에만 이루어지는 것이 아니다. 생산자와 판매자, 판매자와 소비자, 소비자와 소비자 간에도 이루어진다. 따라서 음식과 식재를 소재로 지역의 고유한 브랜드를 만들기 위해서는 일관된 이미지의 음식점들과 이들이 연출하는 공간에서 소통이 이루어지는 무대를 만들어야 한다. 식브랜드에 성공한

---

20) 클러스터란 특정한 분야에 속하는 상호 연관된 기업이나 기관 또는 전문공급자들을 공간적으로 집적시켜 이들 간의 상호작용을 통해 시너지효과가 발생하도록 해 놓은 시스템 내지는 지역을 말한다.
21) 關滿博・遠山浩(編),『食の地域ブランド戦略』(東京 : 新評論, 2007), pp.233~234.

지역이 마을가꾸기에도 성공하고 있는 이유가 여기에 있다.

지역의 경관이 아름답고 지역공간에 일정한 이미지가 형성되어 있다면 식브랜드의 정착은 그만큼 쉽게 추진될 수 있다. 지역의 식브랜드는 지역의 신선하고 안전한 식재를 소재로 한 상품과 그것을 사고파는 장소의 융합으로 이루어지는 것이다. 음식을 테마로 한 지역브랜드는 상품을 출입구로 하든, 상품을 사고파는 집과 거리라는 장소를 출입구로 하든 관계없이 이 두 가지가 융합할 때에 성립하는 것이다. 이처럼 지역창생에 있어서 공간의 정비는 중요한 것이다.

제4절 인간적 조건
- 리더십과 네트워크의 구축 및 개방성의 함양

지역창생의 가장 근본적인 그리고 무엇보다도 최고의 관건은 인간적 조건을 구비하는 것이다. 지역창생을 위해서는 실로 다양한 전제조건이 필요하지만, 그 중에서도 지역의 리더와 리더가 펼치는 인간적 연대가 없다면 다른 모든 조건의 의미도 없어진다. 인간의 창조성은 창조적 주체가 몸을 담는 시스템의 창조성과 창조자와 그의 조직이 존재하는 환경의 창조성이 함께 작동하는 곳에서 만들어진다. 인간의 창조성은 그가 존재하는 시스템과 환경의 창조성에 영향을 받으며, 동시에 시스템과 환경을 보다 발전적으로 만들어 나간다.

특별히 내세울만한 자원이 없어도 지역이 처한 어려운 상황을 타개해서 어떻게든 활력을 불어넣으려고 애쓰는 사람이 있고 그러한 사람들이 연대하는 곳이라면 그 어떤 지역도 창생의 가능성이 있다. 자원의 한계와 제도의 장벽을 넘으려는 애착과 열정으로 지혜를 짜내는 곳에서는 창생의 기운이 돋아난다. 창조적인 리더는 개인의 창조성을 키우고 그들의 연대를 강화시키면서 창조적인 개인들로 구성된 네트워크를 견인해 나간다. 그리고 창조적인 네트워크는 개인의 창조성을 발휘하게 하고 창조적인 개인들은 창조적인 네트워크를 적극 가동시킨다.

21세기의 도시는 다양한 생각과 생활양식을 가진 다양한 인재들이 경쟁적으로 펼치는 기량과 재능이라는 인적자본으로 차별화된다. 이러한 인적자본은 네트워크와 상호신뢰 그리고 협력이라는 사회자본을 통하여 효율을 발휘하게 된다. 기억과 상상, 전통문화와 예술, 공간과 건물 등 지역자원을 활용하는 인간의 창조성은 협동을 통해서 그 기량이 발휘되는 것이다. 따라서 다양한 인재들이 자유롭게 경쟁할 수 있는 관용적인 환경을 만들고, 다양한 인재들의 네트워크 속에서 개인과 사회가 역량을 확대할 수 있도록 해야 한다. 지역이 발전하려면 하드웨어와 소프트웨어 그리고 이를 주제하는 휴먼웨어가 조화되어야 하는 것이다.

Ⅰ. 인재의 육성

모든 지역은 결정적으로 중요한 자원을 가지고 있다. 그것은 그곳에 살고 있는 인재다. 특산물로 경쟁하던 시대의 최대 자원은 그곳에서 조달할 수 있는 자연자원이었다. 산업사회의 지역은 광물이나 특산물과 같은 지역의 자연자본과 시설인프라와 같은 물적자본으로 경쟁했다. 그러나 이제 지역 최대의 자원은 물질이 아니다. 상상력과 아이디어 그리고 그곳의 역사와 풍토를 활용하는 인적자원이야말로 최대의 자원이다. 지역자원의 주역은 물物이 아니라 인人인 것이다.

우리들은 지금까지 경험하지 못했던 새로운 무대에 서 있다. 우리는 전례가 없는 미래를 향하여 전혀 새로운 도전을 해야 한다. 이제 우리의 투자 방향을 바꾸어야 한다. 물질과 시설에 대한 투자에서 우리가 어떻게 살고, 어떻게 조직하며, 서로의 관계를 어떻게 맺을 것인가에 대한 투자로 전환해야 한다.[22] 그리하여 지역에 창조적인 유전인자를 침투시키고, 창조적인 사람을 육성해야 하며, 이들이 연대할 수 있는 메커니즘을 창출해야 한다. 지역을 발전시키려면 '인간개발을 통한 지역의 구조적 변화(Based on Structural Transformation)'를 도모해야 한다.

지역의 고유한 자원을 활용하여 개성 있는 사업을 자립적이면서도 지속적으로 전개하려면, 무엇보다도 중요한 자원은 핵심적인 인물의 존재이다. 지역이 고유한 시책을 전개하려면 시작단계부터 기획하고 체제를 구축하며, 그 시책을 지속적으로 이끌어 나갈 인재를 육성하고 발굴하는 것이야말로 무엇보다도 중요한 선결조건이

---

[22] Charles Landry, *The Creative City*(London : Comeda Earthscan, 2004), p.17. 여기에서 직인職人이란 노동수단을 사유하고, 객관적으로 그 수준이 평가되는 기능에 의하여 사회적 평가가 결정되며, 기술은 직인에게 체화되어 축적되고 있고, 그 기능 습득에는 일정 시간의 수업을 요하며, 일하는 방법은 작업자 본인에게 대폭적인 재량권이 주어지고 있는 직종에 종사하는 사람을 말한다.

다. 선도적인 사업을 통해 지역을 활성화시키고 있는 사례를 살펴보면, 그 사업에는 핵심적 인재가 중심이 되어서 체제를 구축하고 주도해 왔다. 지역경영에 있어서 리더십은 도로나 하수도 이상으로 중요한 도시의 핵심적인 인프라인 것이다.

리더십을 발휘하여 문제를 풀어나가는 사람을 우리는 '키 퍼슨(key person)'이라고도 한다. 키 퍼슨이란 어려운 문제를 푸는 열쇠를 찾아내어 새로운 국면을 만들어 가는 사람이다. 키 퍼슨은 불필요한 고통과 비효율적인 양식을 타파하기 위하여 스스로 창조적인 고통을 선택하고 그 고통을 온몸으로 끌어안는 사람이다. 한 사회가 안고 있는 불합리한 고통을 감소시키기 위해서는 스스로 고통의 길을 자진하여 선택하고, 그 고통을 온 몸으로 감수하려는 인간의 존재가 불가결하다. 우리는 이러한 사람을 지도자라고 부른다. 지도자에도 두 가지 유형이 있다. 전통을 혁신적으로 재창조하거나 새로운 발상을 연출하는 발상적發想的 지도자와 이를 실천에 옮기는 실천적 지도자가 그것이다. 우리는 새로운 아이디어를 제시하는 지도자와 이를 실천하는 지도자 그리고 발상과 실천을 함께 하는 지도자를 양성해야 한다.

지역창생을 위한 그 어떤 사업도 일정 기간 지속적으로 정성을 들이고 노력을 다해야 효과를 거둘 수 있다. 따라서 지역에서 추진하려는 사업을 일관하여 지속시켜 나가려면 처음부터 구체적인 활동을 위한 체제를 구축하고 함께 일할 다양한 인재가 필요하다. 그리고 이러한 인재를 확보하는 만큼 중요한 것은 다양한 인재들이 연대하게 하는 것이다. 인재를 육성하고 육성한 인재가 연대하게 함으로써 지속적인 대응능력을 키워나가야 한다. 지역에서 지속력과 실행력을 확보하기 위해서는 어떠한 분야에서 활동하는 인재를 양성해야 하는가?

첫째, 현장에서 일하는 인재를 양성해야 한다. 구체적으로 현장에서 사업화를 추진하는 기업 등 사업자와 NGO, 일반 주민들을 포함하여 지역에서 구체적인 활동을 전개하고 아이디어를 비즈니스로 실현하는 인재를 양성해야 한다.

둘째, 아이디어를 제공하고 연구개발 하는 인재를 양성해야 한다. 지역의 자원을 활용하는 현장의 인재육성과 아울러 연구개발에 참여하는 인력을 양성해야 한다. 낙후된 지역이나 붕괴하고 있는 지역의 인재들에게는 상상력이 부족하고 창조적 발상이 빈약한 경우가 많다. 이러한 경우일수록 외부 전문가들이 현장에 참여하게 하고, 아울러 이들을 통하여 지역의 인재를 양성하는 것이 중요하다.

셋째, 지방자치단체 공무원들의 능력 향상이다. 지역에서 사업 추진을 조성하고 지원하는 지방자치단체 공무원의 의식과 능력은 가난한 지역에서일수록 더욱 큰 영향을 미친다. 지방자치단체장의 리더십 하에서 지방공무원들이 명확한 목표와 사명감을 가지고 지역창생에 임하는 자세와 능력의 정도는 실로 지방창생의 핵심적 요건이다.

Ⅱ. 네트워크의 구축

창의적인 아이디어의 성공적인 실천은 상호협력과 존중 및 호혜의 정신이 자리잡고 있는 곳에서만 가능하다. 지역이 필요한 자원을 효율적으로 활용하려면, 개인이나 조직은 자신들이 가진 힘의 요소들을 서로 주고받는 방식의 실천을 일상화 하는 것도 중요하다. 그것이 공공부분이든 민간부분이든 심지어는 비영리부문의 경우에도 그들이 제각각의 방식으로 일을 추진해 갈 경우에는 지역의 잠재력을 제대로 활용할 수 없기 때문이다. 그래서 한 지역을 활성화시키고 발전시켜 나가는 또 하나의 중요한 요소는, 해당지역이 어떻게 조직되고 관리되는가 하는 인간과 그 인간들이 짜내는 조직문화의 문제로 기착하는 것이다.

개인의 창조성을 활성화시키고, 이를 활용하는 조직의 창조성을 만들어 낼 때 비로소 지역은 창조성을 발현할 수 있게 되는 것이다. 지역창생 사업은 한 두 명의 리더 또는 소수의 그룹으로 구성된 열성적인 주체들의 힘만으로 추진할 수는 없다. 창의력을 발휘하여 실천하는 지역창생의 과업은 다양한 주체들이 연대할 때에 가능해지는 것이다. 이업종 간의 교류와 지역과 지역 간의 연대도 도모해야 한다. 네트워크를 통하여 공통의 과제를 해결하고, 네트워크를 가동시켜, 상호의 장점을 주고받음으로써 보다 발전된 활동을 추진해 나가야 한다.

네트워크의 위력은 자전거의 구조와 기능을 보면 알 수 있다. 자전거가 여러 개의 부품으로 구성되는 것처럼 지역의 활력은 창조적인 다양한 주체들이 협업할 때 확대되고 재생산된다. 핸들과 체인 등의 부품이 단독으로는 아무 역할도 못하지만, 서로가 연결되어 부분 부분이 제 역할을 할 때 다른 부분도 적절한 기능을 할 수 있게 되는 것과 같다. 자전거는 부품 하나하나의 주체적 창조성과 아울러 바퀴와 체인의 상생, 페달의 적절한 위치와 프레임의 기능 등 상호 연결되는 시스템의 창조성이 확보될 때 하나의 교통수단으로서 완성되는 것이다. 이와 마찬가지로 조직이나 사회에서 개인 레벨의 주체가 갖는 창조성은 시스템의 상태와 환경의 효율성에 따라 살아나기도 하고 마모되기도 한다.

인간과 조직이 만드는 네트워크는 수평적으로도 수직적으로도 형성될 수 있다. 그러나 우리가 논하는 네트워크의 일반적인 이미지는 수평적인 네트워크이다. 이러한 네트워크 가운데서 개인이나 개개의 집단은 각자의 위치와 역할을 가지고 존재하는 자립한 개성체이다. 인간이나 집단 그리고 모든 조직은 그 존재가 자립적이면 자립적인수록 연대를 추구하게 된다. 인간의 자유는 고립상태에서 확보되는 것이 아니라 연대하는 가운데 창출되는 것이기 때문이다.

자립의지가 없는 개인과 조직은 다른 강력한 존재에 의존하려고 한다. 무능력한 자식이 부모에 의존하듯이, 무능력한 지방은 중앙에만 의존하면서 지휘명령을 통해 움직이고 지휘명령을 기다린다. 자신의 미래를 스스로 개척하려는 의지가 없는 무기력하고도 무능력한 존재일수록 모든 것을 정부에 의존한다. 무기력한 존재는 자아自我가 없어 스스로 만족할 기준도 없다. 자아가 없는 만큼 타아他我도 없다. 오직 존재하는 것은 자신의 모든 것을 관장해 주길 바라는 정부라는 무서운 기관일 뿐이다. 그러나 정부라는 이방인이 지역에서 주인의 자리를 차지하면 할수록 지방의 활력은 더욱 떨어지고 급기야는 정부가 해줄 수 있는 것도 없어지게 된다.

활력을 잃고 침체를 거듭하고 있는 지역을 창생시킬 근원적인 원동력은 외부의 지원이 아니라 내부의 네트워크에서 구해야 한다. 중앙의 지원이 아니라 현장의 연대가 빚어내고 협동이 창출하는 힘에서 구해야 하는 것이다. 그러나 쇠락하고 있는 지역에 가서 지금 무엇이 가장 필요하냐고 물어보면 주저 없이 보조금이라고 말한다.

물론 보조금 없이는 자립적으로 새로운 사업을 추진하기가 어려운 경우도 많다. 그러나 우선 먼저 보조금이라는 발상으로 성공할 수 있는 사업은 없다. 자율적인 구상을 실천하려 할 때의 결과로서 보조금을 활용해야 한다.[23]

발전의 진정한 계기는 내적인 변화에서 온다. 그렇다면 붕괴하고 있는 지역에 살고 있는 사람들에게 어떻게 해야 자립의지를 심어줄 수 있는가. 정부에 의존하지 않고 자율정신에 기반하여 자립을 지향해야 한다고 말하기는 쉽지만 지역이 실천적으로 자립을 지향하게 하는 것은 간단하지 않다. 더욱 큰 과제는 개인도 지역커뮤니티도 그것이 자립을 지향하지 않는 한 연대를 구축하기 어렵다는 사실이다. 그러나 가난하고 쇠락하는 지역일수록 연대를 구축하고 협동하는 시스템을 가동하지 못한다. 그래서 창생의 가능성은 멀어진다. 자립을 지향하고 연대를 구축하게 하는 것이야말로 창생의 출발점인 데도 불구하고 쇠퇴하는 지역일수록 연대의 힘도 쇠락하고 있다.

인간도 지역도 그것이 자립하면 할수록 연대를 구축하게 된다. 개인도 조직도 그것이 자립한 개성체로 존재할 때 관용의 정신도 가지게 된다. 네트워크는 자립한 존재들이 상호 신뢰와 납득에 기초하여 다양한 존재와 가치를 하나로 연대시키면서 형성되는 것이다.[24] 이러한 네트워크는 그것이 일단 구축되면 강한 상승효과를

---

23) 高原一隆, 『ネットワーク 地域經濟學』(東京 : 法律文化社, 2008), p. v.
24) 창조의 프로세스를 통하여 만들어진 새로운 가치로서의 창발創發이란 자율하는, 즉 내발적으로 행동하는 개별적 주체의 연대와 상호작용에 의하여 창출되는 것이다. 따라서 무엇보다 중요한 것은 연대와 상호작용이 활발해지는 환경을 만드는 것이다. 이는 창발이 생성되는 공간을 만들어야 한다는 것이며, 창발의 공간을 만든다는 것은 결국 '가치를 생성하는 연대'를 잉태시키는 공간을 만드는 것이다.

발휘한다. 그러나 네트워크의 형성에는 시간이 소요되며, 아주 작은 한 결절점結節點만 파괴되어도 네트워크 전체가 붕괴될 수 있다. 네트워크의 형성과 유지에는 민주적 토양과 유연성의 함양이 필요한 것이다.

오늘날 네트워크의 중요성이 더욱 부각되고 있는 것은 지역사회의 문제가 어느 한 주체의 노력만으로는 해결될 수 없기 때문이다. 행정 환경이 급변한 가운데 행정의 힘만으로 처리할 수 없는 사무가 많아졌다. 주민, NGO, 기업 등과의 폭넓은 연대 그리고 협동을 통해 해결해야 하는 과제가 점점 많아지고 있다. 오늘날 지역문제 해결의 키워드는 '협동協同'에 있다. '협동의 시대'에 생산적으로 대응하려면 법률과 조례의 뒷받침도 중요하다. 제도개혁이 필요한 것이다. 그러나 진정한 협동은 제도 개정으로 실현되는 것이 아니다. 진정한 협동은 제도의 운영을 적정화할 때 달성되는 것이다.

협동이란 '함께 담당하는 것(task together)'을 의미한다. 함께 담당한다는 것은 각자의 가치관이나 판단에 따라 각각의 방식으로 대응하지만 그 목표는 같은 방향을 향해서 일하는 것이다. 오늘날과 같은 사회적 배경에서는 서로의 지향점이 다르고, 목적 달성을 위한 방법론과 사고방식이 일치하지 않더라도, 서로 합치하는 공통의 목표를 달성하기 위해서는 명료한 형태로 협력관계를 구축해 나가는 것이 중요하다. 그래서 현대사회는 협동의 시대인 것이다.[25]

협동이 이루어지려면 행정은 자신이 지역사회의 문제를 해결하

---

25) 협동이란 지향하는 바가 같고, 목표 달성을 위한 방법이나 전체에 걸친 일치가 이루어질 경우 함께 행동하는 것, 즉 '함께 일하는 것(work together)'을 의미한다. 공동이란 같은 조직이나 행동원리로 무언가를 함께 수행하는 것, 즉 '함께 살아가는 것(live together)'을 의미한다.

는 여러 주체 중의 한 부분임을 인정해야 한다. 그리고 주민들도 지역사회의 주체로서 감당해야 할 의무감을 인식해야 한다. 예컨대, 주민들 사이의 이해 대립이 조정되지 않을 때, 주민들이 그냥 방관자로서 존재해서는 안 된다. 주민 스스로가 이견을 조정해야 할 책임 있는 주체로서 참여해야 하는 것이며, 그 참여에 의한 수평적 조정 기능이 작동해야만 한다. 행정과 주민이 협동하려면 주민 측에 일정한 수평적 조정 능력이 요구된다. 주민이 그러한 조정 능력을 가진 주체적 존재일 때 비로소 행정과 대등한 존재가 될 수 있는 것이다. 그러나 여기서 말하는 대등이란 동원할 수 있는 자원의 대등對等함을 말하는 것이 아니다. 공동 목표를 지향하는 문제인식과 역할 분담에 주체적 자세를 견지하는 정신적 대등함을 의미한다.

Ⅲ. 관용성의 함양

역사적으로 볼 때, 성장하고 또 문화의 꽃이 핀 도시는 다양한 생각과 생활양식이 용인되고 다양한 주체들의 자유로운 경쟁이 용인되는 곳이었다. 도시란 원래부터 창조와 혁신의 마당이었다. 혈연과 지연이라는 자연성을 타파하고 지금까지 만난 적도 없는 사람들과 새로운 세계를 만들어 나갈 수 있는 곳이 바로 도시다. 농촌과는 달리, 도시는 다양한 인간들의 끊임없는 출입으로 다양한 사람들이 서로 만나고, 다른 문화와의 접촉을 통한 충격이 새로운 문화를 창조하게 하는 공간이다. 도시는 원초적으로 창조의 공간이라는

점에서 '창조도시'라는 말은 동어반복인 셈이다.[26]

『로마인 이야기』의 저자 시오노 나나미(塩野七生)는 로마제국이 강성했던 것은 그들의 조직력, 즉 네트워크의 상승효과에 있었다고 했다. 기술력은 에투로니아인에게, 상업활동은 카르타고인에게, 지적 능력은 그리스인에게 뒤떨어졌던 로마인들. 그들이 대 제국을 건설한 힘은 바로 그들의 네트워크 형성 능력에 있었다. 관용정신에 입각하여 다양한 주체들의 독립성을 인정하면서 각 주체들의 번성을 도왔던 로마의 정신과 시스템이 바로 그 힘이었다. 관용의 정신과 호혜의 시스템이 붕괴하면서 로마가 몰락했던 것이 바로 그 증거다.

역사적으로 볼 때 번성했던 도시들은 문화의 용광로를 활짝 열어두고, 주변의 문화를 적극적으로 수용하여 새로운 자신의 것을 만들었다. 예컨대, 고대 아테네에서 납세를 하는 대가로 거주를 인정받던 재류 외국인들(metoikoi), 지방과 외국에서 피렌체로 이주한 예술가, 오스트리아 빈에서 활동하던 시골 출신의 음악가, 지방에서 기회를 찾아온 파리의 예술가, 세기 말의 빈에서 활약한 유대인 등을 들 수 있다. 이처럼 역사에 기록된 대부분의 창조적 도시는 재능 있는 이주자들을 통하여 끊임없이 쇄신을 거듭한 국제도시이기도 했다.

이러한 관점에서 볼 때, 미국의 번영은 이민자들을 적극 받아들이고 그들의 도전과 기업가 정신을 적절히 수용한 결과이기도 하다. 다른 문화에 대한 이해와 포용 그리고 관용적이고 개방적인 환경이 새로운 문화를 창조하게 했던 것이다. 새로움을 추구하는 전

---

[26] 加茂利男, 世界都市と創造都市, 『創造都市』(東京 : 學藝出版社, 2007), p.27.

문가들이 비슷한 업종에서 일하는 사람들과 만나 서로가 주고받는 자극은 창조적 활동을 유도한다. 그리고 다른 분야의 전문가들과도 교류하고 협동할 때 새로운 문화와 문명이 창조된다. 문화적 다양성과 이질적인 상대에 대한 포용과 관용이라는 에토스가 자리 잡고 있는 도시가 발전하는 이유가 여기에 있다.

도시경영에서 말하는 관용이란 인권 차원의 관용이나 평등 또는 존중을 말하는 것이 아니다. 로마에서는 정복된 민족 출신이라도 황제가 될 수 있었듯이, 어느 누구라도 그 사회에서 생활하고 일하며 번영할 수 있도록 하는 관용을 말한다. 무식한 유목민이었던 몽골사람들이 지식과 기술을 가진 중국 사람들을 적극적으로 포용하고 활용함으로써 패권을 장악했다. 미국이 수천만에 이르는 이민자들의 활력과 재능을 유인하고 보상하며 활용함으로써 성장한 것은 혼혈사회의 창조력을 증명한 것이다.

인종과 종교 그리고 생활양식을 따지지 않고 인재를 끌어들여 쓰는 곳은 번성할 수밖에 없다. 주민의 다양성과 그 지역의 창조성 간에 깊은 상관성이 있다는 것은 이미 역사적으로 증명된 사실이다. 새로운 사상, 제품, 서비스를 들고 오는 아웃사이더들의 유입이 도시를 새롭게 하는 것이다. 창조성을 자극하여 발전하는 사회를 만들려면 혼혈사회 내지는 민족 융합을 도모해야 한다. 그리고 가능한 한 다양한 그룹, 이해가 다른 사람(행정당국, 대학, 기업, 새로운 사고를 지닌 개인)들이 끊임없이 교류해야 한다. 이러한 교류는 재원과 재능 그리고 힘을 집적시켜 일종의 클러스터화를 가속시켜 소위 임계질량(臨界質量)에 이르게 한다. 세계적으로 볼 때 창조적인 활동이 주로 대도시에서 전개되는 것은 이러한 이유 때문이다.[27]

---

27) Charles Landry, *The Art of City Making* (London : Earthscan, 2006),

그러나 인구가 절대적으로 감소하고 있는 상황에서 지역들이 인구와 산업의 집적도를 높이기는 쉬운 일이 아니다. 창조의 씨앗인 새로운 시민을 불러들이려면 아이디어를 자유롭게 표현하고 효율적으로 실현하게 하는 관용적인 도시공간을 창조해야 하기 때문이다. 디자인, 교육 예술, 음악, 과학, 오락 등에 종사하는 사람들은 무엇보다도 자유로운 분위기의 도시에서 살고자 한다. 예술문화나 과학의 창조는 자유로운 분위기를 필요로 한다. 知(예술과 문화)의 본질은 자유이기 때문이다. 자유롭게 경쟁할 수 있는 환경과 생각과 표현의 자유가 보장된 곳에서만 개인과 조직의 창조성이 촉진되는 이유가 여기에 있다.

리처드 플로리다(Richard Florida)는 포스트공업화의 시대를 크리에이티브 이코노미(creative economy)의 시대라고 말하면서, 앞으로 지역이 부유해지려면 부의 원천인 창조성이 풍부한 인재를 불러들여야 한다고 주장했다. 그리고 창조계급이 좋아하는 지역의 에토스(한 집단을 지배하는 생활태도나 마음 씀씀이 등)와 사회적 환경에 주목하고, 경제성장과 관계가 깊은 다양한 지수를 활용하여 지역의 창조성 지수를 개발했다. 도시의 창조성을 측정하는 지표로서 인재와 기술 그리고 관용성을 들었던 것이다.

한 도시의 창조성을 가늠 하는 기본 요소는 기술과 인재 그리고 관용적인 시민의 존재가 기본이라는 것이다. 그리고 이 중에서 기술과 인재가 다른 도시에 비하여 뒤떨어지더라도 만회할 가능성이 있지만, 관용성이 없는 도시에는 창조적인 인재가 모이지 않는다면서 무엇보다도 관용성을 중시했다.

---

p.412.

[표 2-1] 리처드 플로리다의 창조성 지수(인재, 기술, 관용 지수의 합)

인재 (Talent)	창조계급의 구성비 (Creative Class)	전체 노동인구 중 아티스트, 디자이너, 엔터테이너, 컴퓨터 기술자, 건축가, 연구자 등 지적·문화예술적 창조성을 발휘하는 직업에 종사하는 인구 비율
	인적자본 지수 (Humane Capital Index)	전체 인구 중 대학졸업 이상 인구의 비율
	과학기술에 종사하는 인재 (Scientific Talent)	전체 인구 중 과학기술과 관련된 직업에 종사하는 연구자의 비율
기술 (Technology)	창발성 지수 (Innovation Index)	전체 인구 대비 전매특허(특허·실용신안 등)를 받은 사람의 비율
	하이테크 지수 (High-Tech Index)	하이테크 공업생산액의 전국 대비 지역의 비율
관용성 (Tolerance)	게이 지수 (Gay Index)	게이·레즈비언 인구의 전국 대비 지역의 비율(미국·캐나다에서만 적용)
	보헤미안 지수 (Bohemian Index)	전체 인구 중 문화예술과 관련된 직업에 종사하는 인구 비율
	인종 지수 (Melting Pot Index)	외국인등록자수의 전국 대비 지역의 비율

註 : *City and Creative Class*, Routledge, 2005.

플로리다의 연구에서 관용성을 측정하는 척도로서 보헤미안과 게이의 수, 외국인 등록자의 수를 활용하고 있다는 점을 주시할 필요가 있다. 보헤미안과 게이, 그리고 외국인등록자의 숫자를 지표로 활용하는 것은 다양한 문화와 가치관, 서로 다른 라이프스타일을 수용하는 사회 환경이 창조성을 높이며, 또한 그러한 풍토가 창조계급을 키운다는 것을 반증하는 것이다.[28] 게이라는 동성애자는 소수자 차별의 가장 극단에서 살고 있는 사람들이다. 플로리다는 게이들의 사생활도 수용하고 용인하는 개방적인 풍토에서 창조의 싹이 틔워진다면서 게이지수를 발표했다.

미국의 10대 하이테크산업 도시와 게이 지수가 높은 10대 도시를 비교한 결과, 게이에게 인기가 있는 지역에 하이테크산업이 많았으며, 게이의 분포도가 가장 높은 곳은 실리콘밸리였다. 한편, 보헤미안 지수라는 것은 디자이너, 음악가, 배우, 화가, 사진가, 무용수, 작가 등의 숫자를 지수화한 것이다. 이러한 보헤미안 지수가 높은 지역은 하이테크산업의 밀집과 매우 높은 상관관계를 가진 것으로 나타났다. 사고방식이 자유로운 사람들이 모여 자유롭게 상상하면서 창조력을 발휘할 때 그 지역은 발전한다는 것을 증명한 것이다.[29]

구미歐美의 번성하고 있는 도시에서는 도시의 다문화성(多文化性)이 무엇보다도 중요한 여건으로 작용하고 있다. 이민이나 소수민족이 많은 도시일수록 창조도시의 무대로 진입하는 경우가 많다. 소수자인 외국인의 활력을 사회에 활용하고 다민족 주민들과 외국인들의 사회참여를 촉진시키는 정책에서 성공한 도시들의 창조성이 높게 나타나고 있다. 생활양식과 사고방식이 서로 다르고 다양한 기술을 가진 사람들이 한 지역에 모여 이룬 결합이 새로운 창조를

---

28) Peck, J., *Struggling with Creative Class*, International Journal of Urban and Regional Research Dec. 2005, p.740.

29) Richard Florida, *The Rise of The Creative Class*(New York : Basic Book, 2002), pp.249~266.

이룬 것이다. 따라서 중요한 것은 지역에 있는 다양한 사람들의 창조성을 이끌어 내고 이들을 사회적 배제에서 참여하는 생활로 변환시키는 정책이다.

최근 바르셀로나가 창조도시로서 최고의 모델로 불리고 있는 것은 그들의 문화예술에 대한 투자와 열정 때문만이 아니다. 바르셀로나가 창조도시의 브랜드로서 손꼽히는 또 다른 이유는 관용성을 키우려는 그들의 의식적인 노력 때문이기도 하다. 바르셀로나를 창조도시로 만들고 있는 바탕에는 자치自治의식이 고양되어 있는 시민이 존재하는 것이다. 1975년 프랑코 독재정권이 붕괴한 이후 스페인의 민주화는 급속도로 진전되었다. 민주화를 추진하는 과정에서, 특히 압제 아래에서 어려운 시절을 보내야 했던 바르셀로나 시민들은 1975년 이래 작은 '공공광장(公共廣場)'을 만들자는 운동을 전개했다.

공공광장에서 바르셀로나 시민들은 풀뿌리 단계에서 민주주의를 실천하고 발전시켜 나갔으며, 그 기운을 창조도시를 만드는 사회적 기반으로 활용하고 있다. 한편, 바르셀로나 시의회는 각 지구에 분권적인 의회를 설치했다. 시 당국은 시민이 모이는 공공광장을 정비하여 시민들에게 창조적인 아이디어를 자극하는 환경을 제공하고 있는 것이다. 이처럼 바르셀로나는 커뮤니티 레벨에서의 작은 공원권, 즉 '창조의 장'을 다양하게 만들었고, 그곳에서 이민자들을 포함한 다양한 사람들이 그들의 언어와 사상을 표현하고 대화를 나누게 했다. 바르셀로나는 이러한 민주적인 광장에서 만들어지고 있는 창조도시다.[30]

---

30) 佐佐木雅幸, 世界都市と創造都市, 『創造都市』(東京: 學藝出版社, 2007), pp.31~33.

다양성과 관용성의 함양이라는 문제 해결에 직면하여 우리는 외국인 관광객에 대한 배려심을 증진하는 것 정도로 만족해서는 안 된다. 일상생활 속에서 주민의 다양성과 서로를 포용하는 관용성에 적극적인 의미를 부여해야 한다. 역사적으로 볼 때, 도시란 국내외에서 '외부자'의 유입으로 성립하고 발전한 공간이었다는 점도 유념해야 한다. '외부자'가 기존 주민들이 생각하지 못했던 문화자원을 발견하거나 아이디어를 제공하여 지역에 새로운 창조성을 불러일으키는 계기를 제공했던 것이다. 그러한 결과는 우연히 반복된 것이 아니다. 혁신적이고도 창조적인 인력은 자신의 개성과 생활스타일이 존중되고 받아들여지는 관용적인 공간, 그리고 자신의 아이디어가 발현될 수 있는 환경으로 이동한다는 사실을 직시해야 한다. 관용적인 도시 공간이 창조적인 인재를 유인했고, 이들의 결집이 새로운 문화를 일구면서 새로운 산업을 만들어 나가는 것이다.

제5절 창조도시로부터의 메시지

한 도시가 창조력을 발휘하려면 어떻게 해야 하는가? 도시를 새롭게 만들어가는 창조의 플랫폼은 어떻게 만들어야 하는가? 이러한 대답은 영국 북부의 작은 도시 하더스필드(Huddersfield)에서 얻을 수 있다. 하더스필드는 글로벌화된 새로운 경제 흐름에 대처하지 못해 대량실업과 끝없는 경기침체의 늪에서 허덕이고 있던 도시였다. 하더스필드가 그 악순환의 늪에서 빠져나와 이제 세계의 모델이 된 것은 기본 방침을 바꾸고 도시의 미래에 대한 깊은 통찰로 얻은 지혜를 시민과 손을 잡고 실천한 결과였다.[31]

20세기 마지막 10년 사이에 하더스필드가 뿌리깊은 상실감과 빈곤의 악순환에서 빠져나올 수 있었던 결정적인 계기는 의외로 단순한 것이었다. 역경에 처한 하더스필드의 주민들이 자신들의 도시를 새롭게 창생하려면 무엇을 해야 하고 무엇을 육성해야 할 것인가를 인식하는 것에서 비롯되었다. 주민들은 하더스필드에는 오직 하나의 자원만이 있다는 사실을 자각했다. 그 자원은 다름 아닌 사람이었다. 인간의 지성, 재능, 열망, 동기, 상상력 그리고 이들이 엮어내는 창의성이야말로 최대의 자원임을 인식했다. 만약 이러한 요소를 잘만 엮어낸다면 쇄신과 창조는 얼마든지 가능하다는 것을 깨달았던 것이다.[32]

하더스필드도 한 때에는 최악의 상태에 빠져 있었다. 협동이 전혀 이루어지지 않았고, 개별 부분들은 마치 독립한 왕국처럼 제멋대로 행동하고 있었다. 관례에만 철저했던 시청 간부들은 직원들을 통제하는 데에만 열심이었다. 자주성 없는 행정조직, 의기소침과 냉소로 일관하던 공무원들에게 동기를 부여한다는 것은 불가능한 것처럼 보였다. 내부 항명抗命과 비난 그리고 적개심만 가득한 살벌한 풍토에서 자원봉사단체 및 민간단체와의 파트너십을 이루기란 불가능한 것처럼 보였다. 새로운 아이디어를 무시하는 만큼 변화에 대응해 나갈 지식도 당연히 부족했다.[33]

---

31) Charles Landry, *The Creative City*(London : Comeda Earthscan, 2004), pp. 79~82.
32) Ibid., p. 83.
33) Ibid., p. 84.

하더스필드의 변화는 새 시장이 무기력했던 행정시스템을 개혁하면서 비롯되었다. 새로 선출된 시장은 도시경영에 경쟁원리를 도입하면서 조직의 군살을 빼기 시작했다. 시민과의 파트너십으로 힘을 키웠고, 모든 정책에는 문화의 모자를 씌웠다. 문화적 아이덴티티와 긍지를 살리면서도 효율적인 행정으로 지역 구성원의 상상력과 창조성을 생산으로 연계시켰다. 주민들의 라이프스타일과 생활양식, 그리고 습관의 다양성도 중요한 자산이라는 생각에서 이를 세상에 알리고 이해시키고자 애를 썼다. 관용적인 지역사회를 만들어 나갔던 것이다. 지역문화의 진정한 보호와 보존은 변화하고 발전하는 가운데 이루어진다는 신념에서 문화 창달에도 노력했다. 다양성을 존중하면서도 고유성을 견지하려 했고, 창의성을 지역발전의 원동력으로 활용했던 것이다. 하더스필드의 성공은 우연한 결과가 아니었다.[34]

한 지역을 새롭게 창조하는 작업은 상상 이상으로 섬세하고도 포괄적인 과업이었다. 단순히 물질적으로 환경을 개선하는 문제가 아니라 인간 전체를 포괄하는 것이기 때문이다. 물질적인 변화는 신뢰를 쌓게 하고 발전의 가시적인 징표가 된다는 점에서 중요하다. 그러나 창조적 활동이 지속가능 하도록 하려면 주민들이 주인으로서 참여하고 있다는 것을 스스로 느끼도록 해야 했다. 그리고 그들에게 최선을 다할 기회를 제공하고 권한도 이양해 주어야 한다. 모든 경쟁력의 원천인 인간의 창의성은 스스로의 의지로 참여할 때 발휘되는 것이기 때문이다.[35]

그러나 현실에 있어서 주민들이 지역문제에 참여하고 그들이 살

---

34) Ibid., pp.85~86.
35) Ibid., p.83.

아가는 방법을 바꾸게 한다는 것은 간단한 일이 아니다. 의기소침하고 냉소적인 주민들이 위험을 감수하고 또 성공과 실패의 책임을 공유하게 하는 것은 보통 어려운 일이 아니다. 논리만으로 사람들을 움직일 수 있는 것도 아니다. 어떻게 해야 새로운 아이디어가 현실 속에서 받아들여지고 실천되게 할 수 있을까? 냉철한 관찰자의 입장에서 다른 사람을 지도하려고 해서는 안 된다. 공감하는 동지가 되고 공유하는 참여자로서 동참하도록 해야 한다. 사랑하고 배우며 감동하는 동지로서 참여하여 배우고 감동하는 동지를 만들어 나가야 한다. 한 지역에 혼을 만들고 이를 가꾸어 나가는 작업은 지역이라는 생태적 환경 속에서 엮어나가는 삶과 감동의 드라마이기 때문이다.

인간은 감동으로 움직인다. 한 트럭의 보고서보다도 한 자락의 감동이 사람을 움직일 수 있다. 다른 사람들의 서로 다른 공헌도를 존중하는 분위기는 아이디어를 자극하고 잠재력을 극대화시킨다. 생각이 다른 사람의 의견과 그들의 대안적인 시각을 존중하는 자세를 길러야 한다. 이러한 자세는 다른 사람에게서 자신의 것보다 더 좋은 생각을 발견할 때 자신의 인식을 바꾸려는 마음가짐을 갖게 한다. 그러나 우리는 흑백을 가리는 이분법적인 사고에 길들여져 왔기에 다양하고도 통합적인 사고를 잘 하지 못한다. 그 결과 우리는 지역의 문제를 논의하기 위한 공통의 언어를 잃어버렸다. 지역사람들끼리 서로 대화도 할 수 없는 지경이 되어버린 것이다. 위기란 대화할 능력이 없어지는 순간에 찾아온다는 것을 알아야 한다.

어떻게 해야 하는가? 그냥 가만히 앉아서 무작정 새로운 날을 기다릴 수는 없다. 만나서 대화를 하도록 하고 공동의 행동공간을 넓혀나가도록 해야 한다. 대립하고 있는 의견과 양립할 것 같지 않은 이익을 통합하는 길은 보다 높은 차원에서 전체의 목표를 공감하도록 하는 것이다. 누군가에게 자신의 소중한 가치를 포기하라고 강요하지 않으면서도 각자의 차이를 존중할 수 있도록 하려면 전체의 목표에 대한 공감을 증진시켜야 한다. 오늘날의 사회에서 그 구성원들이 연대하고 협력하는 풍토는 이렇게 연출하고 창출해야 한다.

의지를 강조하는 것만으로는 인간을 인내하도록 하고 또 어려움을 참도록 할 수가 없다. 인간은 희망의 봄을 기다릴 때 인내할 수 있고 또 협동할 힘도 생긴다. 주민들에게 그들의 꿈과 이상을 말하게 하고 그것이 달성되었을 때 누릴 수 있는 행복을 그리도록 해야 한다. 비전을 갖게 해야 하는 것이다. 이를 위해서는 성공사례를 보여주고 자신도 할 수 있다는 희망을 갖도록 해야 한다. 주민들의 의지는 자신이 살고 있는 도시의 아이덴티티가 설정되고 달성해야 할 목표가 구체화될 때 비로소 길러진다. 그리고 비전이 제시되고 그 명시화로부터 힘을 얻을 때 신장된다.[36]

비전을 설정하는 것은 선두를 달리고 있는 도시에서는 지속적으로 그 자리를 차지하기 위해서, 위기를 맞고 있는 도시는 이를 타개할 용기와 도덕적인 힘을 공급받기 위해서, 나머지 도시들은 새로운 기회를 창출하기 위해서 필요한 것이다. 도시와 지방이 공식적으로 비전을 천명한다는 것은 현실이 슬로건을 따라가도록 하려는 의지의 천명이다. 비전을 설정한다는 것은 변화의 계기를 만드는 시도이며 미래에 도전하는 설계도를 제작하는 것이다. 비전을 설정한다는 것은 현실과 기대 사이에 공간을 열어 놓고 창조적인 응답

---

[36] Ibid., p.103.

으로 그 간격을 메우도록 자극하는 작업이다. 분명한 비전을 가진 사람들은 그들이 현재와 같은 방식을 고수하는 한 목적지에 도달할 수 없다는 것을 스스로 느끼게 된다. 따라서 그들은 열망하는 미래와 현실의 괴리를 메우는 길을 스스로 찾아 나서게 된다.

제3장
지역브랜드의 창조와 브랜드경영

한 지역을 가꾸어 고유한 브랜드가 되게 한다는 것은 공장을 세우고 경관을 정비하는 것보다 엄청나게 더 섬세하고 포괄적인 사업이다. 한 지역을 새롭게 가꾸려면 지역의 혼을 새롭게 만들어야 한다. 그리고 발전을 통해 그 혼魂과 기억을 육성해 나가야 한다. 지역의 혼이란 옛날부터 전해 오는 무의식의 관습이 아니다. 시대의 생명력을 불어넣어 재창조하고 발전시켜 나가야 하는 것이다. 생명력을 더하여 발전시키는 것만이 보호하고 육성하는 유일한 길이기 때문이다. 지역이 자신의 혼을 만들고 가꾸는 작업을 한마디로 '지역의 브랜드 경영'이라고 하는 것이다.

지역브랜드란 지역의 고유한 역사와 문화, 자연, 산업, 생활, 인간공동체와 같은 지역 자산을 체험의 '장場'을 통해서 정신적인 가치로 결부시킴으로써 '사고 싶고', '가고 싶고', '교류하고 싶은' 그리고 '살고 싶은' 마음을 유발시키는 지역 이미지의 총화. 지역브랜드를 만든다는 것은 경합하는 다른 지역에 비해, 우위성을 가진 지역을 만들기 위하여 지역의 자원을 일관된 원칙에 따라 창조적으로 활용하는 가치창조 활동인 것이다.

가치창조 활동으로서의 지역브랜딩은 그 형성 주체자의 관점에서 볼 때 기업체가 상품을 만들고 기업의 브랜드를 형성하는 것과는 차원이 다르게 복잡하고 또 무수한 난관을 해결해야 한다. 기업은 조직 전체가 하나가 되어 브랜드 창조에 몰입한다. 그러나 지역에서는 다양한 조직과 이해집단이 때로는 서로 다른 이해를 위해 활동하면서 하나의 브랜드 형성에 나름대로의 영향을 미친다.

브랜드의 대상이 되는 범위도 기업과 지역은 판이하게 다르다. 지역브랜드는 산품産品, 역사, 관광, 생활 등에 이르기까지 아주 광범위한 범위에 걸쳐서 이루진다. 기업과 비교할 때, 지역브랜드를 창조하고 관리하기가 얼마나 어려운 과업인지를 알 수 있다. 그러나 지역 간 경쟁의 시대에 지방자치단체가 지역을 재창조하고 활성화시켜 나가는 과정에 있어서 독자의 브랜드를 구축할 힘을 가지고 있느냐 하는 것은 그 도시의 미래를 가늠하는 결정적 척도尺度가 된다.

제1절 도시경영의 문화전략과 지역브랜드

Ⅰ. 지역브랜드 창조의 함의

브랜드(brand)란 원래 초원에 방목하고 있는 가축의 소유주를 구분하기 위해 찍은 낙인烙印을 말하는 것이었다.1) 브랜드란 다른 것과는 다르다는 차별화를 선언하는 것에서 출발한 것이다. 브랜드란 그 소유를 나타내는 '식별성識別性', 그것을 사용하는 사람에게 안심감을 주는 '보증성保證性', 그것을 사용하는 이유를 말해 주는 '의미성意味性'을 함축하고 있는 것이다.2) 도시는 다른 도시와 차별화된 가치를 선언하고 납득시키는 도시 브랜드로 경쟁해야 한다.

---

1) 브랜드의 어원은 노르웨이어인 'brandr'이다. brandr는 영어의 'to burn' 즉, 불에 태우는 것을 의미한다. 미국 마케팅협회에서는 브랜드를 '특정 판매자의 제품 또는 서비스를 다른 주체의 서비스나 상품과 식별하도록 만든 이름, 용어, 디자인, 심볼 및 기타의 특징'이라고 정의하고 있다. 그러나 이러한 정의를 평면적으로만 받아들이면 브랜드에 대해 큰 오해를 사게 된다. 그것은 식별할 수 있는 이름, 심볼, 디자인만으로 브랜드를 구축할 수 있다는 오해이다. 이 용어에는 브랜드의 품질보증 책임이라는 기능이 포함되어 있지 않기 때문이다.
 브랜드와 대비하여 코모디티(commodity)라는 용어가 있다. 물품, 상품, 일용품을 의미하는 이 말이 브랜드와 다른 점은 무엇인가. 브랜드는 가격이 비싸고, 맛이 좋고, 신뢰할 수 있으며, 높은 가치를 느낄 수 있고, 특별한 차별성이 있는 것을 말한다. 코모디티는 가격이 싸고, 맛이 보통이며, 얼굴이 보이지 않고, 가치가 불명확하며, 차별성이 낮은 것을 말한다.
2) 石原慎士 外, 『地域ブランドと地域經濟』(東京 : 同友館, 2009), p.95.

'그곳에 가고 싶다', '그것을 갖고 싶다', '그곳에서 살고 싶다'는 느낌이 들게 하는 지역브랜드를 만들어야 한다. 이름만 들어도 안심할 수 있고, 자랑거리가 되는 도시를 만들어야 한다.

21세기는 다양한 선택지 가운데 자신이 살고 싶은 지역, 가고 싶은 지역을 선택하는 시대이다. 관광 하나만을 예로 들더라도 그 집객集客을 둘러싼 경쟁은 너무도 치열하다. 개별 시설 간에 경쟁을 하려면 먼저 지역 간의 경쟁에서 선택받아야 하기 때문이다. 지역이 선택받으려면 다양한 매력을 발신해야 한다. 매력 있는 일터, 매력 있는 거주환경, 세심한 서비스로 경쟁해야 한다. 살고 싶은 생활환경, 가고 싶은 관광지, 사고 싶은 상품을 만들어야 한다. 그리고 이런 요소들을 하나로 엮고 일관시켜 지역의 메가(mega)브랜드를 만들어야 한다. 정주 브랜드와 관광 브랜드 그리고 산업 브랜드를 만들어 스스로 매력에 빠지고 또 그 매력을 발산해야 하는 것이다.

지역브랜드를 말할 때 지역 자체의 브랜드화와 그 지역의 자원을 활용한 상품이나 특정 서비스의 브랜드화를 구별해야 한다. 비유하여 말하자면, 우산처럼 지역 전체를 하나의 브랜드로 보는 지역브랜드와, 우산을 구성하는 우산살과 같이 개별 산품의 브랜드를 구별해야 하는 것이다.

이처럼 지역의 브랜드에는 두 가지 차원이 있다. 지역의 특정 상품인 상품브랜드와 지역 그 자체가 하나의 브랜드인 지역브랜드(메가 브랜드)가 있다. 그것은 개별상품이 하나의 고유한 브랜드로 기능하는 경우와 개별 상품들이 갖는 이미지의 총화로서 기업브랜드가 만들어지는 경우와 같다. 메가브랜드란 특정 상품의 종합 그 이상의 의미를 말하며, 그 본질은 사람들이 느끼는 가치의 총체에 있다. 지역의 메가브랜드는 그 상징 작용을 통하여 장황한 설명을 하지 않고도 지역의 고유 가치를 높이는 작용을 하기 때문이다.

브랜드란 고급품을 의미하는 것이 아니다. 브랜드 메이킹 또는 브랜드 매니지먼트란 상품에 어떤 이름을 붙여서 어떻게 광고할까를 궁리하는 것이 아니다. 한 지역의 브랜드를 말한다는 것은 그 지역의 존재양식 그 자체를 말하는 것이며, 그 지역과 사회의 관계설정 그 자체를 말하는 것이다. 따라서 지역브랜드란 지역을 선전하는 마케팅의 일부가 아니라 지역을 경영하는 전략기획의 핵심이다. 지역브랜드란 고유한 상징으로 연상하는 다양한 커뮤니케이션과 실제적인 체험을 통해 고객을 비롯한 이해관계자(주민, 지역사회, 잠재고객 등)의 마음속에 축적된 가치와 이미지의 총화總和이다. 지역브랜드란 지역이 펼치는 일체의 활동을 통하여 사람들의 마음속에 새겨지는 지역 이미지의 총화인 것이다.

지역브랜드가 지역 이미지의 총화라고 한다면, 지역브랜드를 만들고 가꾸는 자각적 작업은 포괄적인 정책으로 구현되어야 한다. 따라서 그 정책은 새로운 기술을 도입하고 구성원의 지적 수준을 높이는 것만으로 실현되는 것이 아니다. 생각하는 방식과 일하는 방식 그리고 다양한 주체들 간의 긴밀한 네트워크의 작동을 포괄하는 문화적 변혁을 필요로 한다. 지역브랜드의 창조는 지적, 문화적, 기술적, 조직적인 창조력을 가동시키는 혁신 속에서만 이루어지는 것이다.

21세기의 지역은 스스로의 힘으로 지역을 지탱하고 발전시킬 수 있을 때 존속할 수 있다. 인구는 감소하고 지역 간 경쟁은 더욱 치열해지고 있다. 지역 존속의 근원적 위기감 속에서 지역 전체에 낙담과 불안의 그림자가 드리워지고 있는 곳도 많다. 더욱 문제는 종래와 같은 지역진흥 정책이 더 이상 힘을 발휘하지 못한다는 점이다. 지역의 새로운 자원을 결집하여 희망과 용기를 갖게 하기 위해서는 새로운 산업을 창출해야 한다. 지역 전체의 이미지를 바꾸는 구조적 변혁과 아울러 정책의 대상을 새롭게 창조해야 하는 것이다. 이러한 노력의 하나가 바로 특산품에서 브랜드로의 변혁이다.

지금까지 거의 모든 지역은 그 지역 나름의 특산물을 생산하려고 노력해 왔다. 지역의 특산품이란 하나의 지역이 전체적으로 '중저가의 상품을 반복적으로 양산하는 것'을 기본으로 한다. 특산품을 생산하는 생산지는 영세한 생산업자들의 집적으로 성립되었고, 그 대부분은 원재료의 제약 때문에 '동일한 제품'을 만들어 왔다. '동질적인 생산자에 의한, 전체로서 동질적인 저가격 상품을 생산하는 집단'으로서 존재해 왔던 것이다.

그러나 그러한 생산품들은 수출 길이 열리지 않고, 국내에서도 외국의 저가 상품이 범람하면서 그 설 자리를 잃었다. 경제인구의 주류가 '생활필수형 소비자'였던 시절에는 중저가 특산물의 생산으로도 지역경제는 지탱되었다. 그러나 경제인구의 주류가 '생활향상형 소비자'에서 '여가충족형 소비자'로 바뀌었다.[3] 특산품으로 연명하는 시대는 지나간 것이다.

우리나라에서 지역의 브랜드는 농산물의 브랜드화로 시작되었다. 농특산물로 생을 영위하던 지역에 밀어닥친 경제의 세계화라는 높은 파고波高가 농업을 다양한 경쟁 속으로 몰아넣었다. 차별화와 개성화로 살 길을 찾지 않으면 안 되게 만들었던 것이다. 우리 농업은 수입품의 대량유입 속에서 가격경쟁을 해야 한다. 따라서 가격 이외의 우위성을 확보해야 했고, 그 수단으로서 브랜드에 주목하게

---

[3] 강형기, 『향부론』(서울: 비봉출판사, 2001), p.317.

된 것이다. 그리고 쌀을 주식으로 하던 식생활이 서구식 식문화로 격변하면서 국산 농산물의 소비량이 급감하게 되었다. 이에 새로운 수요자에 대응할 수 있는 향토요리와 가공품의 브랜드화가 중시되게 된 것이다. 뿐만 아니라 유통구조의 다양화 및 유통이 생산을 지배하는 상황에서 직판直販유통으로 활로를 모색하려고 얼굴이 보이는 차별화된 상품을 만들기 위해 노력하면서 브랜드를 강조하게 된 것이다.4)

생활양식의 변화 속에서 브랜드로서 명맥을 이어 오던 전통 공예품 중에는 시대의 대응력을 잃어 소멸하고 있는 것들도 많다. 한때 관광지로서 명성을 날리던 곳이 손님이 와주기만을 기다리는 적막한 산촌으로 전락한 경우도 있다. 이러한 지역일수록 지역에서 동원 가능한 모든 것을 최대한 활용하여 시대의 구매자에 어필하는 브랜드를 만들어야 한다.

그러나 지역브랜드의 최종 목적은 상품을 팔고 관광객이 방문하게 하는 것만이 아니라, 지역주민이 지역에 긍지와 애착 그리고 아이덴티티를 가지게 하는 것이다. 그리하여 그곳에 살고 있는 사람이 부러워서 멀리서 찾아오도록 하는 마을을 만드는 것이다. 지역 자체가 브랜드로서 파워를 갖게 되어 젊은 인구를 불러들일 수 있

---

4) 브랜드의 생명력은 그 품질보증에 대한 약속을 지키는 것이다. 소비자의 신뢰와 로얄리티, 또는 프리미엄 가격은 그 약속에 대한 대가이다. 그러나 농산품의 브랜드는 품질보증 주체를 분명히 하기가 어렵다. 농업브랜드는 산지産地라는 추상적인 주체가 품질보증 주체가 되는 경우가 많기 때문이다. 따라서 생산 이력이나 지방자치단체의 인증제도, 또는 제 3자의 추천에 의하여 '눈에 보이는 관계'를 만들어야 한다. 농산품 브랜드는 산지(지역)가 중요한 요소가 되며, 지역의 자원 및 이미지가 농림수산품과 결합하여 만들어진 생선품生鮮品, 또는 생산가공품의 품질 평가가 높고 그 상품 이미지가 여러 사람에게 공유되고 있는 것을 말한다.

는 상태를 만드는 것이야말로 브랜드의 목표인 것이다.

이렇게 볼 때, 우리가 만들고 경영하려는 '지역 브랜드'는 지금까지 해오던 특산품 개발과는 전혀 다른 맥락에서 추구되어야 한다. 특산품 시대에서 지역브랜드의 시대로 전환하려면 어떻게 해야 하며, 지역의 브랜드는 어떻게 만들어지는 것인가.

지역이 독창적인 브랜드 전략으로 차별화를 실현한다는 것은 간단한 일이 아니다. 생명력 있는 브랜드를 만들려면 지역 독자의 방법을 강구하고, 지역에 살고 있는 사람들의 삶과 고유의 역사 및 문화를 토대로 한 창생작업을 수행해야 한다. 그리고 이러한 창생작업은 주민들이 만족스럽고 즐겁게 살 수 있는 지역을 만들어 나가는 것에 도움을 주는 테마에서 출발해야 한다.

Ⅱ. 지역브랜드의 성격과 가치

도시나 기업의 명칭 또는 사람의 이름을 들었을 때 제일 먼저 머리에 떠오르는 것을 우리는 '제일상기(第一想起)'라고 한다. 제일상기로 떠오르는 이미지가 바로 그 도시나 사람의 브랜드이며, 제일상기에서 무엇을 떠올리게 할 것인가를 궁리하는 전략이 브랜드 전략이다.[5] 도시의 명칭을 인지하는 것으로 떠오르는 제일상기를 통해 그 도시의 좋은 이미지를 연상하게 된다면 그 도시의 브랜드는 어느 정도 성공한 셈이다.[6]

---

5) 關滿博 外, 『新 地域 ブランド戰略』(東京: 日本經濟新聞社, 2007), p.171.

한 사람에게도 다양한 장점이 있듯이, 한 지역에도 다양한 장점과 특징이 있다. 고품질의 포도와 포도주가 있는 도시, 감과 곶감의 고장, 한우가 생산되며 교육열이 높은 곳, 그리고 음악과 도자기가 있는 곳. 한 지역은 이렇게 다양한 특징을 한꺼번에 가지고 있을 수 있다. 그러나 지역의 고객들은 이러한 특질을 한꺼번에 모두 떠올리지 않는다. 그 일부를 떠올리는 것이다. 따라서 지역경영의 핵심은 이러한 이미지를 통합적이고도 전략적으로 커뮤니케이트 하는 것이다.

오늘날의 소비자들은 범람하는 정보의 홍수 속에서도 자신의 '브랜드 지향'에 부합하는 상품을 선택한다. 브랜드 지향이란 '자신의 감성에 합치하는 것을 추구하는 것, 또는 그러한 상품이나 서비스를 추구하는 감정을 갖는 것'을 말한다. 그런데 이러한 브랜드 지향의 프로세스는 먼저 정보를 입수하여, 브랜드의 가치를 인지하고, 자기 감성을 확립한 다음, 그 브랜드를 구입·사용·유지하면서, 브랜드 로얄리티를 형성하는 것이다. 브랜드를 좋아한다는 것은 그 브랜드에 무언가의 로얄리티를 느끼고 있다는 것을 의미한다. 예컨대, 어떤 상점가가 로얄리티를 가지고 있다는 것은 특정한 상점가에 대한 특별한 생각을 가지고 있다는 것을 의미한다.[7]

상품의 브랜드 가치를 높인다는 것은 그것을 소유하고 싶은 충동

---

6) 브랜드 이미지는 브랜드 연상의 타입, 브랜드 연상의 호감도, 브랜드 연상의 강열함, 브랜드 연상의 독특함 등에 따라 그 크기가 다양하다. 한편, 브랜드 이미지는 그 주요 구성요소인 속성과 편익(便益) 및 태도에 따라서도 그 정도가 달라진다. 여기에서 속성이란 브랜드와 직결된 인지(認知)요소로서 규격·색깔·형태·가격·사용자의 이미지 등으로 구성되는 것이다. 편익이란 주관적으로 값을 매긴 속성의 가치를 말하며, 기능적 편익과 경험적 편익 및 긍지나 자부심 등으로 표현되는 추상적 편익이 있다.

7) 辻 幸惠, 『京都とブランド』(東京: 白桃書房, 2008), p.8.

을 포함한 정신적인 편익을 느끼게 하는 것이다. 결국 브랜드 전략은 제품과 서비스의 가치를 높이는 것이며, 소비자들은 브랜드를 소비하면서 그 이름이 가져다주는 안심감과 특별한 만족을 느낀다. 그 결과 고객은 '팬'이 되어 그 상품을 제공한 기업의 지지자가 된다. 이렇게 되면 주주(주민)에게 여러 가지 이득이 생긴다. 예컨대, 자금의 유동성을 높이고, 자본의 코스트를 낮추게 한다. 기업 구성원의 보수를 높이고 보다 높은 긍지도 갖게 한다. 기업들이 광고비를 경비로 생각하지 않고 브랜드의 가치를 높이기 위한 투자비로 여기는 이유가 여기에 있다.

기업에 있어서만이 아니다. 지역브랜드는 그 지역이 고유하게 가지고 있는 역사와 문화, 자연, 산업, 생활, 주민들의 커뮤니티라고 하는 지역 자산을 체험의 '장'을 통하여 정신적 가치로 결부시킴으로써 '사고 싶고', '가고 싶고', '교류하고 싶고', '살고 싶은' 마음을 유발하는 힘을 발휘한다. 지역브랜드를 구축한다는 것은 지역에 있는 유·무형의 자산을 사람들의 정신적 가치로 연결시킴으로써 지역을 활성화시키는 전략인 것이다.

도시의 고유한 브랜드가 정착되면 무엇보다도 먼저 관광산업이 활성화되고, 이를 통해 국가브랜드가 높아지면 투자와 이민지移民地로 인기를 끌게 된다.[8] 자유와 번영의 미국, 전통과 고급의 영국, 삶의 질과 우아함으로 표현되는 프랑스, 정밀성과 신용의 스위스. 이들은 모두 국가이미지 관리에 성공한 나라들이다. 기업의 브랜드가 특정 상품 그 이상의 것을 의미하듯이, 국가의 브랜드가 가지는

---

[8] 브랜드는 그것을 어떠한 관점에서 조망할 것인가, 그리고 어떤 기준으로 분류하느냐에 따라서 다양한 유형으로 나누어 볼 수 있다. 예컨대, 내셔널 브랜드, 로컬 브랜드, 톱 브랜드, 프라이빗 브랜드, 일류 브랜드, 해외 브랜드, 기업 브랜드, 상품 브랜드 등이 그것이다.

본질은 사람들이 느끼는 가치의 총체에 있다. 마찬가지로 지역의 메가 브랜드는 그 상징 작용을 통하여 장황한 설명을 하지 않고도 지역의 고유 가치를 높인다.

도시를 평가하고 도시의 가치를 측정하는 방법이 달라지고 있다. 기업의 가치와 마찬가지로, 한 도시의 가치는 그곳이 보유하고 있는 유형자산과 브랜드와 인재라는 무형자산의 합으로 평가된다. 1990년대까지만 해도 기업의 가치는 그 기업이 보유하고 있는 유형자산을 중심으로 평가되었다. 그러나 이제는 유형자산보다 브랜드와 인재라는 무형자산이 기업의 경쟁우위를 결정하는 데 더 중요한 요소로 작용하고 있다. 업종에 따라서 차이는 있지만, 브랜드 가치가 기업 가치의 3할에서 5할을 차지하는 기업도 있다.[9]

그렇다면 지역브랜드가 지역에 미치는 구체적 효과는 무엇인가?

첫째, 부메랑 효과를 일으킨다. 지역의 이름이 세상에 널리 알려지고, 그 존재나 사회에서의 존재의의가 인정되면 그 평판에 따른 온기가 다른 지역의 사람들로부터 반사되어 온다. 이렇게 되면 지역의 사람들에게 동기를 부여하게 되고 또 귀속의식을 높이게 된다.

---

[9] 이러한 평가시스템은 도시에도 그대로 적용된다. 2008년, 일본 홋카이도(北海道)의 유바리시(夕張市)가 파산했다. 한때 각종 아이디어로 지방자치계의 스타로 각광을 받던 도시의 파산에서 우리는 여러 가지를 생각할 수 있다. 유바리시가 투자했던 관광시설은 고유한 관광브랜드를 형성하지 못했다. 따라서 경쟁에 밀리게 되었고 손님이 오지 않자, 시 당국은 상항타개를 위해 새로운 시설에 투자를 했다. 그러나 이러한 상황은 반복되었고 결국은 파산에 이른 것이다. 이제 유바리의 관광시설은 거대한 쓰레기더미가 되어가고 있다. 엄청난 투자를 했던 도시의 유형자산이 아무런 가치도 없게 된 것이다. 반면, 유바리시가 일본의 브랜드로 만들어 놓은 '유바리 멜론'만은 아직도 그 명성을 유지하고 있다. : 강형기, "일본의 중앙지방관계의 변화와 지방재정의 자기책임성", 한국지방자치학회보, 제20권 제2호(한국지방자치학회, 2008).

둘째, 시장가치를 창조한다. '그 지역에 가면 음식이 맛있다', '그 지역에 가면 안심하고 무공해 농산품을 살 수 있다' 등의 평가는 방문객을 불러들이고 투자가 늘어나도록 한다. 또한 브랜드에 의하여 생성된 지역의 이미지는 지역에서 생산되는 생산물에 대입代入되고 반영되어 지역 산품의 신뢰도와 선호도를 높이게 된다. 이처럼 지역브랜드는 새로운 시장가치를 창조하여 투자와 수입이 늘어나도록 한다.

셋째, 인재획득 효과를 유발한다. 지역브랜드가 기능을 발휘하게 되면 그곳에서 태어나거나 교육을 받은 사람을 그 지역에서 취직시키고 육성시킬 수 있게 되며, 다른 지역으로부터 인재를 획득할 수도 있게 된다. 브랜드는 지금까지의 '인재 공급지역'을 '인재 활용지역'으로 탈바꿈하게 만드는 것이다.

[그림 3-1] 지역브랜드의 개념도

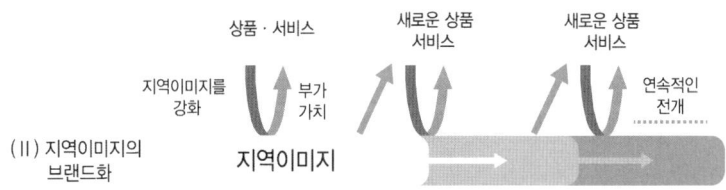

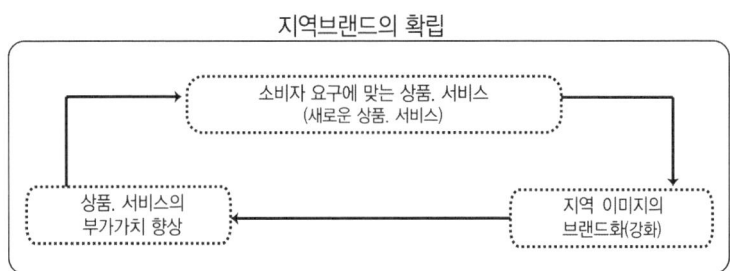

〈그림 3-1〉은 지역브랜드의 개념도이다. 그림에 의하면, 지역의 매력을 상품화에 활용하고, 그 상품화에 의하여 지역의 매력 또한 높아지는 선순환이 전개되고 있다. 지역에서 일상을 살아가는 가운데 사람과 물자와 공간이 하나의 확고한 이미지를 만들어 나가는 곳에는 새로운 '브랜드'가 창조되고 번영의 꽃이 피어난다. 그림에서 볼 수 있듯이, 한 도시를 성장시키려는 사람에게 있어서는 '로컬 브랜드'를 경작하는 것이야말로 미래를 의탁할 수 있는 '희망의 배'이다.

로컬 브랜드는 지역의 이미지와 그 운명을 같이 한다. 작은 도시일수록 지역과 그곳에 있는 산업의 이미지는 표리일체(表裏一體)의 관계가 된다. 지역의 이미지가 실추되면 로컬 브랜드의 이미지도 곧바로 실추되는 것이다. 이러한 사실은 지역상품의 이미지를 높이려면 지역의 이미지를 높여야 한다는 것을 말한다. 오늘날 세계 최고의 회사들이 경영자원을 지역에 투입하고 있는 이유가 여기에 있다.

조지프 나이(Joseph Nye) 교수는 『아메리칸 파워의 패러독스』라는 저서에서 세계를 움직이는 파워를 하드파워와 소프트파워로 분류하고 있다. 강제나 강압 등으로 자신에게 바람직한 행동을 하도록 행사하는 힘을 '하드파워(hard-power)'라고 정의하고, 자신이 바라는 것을 다른 사람이 자진하여 행동하게끔 작용하는 힘을 '소프트파워(soft-power)'라고 정의했다. 나이 교수는 다른 사람에게 영향력을 행사하는 권력에는 채찍으로 위협하는 것, 당근으로 유인하는 것, 문화와 가치로 매혹하는 것이 있다고 했다. 소프트파워는 강제나 보상이 아니라 마음을 끄는 힘으로 바라는 것을 얻는 능력이다. 나이 교수는 미국이 세계를 향하여 힘을 키우려면 문화와 가치로

자발적인 협력을 이끌어내는 소프트파워를 동원해야 한다고 충고했다.[10]

브랜드가 가지는 힘은 그야말로 소프트파워다. 브랜드 파워는 '그것이라면 비싸도 사야 한다, 그곳이라면 멀고 돈이 들더라도 가고 싶다'고 생각하게 하는 마력을 부리기 때문이다. 브랜드는 품질이 장래에 걸쳐 유지될 것이라는 믿음을 주고, 에토스(ethos)[11]를 구체화하며, 상징적인 공명共鳴작용을 일으켜 상징의 힘과 결합한다. 그리고 이러한 상징은 일상적인 것의 진로와 방향을 설정하게 하고 그 질을 유지시킨다. 상징의 힘과 결합한 브랜드 파워는 주변의 일상적인 것도 상징적인 차원으로 끌어 올린다.[12]

---

10) Joseph Nye, *THE PARADOX OF AMERICAN POWER*(New York : Oxford University Press, 2002) : 홍수원(역), 『제국의 패러독스-외교전문가 조지프 나이의 미국진단-』(서울: 세종연구원, 2002).
11) 에토스(ethos)란 생활 태도와 도덕적 관습 등을 말한다.
12) 문화는 그것에 귀속하는 사람의 생활양식을 규정한다. 따라서 문화에 의한 소프트파워는 특정 제품을 팔기 위한 최고의 마케팅이 된다. 프랑스는 이러한 점을 일찍 간파하고 실천한 대표적 국가이다. 의식주는 문화에 의존한다는 사실에 입각하여 프랑스는 일찍이 문화산업의 개념을 이해하고 자국의 고급문화를 프랑스의 브랜드로 포장하여 외국의 상류층에 수출했다. 상류층의 소비가 대중의 소비로 이어지고 확대되도록 노력했던 것이다.
　미국은 20세기에 들어 프랑스와는 다른 방법으로 소프트 파워 전략을 구사했다. 정보통신기술의 발달과 소득의 향상 그리고 여가시간의 확대에 부응하여 일거에 미국의 대중문화를 외국의 일반 소비대중에게 전파하는 전략을 채택했다. 이러한 전략에 따라 미국정부가 공식적으로 소프트 파워의 확충에 관여한 것은 1917년 '크릴 위원회(Creel Commission)'라는 대중심리조작과 정부선전을 위한 위원회를 만들면서부터다. 그 첫 사업은 1920년에 "영화는 무역의 문을 연다(Trade follows the film)"는 슬로건 하에 추진된 영화수출이었다. 외국에 미국 영화를 수출하면 그 뒤를 따라 미국제품의 수출이 급증한다는 것을 알게 되면서 미국정부는 영화 수출을 지원했다. (浜野保樹, "文化こそ最高のマーケッティング", 博報堂(編), 『地ブランド』(東京: 弘文堂, 2006), pp.90~91.

제2절 지역브랜드의 구조와 구축 프로세스

Ⅰ. 지역브랜드의 가치구조

지역브랜드는 무엇으로 구성되며 지역브랜드를 구축하려는 노력은 어떤 기준에 입각하여 전개되어야 하는가? 지금까지 지역브랜드를 평가하는 대표적인 지표로서 인지도, 구매 의향, 방문 의향, 거주 의향 등이 활용되었다. 이러한 평가지표는 기존의 지역브랜드가 정착되어 있는지를 알아보는 데에는 유용하다. 그러나 그것이 왜 정착되고 있는지, 왜 정착되지 못하고 있는지, 지역브랜드를 정착시키려면 어떻게 해야 하는지를 알게 해주는 지표로서는 기능하지 못한다. 계획을 세우고, 실천을 한 다음, 적절히 평가를 하는 것도 물론 중요하다. 그러나 보다 근본적인 과제는 브랜드를 어떻게 만들 것인가이다.

지역브랜드란 지역의 이미지를 구성하는 요소의 총체로 형성되는 것이다. 지역브랜드를 의식적으로 만들어 나가기 위해서는 지역의 특성과 지역의 자원을 발견해서 활용해야 한다. 이러한 자원에는 역사, 문화적 특성, 자연자원, 건축물, 식食문화, 주민의 기질, 상점가의 접객 태도, 지리적 위치, 기후, 경관, 토지의 특질을 살린 농산물, 공예품, 산업체 등 그 모두를 활용할 수 있다. 이처럼 지역브랜드는 다면적인 요소가 일체화되어 형성되는 것이다.

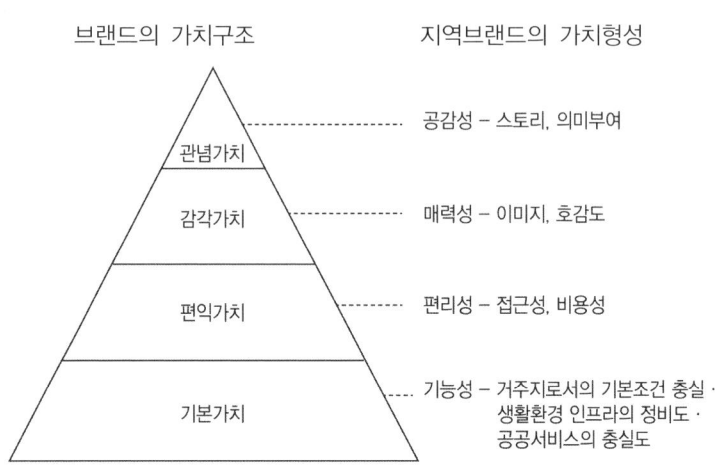

[그림 3-2] 지역브랜드의 가치구조

註 : 和田充夫 外, 地域ブランドマネジメント(저자 재구성).

지역브랜드는 〈그림 3-2〉처럼 기본가치, 편익가치, 감각가치, 관념가치라는 다면적 요소가 통합되어 형성되는 것이다. 브랜드의 기본적 가치란 제품의 품질 그 자체를 말하는 것이다. 예컨대, 시계는 시간을 나타내는 기능을 하는 것이고, 세제洗劑는 더러운 것을 제거하는 기능을 하는 것이다. 시계나 세제에 이러한 기능이 없다면 그 물건의 존재 자체가 무의미한 것이 되고 만다. 편익가치는 제품을 구매하고 소비할 때의 편리성, 즉 그것을 입수하기 쉽고, 쉽게 이용할 수 있으며, 비용면에서도 장점이 있는 것을 말한다.[13]

브랜드의 감각가치는 제품·광고물·판촉물에서 느끼는 즐거움, 아름다움, 귀여움, 상쾌함, 보기 좋고 듣기 좋음, 신선함 등으로 전해지는 매력도와 호감도를 말하는 것이다. 관념가치는 브랜드명 내

---

13) 和田充夫 外, 『地域ブランドマネジメント』(東京 : 有斐閣, 2009), p.30.

지는 브랜드 커뮤니케이션이 발신하는 향수, 상상, 판타지, 스토리 등으로 전해지는 공감도와 소비자의 라이프스타일과의 공감도를 말하는 것이다.[14]

지역브랜드의 구축에 있어서 기본가치와 편익가치의 확충은 필수사항이다. 지역브랜드에 있어서의 기본가치란 무엇으로 구성되는 것인가? 여기에서 지역을 '거주지'라고 생각한다면 그것은 거주지로서의 기본조건을 얼마나 충실히 구비하고 있는가를 말한다. 생활환경 인프라의 정비라든가 지방자치단체가 제공하는 공공서비스의 충실도 등이 여기에 해당한다. 편익가치는 교통의 편리성이라든가 입지의 편리성처럼 방문하거나 투자를 하려고 할 때 그 입지를 선정하는 중요한 경쟁 요소를 말하는 것이다.

지역의 생활환경 정비는 어느 지역에서나 주로 행정이 담당하여 비슷한 내용을 추진한다. 그러나 지역의 생활환경을 정비하고 접근성을 개선하는 것만으로 지역 간의 차별화를 도모하기는 어렵다. 지역브랜드의 구축에 있어서 문화전략으로서의 감각가치와 관념가치의 구축을 중시해야 하는 이유가 여기에 있다. 사람들은 어느 지역에나 거의 비슷하게 정비되어 있는 기본가치와 편익가치만이 아니라 차별화된 감각가치와 관념가치가 구비되어 있는 곳에 방문하거나 거주지로 선택하려고 하기 때문이다.[15]

예컨대, 어떤 관광지는 다른 지역에 비하여 교통편이 나쁘지만 그곳의 특별한 매력에 끌려 많은 사람들이 찾아간다. 그 이유는 그곳의 이미지나 느낌이 주는 감각가치나 그곳의 스토리나 역사적 의미에 끌린 관념가치가 우월하기 때문이다. 감각가치란 지역에 대한

---

14) 石原慎士 外, 『地域ブランドと地域經濟』(東京 : 同友館, 2009), p.94.
15) 和田充夫 外, 『地域ブランドマネジメント』(東京 : 有斐閣, 2009), pp.31~32.

좋은 연상과 이미지에 따른 매력, 또는 호감도 등을 말하는 것이다. 그리고 지역의 스토리에 공명하거나 스스로 부여하는 의미에 끌리는 것은 그 지역이 가진 관념가치의 크기 때문이다. 따라서 지역브랜드의 구축은 도시의 기반인 기본가치와 편익가치라는 토대 위에 감각가치와 관념가치를 차별적으로 구축하는 것으로써 완성되는 것이다. 즉, 기본가치와 편익가치의 토대 위에 그 지역이 가지는 역사적 가치, 문화소비적 가치, 환경적 가치라는 감각적·관념적인 가치를 발굴하고, 그러한 자원을 브랜드 가치로 승화시키는 것으로써 구축하는 것이다. 말하자면, 지역의 상징, 누구나 편하게 받아들이는 장소, 주민과 교류할 수 있는 거점, 마음을 편하게 해주고 인생을 즐기게 하는 자산들을 발굴하여 승화시켜야 하는 것이다.[16]

지역브랜드는 실체도 없는 가운데 고도한 홍보 전략으로 꾸며내는 것이 아니다. 지역브랜드는 도시형성의 필수요건인 기본가치와 편익가치의 구축을 토대로 차별화된 문화전략을 구사함으로써 구축해 나가는 것이다. 한 도시를 형성하는 필수 요건의 크기는 인구력, 산업력, 재정력, 생활기반력이라는 지표로 평가할 수 있다. 인구력人口力은 지역의 연령구성비, 그리고 유입인구와 유출인구의 비율로 살펴볼 수 있다. 산업력産業力은 고용력, 즉 일터의 구비를 말하는 것이다. 지역의 인구 유출을 방지하기 위해서는 고용력을 확대해야 한다. 이를 위해서는 기업을 유치하고, 제조업 등 새로운 일터를 육성해 한다.

문제는 이러한 일련의 과업을 이루지 못할 경우 지역의 재정력이 악화되는 등 악순환이 되풀이된다는 것이다. 재정력의 악화는 생활기반시설의 정비에 투자할 여력을 갖지 못하게 한다. 이렇게 되면

---

[16] 上揭書, pp.38. 참조.

새로운 인구의 유입은 고사하고 기존 주민들의 유출마저 가속화된다. 도시의 브랜드는 이러한 상황에서도 구축되고 또 유지될 수 있는 것이 아니다. 이렇게 볼 때, 지방자치단체가 지역을 활성화시켜 나가는 과정에 있어 독자의 브랜드를 구축할 힘을 가지고 있느냐 하는 것은 그 도시의 미래를 가늠하는 결정적 척도다.

Ⅱ. 지역브랜드 구축 프로세스

지역브랜드를 하루아침에 구축할 수는 없다. 따라서 장기적인 시야에서 계획적으로 추진해야 한다. 여기에서 계획적으로 추진해야 한다는 것은 비록 장기적이긴 하더라도 일정한 기일을 정해 놓고 그 기간 내에 목표를 달성해야 한다는 것을 의미한다. 지역브랜드의 구축도 다른 사업과 마찬가지로 일정한 목표 달성 기간을 정해

[그림 3-3] 지역브랜드 구축프로세스

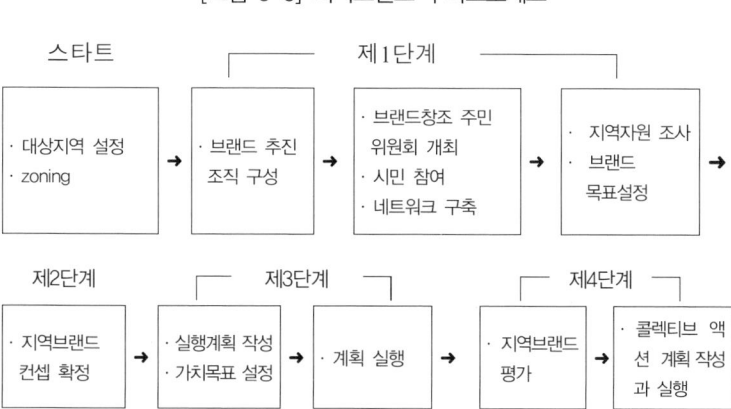

놓고, 목표 달성도를 명확히 천명하고 실천에 옮겨야 하는 것이다. 그렇다면 이러한 장기적인 사업인 지역브랜드 구축이라는 과업은 어떠한 프로세스를 거쳐 이루어지는 것인가? 그 과정을 간단히 표시하면 〈그림 3-3〉처럼 설명할 수 있다.

1. 대상 지역의 설정과 추진 조직의 구성

지역브랜드를 개발한다고 할 때 지역의 의미는 다양하다. 지방자치단체나 주택가처럼 '생활의 장場으로서의 지역'을 의미하는 경우도 있고 오피스 거리, 전문 상점가, 중심상점가, 중심시가지, 상점가 등과 같이 소매상업 지구로서의 지역을 의미하기도 한다. 지역산업, 공업제품, 농립축산업, 수산가공품처럼 지역특산의 상품브랜드 또는 지역산업으로서의 지역을 의미하기도 한다. 관광지나 온천지구, 리조트타운 등과 같이 광역교류 산업으로서의 지역을 의미하는 경우도 있다.

이처럼 지역브랜드의 대상이 되는 지역의 의미는 실로 다양하다. 그러나 일반적으로 지역브랜드는 지방자치단체의 구역을 그 대상지역으로 하여 구축하는 경우가 많다. 그리고 경우에 따라서는 다수의 지방자치단체를 하나로 통합하여 추진하는 경우와 여러 지방자치단체에 걸쳐 각 지역의 일부를 대상으로 하는 경우도 생각할 수 있다.

대상지역의 선정과 아울러 당장 결정해야 할 것은 그것을 '누가' 추진할 것인가 하는 것이다. 최근 지역브랜드의 구축에 관심이 모아지고 있는 이유는 지역 간 치열한 경쟁 때문이다. 따라서 지역브랜드 구축의 주체가 지방자치단체인 경우가 많다. 지방자치단체가 주체가 될 경우, 대체로 지역브랜드 구축위원회를 두게 된다. 그리고 지역의 다양한 아이디어를 결집하기 위하여 주민회의와 심포지엄 등을 개최하고, 보다 널리 인재를 모아 네트워크를 구축해야 한다. 여기에서 중요한 것은 지역의 다양한 인재를 결집하는 것이다. 그리고 이들을 이끌어 갈 핵심리더는 지방자치단체의 장(長)이다.

〈그림 3-4〉는 브랜드전략을 추진하는 추진조직의 예를 들어 본 것이다. 지역브랜드 전략은 지역 전체에 그 영향을 미치는 것이기 때문에 전체를 총괄하는 최고책임자는 수뇌부가 맡을 필요가 있다. 그리고 이러한 책임자의 직할 조직으로서 여러 명의 전임 스텝을 이끄는 총괄관리자가 실제의 브랜드 전략을 담당하게 하는 것도 중요하다. 도시계획, 산업진흥, 관광 등 각 테마마다 설치한 관리자와 그 조직의 스텝이 실제로 브랜드전략을 실행하도록 할 필요도 있다.17)

[그림 3-4] 브랜드경영의 조직체계(예)

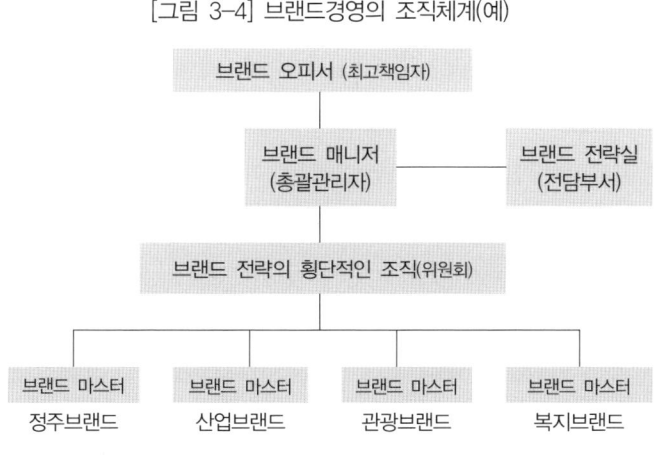

---

17) 田中章雄, "地域ブランド開發とマネジメント", 『ガバナンス』(東京 : ぎょうせい, 2005, 6), pp.20~21.

2. 브랜드 자원(지역자원)의 발굴

　새로운 브랜드는 새로운 흥미, 새로운 상품, 새로운 가능성을 창출할 때 비로소 가능해진다. 그러나 지역에서 이러한 개성 창조는 제로 상태에서 출발하는 것이 아니다. 지금까지 발견한 것을 신장시키거나 기존에 발견한 것에 추가적으로 창조를 더해 나가는 것이 그 기본이다. 지역과 아무런 관계도 없는 것을 무리하게 만들거나 이미지가 부합되지 않는 것은 일시적으로 번뜩일 수는 있어도 결코 오래 지속되지는 못한다. 성공하는 지역브랜드의 기본은 지역이 가지고 있는 역량을 최대한으로 활용하는 것이다.
　그러나 지역에 역사가 있고 문화가 있으며 자연자원이 있다고 해도 그러한 자산이 그냥 그대로 브랜드가 되는 것은 아니다. 지역에 아름다운 산이 있고 강이 흐른다고 해서 그것만으로 브랜드가 되는 것이 아니다. 그 산과 강을 사람들이 인지적(認知的)으로 그리고 정서적으로 브랜드 가치로 승화시켜야 한다. 그렇다면 역사적 가치도 문화적 가치도 그리고 자연환경도 우월하지 못한 곳은 브랜드를 만들 수 없는 것일까? 그렇지는 않다. 무수한 자원을 가지고 있으면서도 브랜드를 구축하지 못한 곳이 있는 반면, 아무 것도 없던 곳에서도 브랜드 구축에 성공한 곳이 있다. 브랜드 구축과 도시경영의 묘미는 여기에 있다.
　브랜드 자산이 풍성하게 매장되어 있는 곳에서는 그러한 자산을 어떻게 집중시켜 브랜드가치로 승화시킬 것인가를 고민해야 한다. 반면에, 아무리 발굴해도 매장량이 극히 한정되어 있는 곳도 있다. 그러한 곳에서는 제한된 자원을 재창조 해야 한다. 그래서 지역브랜드 구축 작업은 지역자원을 엄밀히 분석·발굴하고 창조하여 브랜드 디렉션(브랜드 목표)을 설정하는 것에서 시작하는 것이다.

3. 브랜드 목표와 브랜드 컨셉의 설정

지역브랜드란 이미 주어져 있는 것이 아니다. 지역이 일체가 되어 키우고 육성해 나가야 하는 것이다. 지역이 일체가 되어 하나의 방향을 지향해 나가기 위해서는 그 지역만의 고유한 브랜드 아이덴티티(identity)를 공유해야 한다. 브랜드를 개발하려고 할 때, 지역이 일체가 되어 하나의 방향으로 나아가도록 하기 위해서는 브랜드 목표를 설정해야 한다. 이러한 브랜드 목표는 브랜드의 컨셉을 확정하기 위한 사전 작업이기도 하다. 지역브랜드 컨셉을 확정한다는 것은 지역브랜드 자산의 어느 측면에 초점을 두고 개발할 것인가, 지역브랜드의 대상지역 범역範域은 어떻게 설정할 것인가, 지역브랜드 가치의 어느 부분을 강조할 것인가를 결정하는 것을 말한다.

우리가 어떤 도시의 이름을 통해 고유한 테마를 연상하게 된다면, 그 도시의 브랜드는 어느 정도 정착되고 있다고 할 수 있다. 그렇지만 그러한 테마는 하루아침에 정착되는 것이 아니라 긴 세월에 걸쳐 자연발생적으로 생기고 공유되어 온 것이다. 브랜드 컨셉의 개발은 그러한 테마를 의식적으로 창조하려는 것이며, 브랜드 개발전략은 그러한 테마가 짧은 시간 내에 정착하도록 하려는 전략이다. 최근 많은 도시들이 테마를 언어화한 슬로건이나 캐치플레이즈를 걸어 놓고 있지만 다른 지역과 차별화되지 않는 경우가 많다. 그것은 고유한 컨셉을 개발하기가 얼마나 어려운가를 반증하는 것이다. 특정 지역만의 테마를 표현하면서도 다양한 주체들이 다양한 연상을 일으키고, 다양한 해석을 통해 다양한 행동을 일으키는 브랜드 컨셉을 개발하는 것이야말로 브랜드 개발의 핵심요소다.

4. 지역브랜드의 계획실행

〈그림 3-3〉에서 나타난 바와 같이, 제1단계와 제2단계를 기획 및 자원개발 단계라고 한다면 제3단계는 계획실행 단계, 제4단계가 평가 단계다. 실행단계 이전의 과정은 제2절에서 시술했으며, 계획실행의 구체적인 내용은 다음 제3절 '지역브랜드의 파워 형성과 아이덴티티'에서 기술하기로 한다.

제3절 지역브랜드의 파워 형성과 아이덴티티

지역브랜드는 이미 주어져 있는 것이 아니라 지역이 일체가 되어 키워나가야 하는 것이다. 지역이 일체가 되어 하나의 방향을 지향해 나가기 위해서는 '지역다움'에 근본을 둔 지역브랜드 아이덴티티를 공유해야 한다. 이를 위해서는 지역의 개별 프로젝트들이 보다 커다란 전체적인 틀 속에 위치지어지고 또한 그것이 생태적·경제적·사회적·문화적인 차원에서 통합된 하나의 철학으로 승화되어야 하는 것이다. 브랜드아이덴티티 시스템 이론을 제창한 D. A.

[그림 3-5] 브랜드아이덴티티의 구성요소

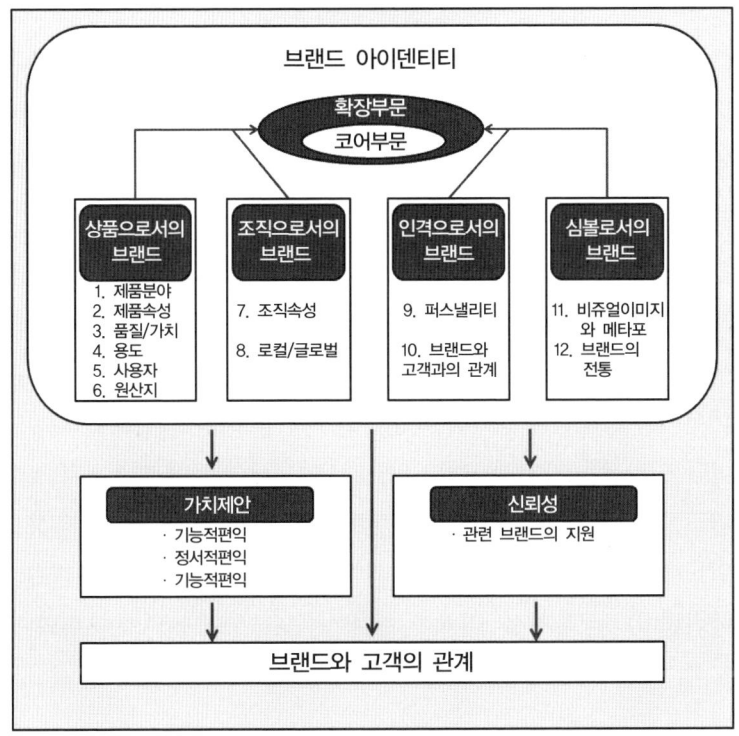

아커(David A. Aaker)는 브랜드아이덴티티를 구성하는 요소를 〈그림 3-5〉와 같이 체계화하고 있다.[18]

아커의 이론에 의하면, 브랜드아이덴티티는 '상품으로서의 브랜드', '조직으로서의 브랜드', '인격으로서의 브랜드', '심볼로서의 브랜드'로서 구성된다. 이러한 구성요소로서 형성되는 브랜드는 고객에게 '기능적 편익', '정서적 편익', '자기표현적 편익'

---

[18] David A. Aaker, *BUILDING STRONG BRANDS.*(New York : Free Press, 1997), p.79.

을 제공하며, 이러한 편익을 연쇄적으로 제공하는 것으로서 관련된 다른 브랜드의 신뢰성을 높이게 된다고 했다.[19]

아커의 브랜드 아이덴티티 이론을 지역(도시)에 적용하면, 지역브랜드의 아이덴티티는 어떻게 구성될 것인가? '상품으로서의 브랜드'를 '지역으로서의 브랜드'로 전환시켜 본다면 그것은 지역의 문화와 고유가치를 극대화시키는 전략으로 대응해야 할 것이라는 관점에서 '오리지널리티'라는 독창성을 들 수 있을 것이다. '조직으로서의 브랜드'는 내적인 응집력에 기초한 내발성內發性의 정도에 의하여 그 브랜드의 수준이 결정될 것이다. 브랜드의 구심력은 내부에서 양성되는 것이기 때문이다. '인격으로서의 브랜드'는 얼마나 일관성을 가지고 끈기 있게 추진하느냐의 문제로 귀결될 것이다. '심볼로서의 브랜드'는 교류의 메시지를 어느 정도 함축하고 있느냐에 의해 그 가치가 가늠된다. 이렇게 볼 때, 지역브랜드의 아이덴티티는 독창성, 내발성, 일관성, 교류성의 구비와 구축의 정도에 의하여 그 내용과 가치가 결정된다고 볼 수 있다.

Ⅰ. 제품으로서의 지역브랜드 - 지역의 독창성

파워브랜드란 압도적인 존재감과 다른 곳에서는 느낄 수 없는 독자적인 세계를 고객의 머리 속에 구축한 것이다. 존재감이란 브랜드의 명칭이 고객의 머리 속에 각인되어 있는 깊이의 정도로 측정된다. 그것은 고객이 그 브랜드를 만났을 때의 느낌과 집착의 크기

---

[19] Ibid., pp.99.

로도 표현된다. 아무런 관심과 감동을 주지 못하는 것은 브랜드가 아니다. 그러나 관심을 끄는 것만으로 브랜드가 형성되는 것도 아니고, 단순히 좋은 것을 만드는 것만으로 브랜드를 구축할 수 있는 것도 아니다. 깊은 관심과 감동이 그 브랜드의 존재에 의하여 생겨난 것임을 각인시켜야 한다.

파워브랜드는 고객의 머릿속에 그 브랜드 명의의 예금구좌를 개설하듯이 다른 브랜드가 쉽게 넘볼 수 없는 고유한 존재감을 구축하고 있는 것이다. 브랜드는 다른 것보다 우월하다는 것이 공감될 때 탄생하고, 이를 지속적으로 증명하고 유지시켜 나갈 때 생명력이 지속된다. 다른 것보다 우월하려면 먼저 그 특색을 명확히 함으로써 다른 것과의 차별화를 도모해야 한다. 차별화된다는 것은 공감되는 가치가 상대적으로 높다는 것을 말하며, 독자적인 세계를 구축하고 있다는 것을 의미한다. 브랜드의 생명은 다른 것과는 다르다는 것, 즉 차별화가 느껴지는 것으로부터 잉태되는 것이기 때문이다. 브랜드는 의미 있는 차별화를 실현할 때 그 존재가치가 있고 경쟁력이 커지는 것이다. 의미가 있다는 것은 그것이 없으면 곤란하다, 도움이 된다, 매력이 있는 등 그 무엇이 작용하고 있음을 말한다.

브랜드에도 성공과 실패, 강함과 약함이 있다. 성공과 실패, 강함과 약함을 나타내는 '브랜드력力'은 그 오리지널리티로 결정된다. 브랜드가 브랜드로서의 힘을 가지는 경우, 그것은 다른 것과 비교하여 양적으로 우수한 상태에 있을 때가 아니다. 다른 것과 비교하여 더 우수한 '넘버 원(Number One)'이 아니라 다른 것과 다르고 유일한 것, 즉 '온리 원(Only One)'일 때 존재가치가 있다. 브랜드는 그것이 독창적이어서 다른 것과는 대체될 수 없는 고유한 오리지널리티를 가질 때 힘을 발휘하는 것이다.

　다른 지역을 따라해서는 다른 지역을 따라 잡을 수 없다. 지역브랜드는 다른 지역의 사례를 모방하거나 차용한 지식으로 창조할 수 있는 것이 아니다. 그 토지에서 발상하고 그 지역만의 고유한 창조성이 요청되는 것이다. 그 지역이 가진 오리지널리티를 토대로 지역의 고유한 문화와 개성에 의해 방향 지워져야 한다. 지역의 특성을 살리지 못하고 성공한 다른 지역을 따라 하는 것으로는 절대로 성공할 수 없다.

　그럼에도 불구하고 우리의 지역들은 부지불식간에 서울을 의식하면서 사업을 추진하는 경우가 많다. 지방에 살면서도 서울의 이미지를 가진 서비스를 향수하고 서울로부터 인정받는 것을 목표로 삼는다. 지역의 경쟁력은 서울을 모방할 때 커지는 것이 아니다. 서울을 초월하고 한국을 넘어 세계로 진출하고 세계로부터 인정받는 것에 그 목표를 두어야 한다. 가장 지역적인 것이 가장 세계적이라는 자각과 긍지를 가지고 지역브랜드를 만들어야 한다. 지역브랜드야말로 지역에서 세계 기준을 충족시키는 것에 그 목표를 두어야 한다.

　지역브랜드란 상품에 지역 이름을 붙여서 파는 것이 아니며, 지역이름을 붙인 히트상품을 만드는 것도 아니다. 단순히 지역의 이름을 붙인 것이라면 그것은 어디까지나 상품을 팔기 위한 판매 전략의 하나일 뿐이다. 설령 지역의 이름을 붙인 상품이 잘 팔린다고 하더라도 그것은 지명地名을 사용한 상술에 지나지 않는다. 지역 이름을 씌운 상표 또는 지역 이름을 디자인한 마크가 단지 다른 상품과 식별하는 수단으로 사용되는 것을 가지고 지역브랜드라고 말할 수는 없다.

지역브랜드에 기대하는 핵심적 가치는 지역의 개별 산품産品이 잘 팔리게 하는 것이 아니다. 지역브랜드를 구축하려는 목적은 사고 싶은 상품, 방문하고 싶은 고장, 교류하고 싶은 도시, 머무르고 싶은 도시, 살고 싶은 도시를 만들려는 것이다. 이러한 목적을 달성하려면 상품에 지역의 이름을 붙여서 팔려는 상술을 개발하는 것에 만족해서는 안 된다. 지역브랜드는 시대의 흐름 속에서 지역의 가치를 발견하여, 그 지역에만 존재하는 특징과 매력을 응축하고 담아, 그러한 매력이 소비자로부터 선택받는 이유로 승화될 때 만들어지고 가꾸어지는 것이다.

Ⅱ. 조직으로서의 지역브랜드 - 내발적 연대성

브랜드는 조직 구성원의 감정과 상품 그리고 서비스를 일체화시킴으로써 만들어지는 것이다. 따라서 브랜드의 구심력은 조직의 내부에서 양성된다. 지역브랜드의 창조는 지역이 주체가 되어 스스로의 아이덴티티를 창출하고, 창출된 아이덴티티를 스스로 유지해 나가는 경영활동의 결과로서 남게 되는 것이기 때문이다. 이러한 경영활동은 지역브랜드의 주체들이 '지역에 대한 긍지와 자부심을 키워야 한다'는 '긍지와 자부심'을 가지고 자발적으로 참여하고 연대할 때 그 가능성이 잉태된다. 지역활동에의 참여가 지역의 브랜드 가치를 높이게 되고, 그 결과로서 지역의 브랜드는 구축되어 가는 것이다.

지역브랜드가 형성된다고 할지라도 그것이 파워를 가지는 것은 또 다른 차원의 문제다. 파워브랜드가 되기 위해서는 고객들에게 단순한 관심을 넘어서는 감동을 제공해야 하기 때문이다. 이렇게 볼 때, 브랜드란 뜨거운 피가 흐르고 있는 생명체와도 같은 것이다. 파워를 자랑하는 브랜드를 살펴보면 종업원 및 관계자를 분발시키고 고객을 열광시키는 꿈을 가지고 있다. 파워브랜드가 되기 위한 기본 조건은 바로 이러한 꿈이 있어야 한다. 꿈이란 경영자로부터 발신되어 그 브랜드에 관계하는 모든 조직 멤버를 통해 유통을 경유하여 고객에게 침투해 나가는 것이다.

지역브랜드를 만들기 위해서는 지역에 이름난 역사유적이나 그림엽서와도 같은 경관이 없어도 상관없다. 그러나 함께 만들고 싶은 꿈이 없는 곳에서 지역브랜드를 구축할 수는 없다. 혼자 꾸는 꿈은 그냥 꿈으로 끝나는 경우가 많지만, 만인이 함께 꾸는 꿈은 현실이 된다. 주민들이 지역에 대한 자긍심과 애착심 그리고 연대감을 통하여 꿈을 공유해 나가는 과정이 바로 지역브랜드를 창조하는 에너지를 공유하는 과정이다. 지역브랜드는 지역 구성원들이 이루고자 하는 목표를 세우고, 공동의 목표를 위하여 협업과 연대로 뭉칠 때 만들어지고 가꾸어지는 것이기 때문이다.

지역브랜드 창조는 내부의 기대와 희망을 모으는 테마의 선정에서 시작한다. 지역과 주민들이 스스로 이루고자 하는 성공의 이미지를 세우고, 이를 함께 추구하는 에너지를 결집해야 한다. 그리고 스스로 브랜드의 매력을 공언함으로써 자신들을 다시 뒤로 돌릴 수 없는 지점에 위치하도록 하여 내발적인 결속력을 증폭시키는 것으로서 힘을 더해 나가야 한다. 이렇게 되면 내·외부로부터의 기대와 주목을 받게 되고, 이에 부응하여 브랜드로서의 약속을 지키려는 에너지가 결집되게 되는 것이다.[20]

지역브랜드를 만드는 최대의 과제는 지역주민의 인지와 지지를 확산시켜 나가는 것이다. 지역 주민이야말로 미래의 브랜드 로얄리스트 그 자체이다. 브랜드 만들기에 참여하는 사람 그 자체가 브랜드라는 말은 이러한 뜻이다. 따라서 지역브랜드를 만드는 가장 중요한 요소는 브랜드 창조에 참여하는 인재를 만드는 것이다. 그러나 처음부터 지역에 많은 인재가 있는 것은 아니다. 브랜드를 만들어 나가는 단계에서 발견하고 육성해 나가야 한다.

 고객의 마음을 사로잡는 것만을 척도로 브랜드의 가치를 평가하려는 경향이 많다. 고객이 지불하려는 로얄리티로 평판을 측정하고, 그 기업에 투자하려는 의지와 자본조달의 용이성으로 브랜드의 가치를 측정하려 하는 것이다. 그러나 그것은 브랜드의 에너지가 외부를 향해 미치는 현상의 한 측면일 뿐이다. 브랜드가 가지고 있는 파워의 원천을 깊이 살펴보아야 한다. 무엇이 그러한 '파워'를 낳고 있는가에 주목해야 하는 것이다. 브랜드의 파워는 그 내부에서 발현한다.

 브랜드는 구성원들에게 생각의 구심력을 갖게 하는 것만큼, 그리고 구성원들에게 높은 동기를 부여하는 만큼, 강하게 만들 수 있다. 지역 사람들이 연대하고 협업하는 만큼 만들어지는 것이 지역브랜드이다. 예컨대, 도시의 외형과 브랜드의 이미지를 일치시키기 위해 건물의 높이와 외관 그리고 색채 등을 통일시키려 하는 지역이 있다. 이러한 지역에서 주민들이 지역브랜드의 의미와 방향에 대해 공감하고 공유하지 않으면 그 정책은 힘을 발휘하지 못한다. 지역이 하나의 브랜드 이미지로 통합된다는 것은 주민들에게 일정한 제약을 가하는 것이기도 하다. 그러나 지역브랜드는 주민들이

---

20) 博報堂, 『地ブランド』(東京 : 弘文堂, 2006), pp.112~113.

이러한 제약을 제약이 아니라 공동체의 통합으로 이해하고 동참할 때 만들어지고 가꾸어지는 것이다.

지역브랜드를 만드는 기본 방식은 그야말로 그 마을 사람들이 행복하고 기쁘게 살아갈 때 그것이 부러워서 멀리서도 찾아오는 "근자열, 원자래(近者悅 遠者來)"를 실천하는 것이다. 따라서 브랜드커뮤니케이션을 위하여 해외에 가서 홍보전을 펼치려고 한다면 그에 앞서 지역에 와 있는 외국인들이 감사하고 행복하게 지내고 있는 마을인지를 먼서 살펴보아야 한다. 마찬가지로 지역의 경관을 정비하는 사업은 거리의 간판을 교체하고 가로수를 단장하는 외형적인 사업으로 시작할 것이 아니라 경관이라는 '공적 영역의 의식'을 주민에게 심는 것으로 시작해야 한다.

일본 도치기현(栃木県)의 동북부에 위치한 모데키쪼(茂木町)의 모도요시자와(元吉澤)라는 마을은 유자의 마을로 유명한 곳이다. 잎담배를 주산업으로 하던 이 마을에 유자를 심기 시작한 것은 지역의 엽연초 가공공장이 수입 잎담배에 밀려 폐쇄된 것이 계기였다. 1985년, 15가구의 주민들이 '유자조합'을 결성하여 3년 동안 시설 정비를 하면서 공동으로 3ha의 농지에 2,860그루의 유자나무를 심었다. 1987년에는 공동으로 냉동고를 만들어 계획 출하를 가능하게 했고, 1993년에는 소위 '유자나무 오너 제도'를 도입했다.

오너 제도란 1만 엔의 회비를 내는 사람에게는 회원자격(명예주민)을 부여하고, 유자나무 한 그루의 열매를 수확해서 갖도록 하는 것이다. 시작 당시 98명의 오너 주민은 2006년 현재 400명, 나무는 7천 그루가 되었다. 마을 사람들은 매년 유자 축제를 개최하여 유자마을로서의 정보를 발신하고 있다. 잎담배를 경작하던 가난한 산촌은 마을 사람들이 일체가 되어 마을에 산책로와 숙박시설(방갈로)

을 만들면서 이제 관광지로 발전했다. 오너제도를 기반으로 하면서도 공동브랜드로 판매하는 유자 된장, 유자 주스, 유자 차, 유자 양갱, 유자 분말, 유자 찹쌀떡 등은 관광객만이 아니라 널리 외지에서도 주문이 들어온다.

보잘것없던 가난한 마을. 수매가 중단된 잎담배 생산을 포기하면서 온통 잡초더미로 황폐해졌던 마을. 그러나 이제 마을에는 관광객이 찾아오고 윤기가 흐른다. 유자촌이라는 마을 브랜드의 성공 덕택이다. 이러한 성공 배경에는 헌신적인 리더가 있었고, 이벤트를 통해 남다른 정보를 발신한 덕택도 있었다. 농약 사용을 최대한 자제하여 차별화를 도모한 것도 좋은 평가를 받았다. 그러나 무엇보다도 중요한 요인은 마을 사람들이 협동하고 협업으로 풀어나가는 연대의 힘이었다. 마을의 브랜드는 협업으로 만들어지고 연대하는 생활 속에서 가꾸어진 것이다.[21]

성공한 지역브랜드는 내부 구성원의 마음을 통합시키는 구심력으로 기능한다. 브랜드는 그 내부 구성원이 목표를 공유하게 하는 것에서 시작한다. 따라서 종래에는 각자의 입장에서만 임하던 구성원들에게 연대할 계기를 제공한다. 주민들은 스스로가 주체가 되어 같은 목표를 지향하며 함께 일하면서 지역에 애착을 갖게 된다. 그리고 이러한 애착이 마을을 하나로 통합시킨다. 그리하여 내적인 통합은 하나의 통일된 이미지를 만들어 외부를 향해 분출하는 힘으로 작용한다. 성공한 브랜드는 내부와 외부 모두를 끌어들이는 연대를 통해 새로운 신뢰관계를 구축하게 한다. 그리하여 신뢰는 신뢰할수록 커지고, 그것은 새로운 연대를 싹트게 한다.

---

[21] 關滿博・遠山浩(編), 『食の地域ブランド戰略』(東京 : 新評論, 2007), pp. 178~183.

일본의 경우, 마을 사람들이 협업으로 지역의 난제를 풀어나가는 것은 이미 기본적인 사항이다. 일본 사이타마현(埼玉縣) 아라가와무라(荒川村)는 일찍부터 주민들의 협업으로 관광농원을 개설하여 성공한 사례다.[22] 아라가와무라가 주민들이 연대하여 관광농원을 만들게 된 계기는 한 두 집의 농가가 개별적으로 관광농원을 개설해서는 고객의 다양한 수요에 대응할 수 없었기 때문이다. 그래서 집단화를 추진하기 위해 농원촌農園村의 촌장을 뽑고 촌장이 대외 절충과 PR을 담당하도록 했던 것이다.

집단화의 기본 조건은 작물을 재배하고 있는 농가의 수가 어느 정도의 숫자에 달할 것과, 이들이 지역적으로 밀집密集하고 있어야 한다는 것이다. 지금까지 손님이 직접 밭에 들어가서 스스로 수확을 하게 하는 시스템을 취하고 있는 곳은 그 대부분이 관광과수원이었다. 그러나 과수는 여름과 가을이라는 계절에 한정될 뿐만 아니라 이미 여러 곳에서 하고 있었으므로 새로운 상품이 아니었다. 아라가와무라는 무언가 좀 더 재미있는 방법이 없을까 하고 궁리한 끝에 포도와 사과, 밤, 딸기 등의 과일과 더불어 죽순, 옥수수, 고구마, 표고버섯, 오이와 같은 야채에도 이를 적용하기 시작했다. 1월 달에도 비닐하우스 재배로 딸기를 공급하고, 봄철 딸기와 초여름의 죽순竹筍에서부터 사계절 상품을 준비했다. 사계절로 준비해야 하는 이유는 도시민들이 '그곳에는 언제 가더라도 무언가가 있다'는 생각을 하도록 해야 했기 때문이다.

초기에는 이러한 상품이 잘 선전되지 않아서 어쩔 수 없이 관광회사와 연계하여 손님을 유치했다. 그러나 어느 정도 시간이 지나

---

22) 陸井 眞一·池田志朗(編), 『地域術』(東京 : 晶文社, 1996), pp. 216~222.

자 무려 두 시간 반의 거리에서까지 자가용으로 오는 고객도 있었고, 점점 고정 고객이 늘어나게 됨에 따라 더 이상은 관광회사의 손을 빌리지 않아도 되게 되었다. 이처럼 지역주민들이 스스로 노력하자 행정村도 지원하고자 발을 벗었다. 지방자치단체는 농원촌農園村 내에 관광객의 휴식공간과 농민간의 연락사무소로 활용할 '휴게소(役場)'를 만들어 주었다. 관광객들은 농원촌이 재배하고 있는 작물은 직접 채취하지만, 그 밖에 농원촌에서 취급하지 않는 상품은 직판장 겸용인 휴게소에서 구입할 수 있게 했다. 일반 농가의 농민들도 이곳에 농산물을 납품할 수 있어 도회지의 식탁과 농장을 연결하는 일석이조(一石二鳥)의 네트워크를 구축하는 효과도 거두고 있다.

자치단체는 이러한 네트워크를 더욱 확대하기 위하여 촌 전체에 자연유보도(自然遊步道)를 정비하고, 지역 전래의 사자춤獅子舞 등 전통문화의 보전에도 정성을 기울이는 한편, 역사민속 자료관 등을 정비하여 발길을 머무르도록 하고 있다. 마을의 문화와 시설은 어쩌다가 포도 따기 체험을 하러 온 사람이 얼마 후에는 스스로 버섯을 따러 오게 하는 효과를 발휘했다. 전통과 농업을 주제로 하여 개최되고 있는 각종 이벤트와 축제는 방문하고 싶은 호기심을 증폭시키고 분위기를 고양시키는 선전탑이 되고 있다.

아라가와무라는 다른 농촌체험 마을처럼 소위 '일평농원(一坪農園)'을 경영하고 있다. '일평농원'은 소액으로 몇 평(대개가 2평)의 농지를 빌려 자신이 선택한 작물을 봄철에 파종하고, 9월에는 중간 이벤트, 가을에는 수확을 하는 등 1년간 3회의 이벤트를 하면서 파종과 수확의 기쁨을 나누는 이벤트이다. '일평농원'을 구입하면 마을에서 종자와 퇴비 등을 준비해 준다. 여기에서는 저농약·유기

농법의 실험도 한다. 물론 '일평농원' 그 자체가 큰 수입원이 되는 것은 아니다. 그러나 농촌과 도시가 교류하는 가교로서의 역할은 톡톡히 하고 있다. 한 가족이 최소한 1년에 3차례는 방문하게 하고, 그 가족은 다른 가족을 데리고 와서 농원에서 함께 일하면서 서로가 교류하게 한다. '일평농원'이 도시민간 교류의 징검다리가 되고 있는 것이다.

관광농업으로 성공한 지역에 가보면 그곳의 농農은 감동의 드라마로 전개되고 있으며, 그 땅은 이미 감동의 초원이다. 그곳에는 365일 사람을 불러들이는 품목의 다양화가 구비되어 있고, 보는 즐거움, 사는 즐거움, 먹는 즐거움, 쉬는 즐거움이 있다. 계절 한정, 영세한 규모, 협업화의 부재, 문화콘텐츠의 결여, 체험상품의 부족으로 다시 올 이유가 없는 곳을 만들어 놓고 사람을 기다리는 곳이 아니다. 손님이 와야 할 텐데 하면서 기다리는 곳이 아니라 365일 왜 와야 하는지를 떳떳하게 말할 수 있는 콘텐츠가 있다.

지역이 협업하고 자연의 한계를 극복하여 통년화通年化를 도모한 결과 노력의 연간 배분, 시설의 연간 가동을 가능케 하여 안정된 소득을 올리고 있다. 그리고 시설과 볼거리보다 더 중요한 것을 구비하고 있다. 관민官民 일체로 대응하여 지역 전체의 공존공영을 도모하는 공생형 발전을 추구하고 있는 것이다. 그리하여 지역에 발을 디딘 사람 누구라도 지역사람 모두에게 환영받는 분위기를 만들어 놓고 있다. 아무리 시설이 좋고 다양한 품목이 있어도 지역의 분위기가 나쁘면 고객은 만족하지 않는다는 것을 잘 알고 있는 것이다.

관광농원이나 일평농장과 유사한 '주말농장'은 우리나라에서도 이미 오래 전부터 운영되어 오고 있다. 그러나 우리의 관광농원은 한 두 집의 농가가 개별적으로 관광농원을 설립하여 고립된 가운데 운영하고 있기 때문에 도시와의 연계가 약하고 시설의 이용률이 낮아 경영이 어렵다. 주말농장이 도시인들을 지역과 연계시키고 교류시키기 위한 교차적·종합적인 거점으로도 활용되지 못하고 있다.

위의 사례가 주는 교훈은 간단하다. 내부 구성원의 마음을 모으는 힘이야말로 브랜드를 만들고 가꾸는 가장 중요한 바탕이라는 것이다. 브랜드는 그것을 만드는 사람 스스로가 자긍심을 가질 때 외부 사람들도 그 가치를 공감하게 된다. 따라서 내부 사람들이 확신할 때 외부 사람들도 인정하게 된다. 내부에 있는 인간의 마음을 움직일 수 없거나 그들로부터 신뢰받을 수 없는 브랜드가 외부 사람의 마음을 움직일 리는 없다. 지역에 대한 주민들의 긍지가 강할수록 그것은 외부를 향해 강한 발신력을 가진다. 그리고 밖에서의 높은 평가는 내부 주민들의 만족감과 긍지를 높인다. 결국, 브랜드가 그 속에서 일하는 구성원들에게 자기 조직에 대한 긍지를 갖게 하는 것이다.

Ⅲ. 인격으로서의 지역브랜드 – 일관성

파워브랜드는 일관성一貫性을 가지고 있다. 일관성이란 시간이 지나도 변함없는 것을 말한 것이다. 오랜 세월 동안 같은 신념을 고수해 나간다는 것은 그 자체만으로도 감동적이다. 역사는 그 자체가 힘이다. 우리에게 중요한 것은 끊임없이 새로운 일을 시작하는 것만이 아니라 장기간에 걸쳐 그 일관성을 유지하는 것이다. 브랜드에 있어서의 일관성이란 계속성이라는 시간의 일관성만을 의미하는 것이 아니다. 파워브랜드를 구축하려면 상품 간의 일관성(정합성)도 확립해야 한다. 브랜드가 고유한 꿈(夢)을 가진 것이라면 그 브랜드명을 사용하는 모든 아이템은 동일한 꿈을 공유해야 한다. 뿐만이 아니다. 브랜드에서의 일관성이란 지역브랜드를 관리하는 조직과 마케팅의 일관성(통합성)도 유지해야 한다. 브랜드의 대상과 목표를 설정하고 이를 효율적으로 추진하기 위해서는 브랜드 전략을 일괄하여 담당하는 조직을 만들어야 한다.

일관성을 유지하고 있다는 것은 지역의 개별 프로젝트들이 보다 커다란 전체적인 틀 속에 위치지어지고, 또한 그것이 지역의 생태적·경제적·사회적·문화적인 차원에서 통합된 하나의 철학으로 승화되어 있다는 것을 말한다. 따라서 일관성을 유지하는 지역에 가면 '…답다'는 것을 저절로 느끼게 된다. 모든 소비에 있어서 특히 브랜드를 선호하는 소비에 있어서 수요자들은 나름대로의 질적 수준을 요구한다. 수요자들이 요구하는 질적 수준의 기준은 무엇인가? 그것은 자기 나름대로의 기준에 입각하여 '…답다'라는 생각이 드는 것이다. '…답다'라는 것은 그 분야에 관해서 기대하는 문화가 있다는 것이며, 고유한 모습이 느껴진다는 것이다.

강한 브랜드가 될수록 '그 브랜드의 세계'와 '그 이외의 세계'로 나누는 분명한 경계선을 제시한다. 이 상품은 '…답다.' '그 사람은 …답다'는 것을 분명하게 느끼게 하는 것이 그것이다. 예컨대, 청주가 도시의 브랜드를 구축했다면, 청주에 가면 설명을 듣지 않더라도 청주답다는 것을 저절로 느끼게 될 것이다. 청주답다는 것은 청주의 고유한 풍경이나 인정이 있다는 것이며, 청주에는 청주의 고유한 문화가 있다는 것을 의미한다. '일류식당 답다'는 것은 일류식당에 기대했던 만큼, 그리고 비싼 비용을 지불한 만큼 만족을 얻었다는 뜻이다. '교수답다'라고 하는 것은 연구자로서 지성인으로서의 풍모와 역할을 하고 있다는 것이다. 이렇게 볼 때, 지역브랜드를 만든다는 것은 그곳을 '그곳 답게' 만드는 것을 의미한다.[23]

한 지역의 브랜드는 지역의 이야기, 건물, 경관, 상품, 명소, 명물, 명인 등이 어우러져 만들어지는 것이다. 이처럼 지역브랜드는 기존의 역사와 현재의 모습을 구성하는 일단의 사건과 사람, 그리고 사업과 서비스 및 산품産品의 이미지로 형성된다. 그러나 한 지역이 특정 이미지를 구축하고 그것이 강력한 힘을 발휘하려면 다양한 상품에서 그 브랜드다움을 느끼게 하는 일관된 이미지가 발신되어야 한다. 지역브랜드를 형성하는 개별 테마와 산품이 하나의 통합된 이미지로 귀속될 때 비로소 브랜드로서의 기능을 발휘하기 때문이다.

따라서 각각의 상품(테마)들은 그 자체로서의 아이덴티티를 가지면서도 보다 커다란 전체적인 틀 속으로 통합되어야 한다. 개별 테마들이 생태적·경제적·사회적·문화적인 차원에서 통일된 하나의 철학으로 승화될 때 비로소 브랜드 파워가 형성되기 때문이다. 이처럼 동일한 지방자치단체 내의 여러 하위 브랜드들은 서로 연관되고 일관된 이미지를 가져야 한다.[24] 지역의 다양한 산품들이 일관되고 통합된 이미지를 발신할 때, 그것은 개별산품에서 확보한 성

---

[23] 강형기, 『향부론』(서울: 비봉출판사, 2001), pp.229~230.
[24] 우리나라에서는 지역 전체의 브랜드가 형성되지 못한 상황에서 주로 개별 특산품의 브랜드 개발을 일관된 체계도 없이 산발적으로 추진한 경우가 많았다. 동일한 지방자치단체에서 일관성 없이 개별적으로 난립하는 브랜드가 오히려 지역의 아이덴티티를 어지럽히는 것이다.

공을 상회하는 시너지 효과를 발휘하게 되기 때문이다.

　나비를 지역의 테마로 한 함평군의 브랜드는 우리나라 지역브랜드의 대표적인 성공 사례이다. 일관된 테마를 지키면서도 차별화된 연계상품을 개발하고 있는 함평의 나비브랜드는 함평천에서 개최한 축제를 그 기점으로 한다. 1998년에 20만 명의 관광객을 불러 모았던 나비축제가 생태를 테마로 하면서 널리 알려지기 시작하여 2008년에는 무려 200만 명이 참가하는 대형 축제로 발전했다. 함평군이 만든 나비 전시관과 생태관 등의 거점시설은 새로운 관광객을 불러 모았다.

　친환경을 이미지로 한 '나비 쌀'과 '한우 고기(천지한우)'도 지역을 찾는 관광객들과 이들의 입을 통해 전해들은 도시 고객들의 애용품이 되었고, 나비를 이미지화 한 브랜드 '나르다'로 223종의 상품을 개발하기도 했다. 이러한 상품들이 사용하는 브랜드의 이용료만으로도 2006년 한 해 동안 23억 원의 수익을 올렸다. 함평은 테마의 일관성을 지켜 나가면서도 다양한 연계상품을 적극적으로 개발한 좋은 사례이다.

　테마의 일관성과 연계상품의 다양성은 상기의 모데키쪼(茂木町)의 사례에서도 쉽게 볼 수 있다. 유자브랜드의 성공담은 이웃마을을 자극하기 시작했다. 잎담배 경작 포기로 황폐한 잡초 밭이 되어버린 모데키쪼의 북부에 위치한 마키노지구(牧野地區). 500여 명이었던 마을 사람 중 남아 있던 주민은 280명이었고, 그 절반 이상이 65세가 넘는 고령이었다. 이러한 상황(1997년)에서 더 이상의 농지 황폐화를 막고 무언가 새로운 가능성을 모색하자는 취지로 마을 회의를 열었다. 마을 사람들은 35인으로 구성된 '마키노지구 개발협의회'를 설립했고, 마을의 내버려진 땅에 메밀을 심기로 결정했다.

일 년 후 '메밀 밭 오너제도'를 도입하면서 145명의 '마키노 메밀마을 명예주민'을 유치했다. 연회비 1만 엔을 내는 명예주민들은 50평방미터 메밀밭의 주인이 되어, 메밀과 야채 씨뿌리기(8월), 풀메기(10월), 야채와 메밀 수확제(11월), 메밀 반죽과 요리 체험(12월)에 참여할 수 있다.

그러나 마을에서 생산된 메밀로 메밀분을 만들어 팔았지만 별 소득을 얻을 수 없었다. 궁리 끝에 공동으로 식당을 만들기로 했다. 2003년, 전 가구(70호)에 의견을 물었고, 희망 농가(18가구)가 모여 '메밀의 고향 마키노 협의회'를 발족하여 농가레스토랑 '메밀의 고향 마키노(そばの里まきの)'를 오픈했다. 2005년 한 해 동안 레스토랑에서 식사한 2만6천6백 명의 손님 덕분에 3억 원의 매상고를 올렸다. 평일에는 6명, 그리고 토·일요일은 10명의 동네 사람들이 식당일을 하고 수익은 나누어 갖는다.

'마키노지구 개발협의회'는 2005년에 농사조합법인 '메밀의 고향 마키노(そばの里まきの)'로 개명하고, 메밀영농, 레스토랑, 이벤트, 가공 등을 본격적으로 하기 시작했다. 2006년에는 도치기현(栃木縣)으로부터 보조금을 받아 가공공장을 설립하여 마을 사람 3명을 고용했고, 가린도우(花林糖)라는 메밀과자, 메밀차, 메밀만두, 메밀케이크를 생산하여 팔고 있다.[25] 고령화되고 자원도 없어 보잘 것 없이 버려지고 있던 시골마을. 그러나 이러한 마을에서도 일관된 사업으로 브랜드를 구축한 결과 이제는 누구나 부러워하는 모범마을로 변신한 것이다.

---

25) 上揭書, pp.183~187.

Ⅳ. 심볼로서의 지역브랜드 - 교류성

　브랜드란 그것을 받아들이는 고객의 머리에 떠오르는 '이미지의 총체'로 형성된다. 브랜드란 그 이미지를 보내는 측의 일방적 메시지로 성립하는 것이 아니며, 일정한 고정된 가치를 갖는 것도 아니다. 브랜드의 이미지는 메시지를 보내는 측과 그것을 받아들이는 고객 사이를 부지불식간에 연결하는 무수한 정보의 접점을 통해 형성된다. 지역의 열의, 상품으로서의 매력, 홍보와 유통체계, 사회적 평판, 시간을 두고 쌓아 온 신뢰감 등 지역경영의 전 과정을 통하여 쌓아가는 이미지의 총체로서 지역브랜드가 형성되는 것이다.
　브랜드는 브랜드의 가치를 기반으로 브랜드이미지를 공유하는 사람을 전제로 하는 것이다. 브랜드란 사람들에게 공유되는 '기억의 다발'인 것이다. 브랜드의 이미지는 소비자의 기억 속에 있는 것이며, 그 지각되고 있는 이미지가 공유될 때 비로소 브랜드라고 불리게 되는 것이다. 이렇게 볼 때, 브랜드는 그것을 발신하는 측과 수신하는 측이 약속을 쌓아감으로써 경쟁우위를 확보하려는 경영전략의 하나이다.
　오늘날 지식사회의 진전으로 마케팅 전략도 '상품을 파는 마케팅'에서 기업과 소비자의 '관계를 만드는 마케팅'으로 변하고 있다. 이러한 관계성 구축의 마케팅은 과거와 같이 '기능가치'와 '편익가치'만이 아니라 보다 고차적인 가치(감각가치와 관념가치)를 창조하고 제공해야 한다.[26] 브랜드의 구축은 바로 이러한 필요성에 입

---

[26] 和田充夫 外, 『地域ブランドマネジメント』(東京: 有斐閣, 2009), p.8.

각하여 그 문화적 가치를 제공하는 것이며, 브랜드 마케팅은 바로 문화적 마케팅을 의미하는 것이다.

예컨대, 관광농원을 만들 경우 하드웨어에 투자하는 것만으로는 파워브랜드를 만들 수 없다. 시설로만 경쟁하는 관광농원에서 고객들이 할 수 있는 것은 고작 '보고, 먹고, 노는 것'이다. 따라서 항상 새로운 시설을 만들지 않으면 경쟁하기 어렵다. 고객은 비슷하다면 다른 곳에도 가보고 싶어하기 때문이다. 그러나 같은 시설이라도 그곳에 가면 대화를 할 사람이 있고, 배우는 것이 있으며, 무언가 새로운 것을 만드는 계기가 된다면 이야기는 달라진다. 시설 그 자체보다도 그곳의 정보와 문화가 경쟁력의 기둥이 되기 때문이다. 한 지역의 정보와 문화적 교감에 이끌려 방문하는 것이 반복되면, 그것은 새로운 형태의 교류로 발전하는 강한 동기를 만든다.

우리나라의 여러 지역을 가보면 "○○○의 정비를 통한 관광객 유치로 지역경제의 활성화를 도모하고 주민 생활의 질을 제고시키겠다"는 식으로 지역의 포부를 말하는 곳이 많다. 그러나 지역의 포부대로 성공하는 지역은 거의 없다. 왜 그럴까? 관광객들에게 무엇을 제공하여, 무엇을 공감하고 공유하게 할 것인가 하는 고민이 부족했기 때문이다. 무엇을 팔 것인가를 생각하기도 전에 얼마를 팔겠다며 나선 것이다. 주는 것 없이 받을 생각만 하는 사업이 성공할 리 없다. 브랜드를 구축하려는 경우도 마찬가지다.

브랜드는 그것이 어떤 고객을 대상으로, 어떤 상품(서비스)을 제공하여, 무엇에 공감하도록 하며, 그 가치를 어떻게 공유할 것인지를 분명히 천명할 때 존재하기 시작하는 것이다. 사업의 대상이 되는 고객을 결정하고, 고객에 대하여 구체적으로 어떠한 상품이나 서비스를 제공할 것인지를 결정해야 한다. 그리고 서비스의 지속적인 제공을 위하여 효율적인 사업시스템을 가동할 때 비로소 브랜드가 만들어지는 것이다. 발신자와 수신자(고객) 간의 관계성에서 만들어지는 브랜드 이미지의 특성에서 볼 때 강한 브랜드란 고객의 기대치를 높이고, 그 기대에 대하여 약속을 지켜 신뢰관계가 장기적으로 유지되는 경우이다. 브랜드란 실체도 없는 표층적인 이미지를 떠올리게 하는 것이 아니다. 실체가 없는 이미지 캠페인으로 브랜드를 구축하려고 한다면, 일시적으로는 성공했다고 할지라도 어쩔 수 없이 단명할 수밖에 없다.

브랜드는 흔들리지 않는 정신적인 인과관계와 강한 신뢰관계의 결과로 축성되는 것이다. 고객들은 떠오르는 기억을 집적시켜 나가면서 브랜드의 기대를 키워나가기 때문이다. 따라서 지역은 스스로 투영한 의사와 약속을 성실히 완수해 나감으로써 고객의 기대를 증폭시켜 나가야 한다. 기대를 저버리지 않고, 약속을 지키면서, 새로운 기대를 하게 하는 선순환 속에서 브랜드의 가치는 커진다. 브랜드란 시간이 지나면 자연발생적으로 만들어지는 것이 아니라 관계하는 사람들의 노력에 의하여 축성되는 것이기 때문이다.

기업은 고객에게 판매하는 최초의 상품을 중요시 하는 것 이상으로 판매 후에도 서비스 제공과 고객의 부가가치 창출에 최선을 다해야 한다. 서비스가 나쁘면 브랜드의 가치, 즉 상품의 평판이 나빠지고 신뢰도를 상실하게 되는 것이다. 새로운 고객을 만드는 것보다도 더 중요한 것은 기존의 고객을 붙잡는 것이다. 기업의 고도성장기에 해당하는 것이 도시의 지속적 인구증가 시대이다. 그러나 21세기에 들어와서 아주 예외적인 도시를 제외하고는 인구와 방문객이 저절로 늘어나는 곳은 거의 없다. 절대 인구가 감소할 전망인 우리나라의 경우, 모든 도시는 방문한 사람이 다시 방문하게 하는 지속적인 관계구축에 사활을 걸어야 한다.

  서비스는 사람이 창조하는 것이다. 그것은 고객과의 접점인 서비스의 질을 어떻게 컨트롤할 것인가에 달린 것이다. 그러나 이해관계자가 다양한 도시 브랜드의 경우 이러한 컨트롤이 간단하지 않다.[27] 지역 브랜드는 그 브랜드력을 높이려고 노력하는 사람이 얼마나 많은가에 따라서 경쟁력이 결정된다. 도시 브랜드의 구축이라는 과업은 전방위적으로 그리고 전 구성원이 동참해야 하는 과업인 것이다. 그러나 동일한 목적을 가진 집단인 기업과 달리 한 도시에서 동일한 방향을 보고 공감하며 미래를 공유하려는 사람을 육성하기란 쉬운 일이 아니다. 우리는 우리의 과제가 이러할수록 더욱 분발하고 노력해야 하는 것이다.

제4절 지역브랜드의 홍보와 관리

  '지역' 이라는 말은 그것을 말하는 사람도 듣는 사람도 실로 다양한 뜻으로 사용한다. 지역이란 말을 다양한 의미로 해석할 수 있다는 것은 '지역' 이 어떤 구체적인 존재이기보다는 하나의 '허상' 으로 존재하는 경우가 많기 때문이다. 지방자치단체는 법인격을 가진 존재이고, 특정한 건물과 전속 공무원을 보유하고 있는 실체적인

---

[27] 關滿博 · 財團法人日本都市センター, 『新「地域」ブラ」ンド戰略(東京: 日經廣告硏究所, 2007), p.167.

존재이다. 그러나 지방자치단체가 존재하는 '지역'이란 어디까지나 그것을 필요로 하는 사람의 상황에 따라 상대적으로 규정되는 개념이다. '지역'은 사람의 마음속에 존재하는 것이며, 마음속의 이미지로 존속하는 것이다. 따라서 '지역'은 허상과 상상으로서 존재하는 것이다.

지역의 브랜드매니지먼트는 인간의 마음속에 존재하는 지역의 이미지를 경영하려는, 즉 지역경영의 이미지 전략이다. 브랜드의 경영은 브랜드를 구축하고, 브랜드 커뮤니케이션을 통하여 마케팅을 해 나가는 일련의 활동을 말하는 것이다. 브랜드란 사람들에게 공유되는 '기억의 다발'이며, 소비자의 기억 속에 있는 이미지로 존재하는 것이다. 따라서 궁극의 브랜드는 소비자가 규정하는 것이다. 브랜드 매니지먼트란 브랜드의 '수신자'가 인식하는 브랜드 이미지와 '발신자'가 의도한 브랜드이미지가 합치하도록 하려는 경영활동인 것이다.[28]

Ⅰ. 지역브랜드 커뮤니케이션

지역브랜드 전략의 목표는 '가고 싶고, 교류하고 싶고, 머무르고 싶은 곳, 그리고 살고 싶은' 지역을 만드는 것이다. 브랜드를 통하여 사람들이 지역에 관심을 가지게 하고, 방문자들이 다시 오도록 하려는 전략인 것이다. 이러한 전략이 성공하기 위해서는 브랜

---

[28] 片平秀貴, 『パワブランドの本質』(東京: ダイヤモンド社, 2004), pp.89~95.

드의 발신자가 의도하는 대로 수신자가 브랜드의 이미지를 받아들이도록 해야 한다. 이를 위해 정립된 브랜드를 수신자에게 전달하는 적절한 브랜드 커뮤니케이션 전략이 필요한 것이다.

커뮤니케이션 전략은 그 나름대로의 시나리오를 입안하여 추진해야 한다. 특히 지역 내방자來訪者가 지역과 관계하는 일련의 행동과정을 이해하고 추진해야 하는 것이다. 〈그림 3-6〉은 내방자들의 일반적인 행동과정을 도식화하고, 이와 관련된 정보의 흐름을 정리한 것이다. 이 모델은 최근 정보 접점의 주류가 되고 있는 웹 시대의 새로운 커뮤니케이션 모델에 지역 나름의 체험과 관계성을 가미한 것이다.

[그림 3-6] 고객의 행동결정 프로세스와 홍보매체

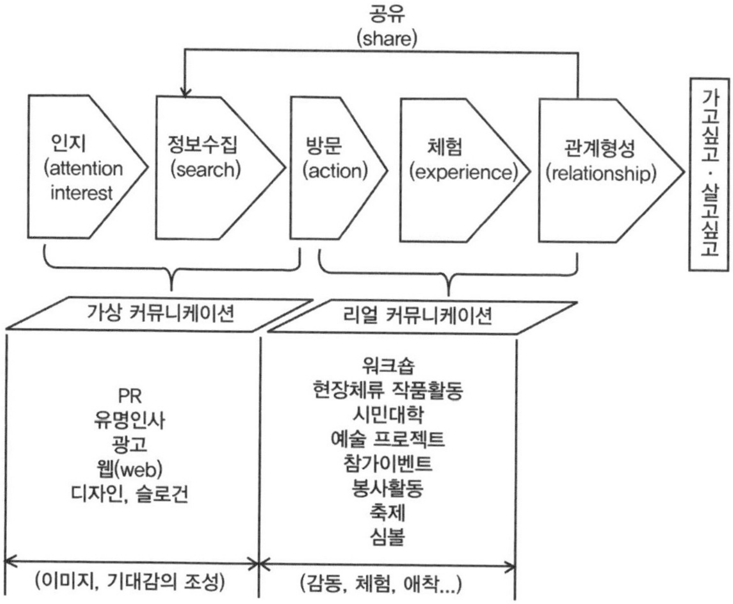

```
                        공유
                       (share)
    ┌──────────────────────────────────────────┐
    ↓                                          │
  인지      →  정보수집  →   방문    →   체험    →  관계형성   →  가고싶고
(attention     (search)    (action)   (experience)  (relationship)   ·살고싶고
 interest)

  └──가상 커뮤니케이션──┘   └────리얼 커뮤니케이션────┘

      PR                        워크숍
    유명인사                  현장체류 작품활동
      광고                       시민대학
    웹(web)                   예술 프로젝트
  디자인, 슬로건               참가이벤트
                                봉사활동
                                  축제
                                  심볼

  (이미지, 기대감의 조성)      (감동, 체험, 애착...)
```

그림에 의하면, 지역의 존재를 '알게 된 것'에서 커뮤니케이션은 시작된다. 다른 사람들과의 대화 또는 신문이나 텔레비전, 그리고 잡지나 소설 등 다양한 접점에서의 정보 입수를 통해 그 지역에 대하여 흥미를 가지게 된 것이다. 최근의 소비자들은 흥미를 가지게 되면 먼저 인터넷으로 검색을 하는 경향이 있다. 검색 결과 지역에 대한 지식을 갖게 되고, 좋은 이미지를 갖게 되면 그 지역에 가보고 싶게 되고 실제로 방문하게 된다. 방문하여 그 지역에서 체험한 결과가 기대한 것처럼 좋으면 '다시 오고 싶은 마음'이 들게 되는 것이다.[29]

사람들은 특정지역에서 고유한 체험을 함으로써 그 지역의 가치와 감동을 느끼게 된다. 그러나 이러한 한계를 보완하고 지역의 가능성을 넓혀 가는 것이 바로 가상假想 커뮤니케이션이다. 지역은 웹사이트를 통해 지역에서의 감동체험을 영상과 음향으로 발신함으로써 의사체험(疑似體驗)을 하게 하고, 지역브랜드 컨셉을 이해하게 할 수 있다. 웹사이트를 통해 지역에 대한 기대감을 키움으로써 실제 커뮤니케이션(현장에서의 체험)의 길을 여는 것이 필요한 것이다. 웹사이트는 아직 체험을 하지 않은 사람에게는 기대감을 주는 것이며, 체험을 한 사람에게는 애착을 형성하는 장으로서 기능한다.

최근의 소비자들은 텔레비전, 신문, 잡지, 지인 간의 대화나 소개라는 전통적인 매체와 더불어 웹상의 정보에 크게 의존하여 지역에 대한 이미지를 형성한다. 즉, 포털사이트를 통한 정보입수는 물론이고, 특정 지역이나 테마에 대하여 공통의 관심을 가진 사람들 간의 정보교류의 장場인 커뮤니티 사이트는 참여자들에 의하여 정

---

[29] 和田充夫 外, 『地域ブランドマネジメント』(東京: 有斐閣, 2009), pp. 136~137.

보가 공동 편집된 집합지集合知를 형성한다는 점에서 주목할 필요가 있다. 주관적이지만 개인적인 체험담이나 경험을 리얼리티하게 전파하는 통로인 블로그도 적극 활용해야 한다. 유력한 블로거가 지역을 체험하게 한 후, 그 체험에 의한 정보 전파를 의도적으로 기획하는 경우 등을 생각해 볼 수 있다.

아무리 좋은 제품을 만들어도 사는 사람이 있어야 상품이다. 지역도 마찬가지다. 그러나 사고 싶고, 방문하고 싶도록 고객의 마음을 움직이는 것은 기본가치(기능가치)와 경제가치(편익가치)만으로는 충분하지 못하다. 감성을 자극하고 지역의 스토리를 발신하여 공감하고 공유하는 관념가치를 만들어야 한다. 그리고 다양한 매체를 통해 정보를 발신하는 것만이 아니라 문화예술인 등을 투입하여 이벤트와 퍼포먼스를 연출하는 것도 필요하다. 제3자적인 입장에서 신뢰할 수 있는 일관된 지역정보를 제공해야 하는 것이다.

그러나 지역브랜드 커뮤니케이션 전략에 있어서 가장 중요한 것은 역시 지역 그 자체가 제공하는 다양한 가치이다. 예컨대, 지역의 식당에서 맛볼 수 있는 음식도 단지 상품으로서 제공하는 것만이 아니라 자연생태계 농업을 표방한 결과로서의 유기야채로 만든 식문화를 체험하는 것이라면 그것만으로도 하나의 브랜드 구성요소가 된다. 또한, 그 지역다움을 체감할 수 있는 차별화 꺼리에서 새로운 감동으로 공감하고 공유하는 시간으로 끌어들이는 마을의 축제도 중요한 자산이다.

지역에 매력적인 거리가 있고, 풍요로운 자연자원이 있다는 것만으로 외부 사람들이 지역에 올 것이라고 기대할 수는 없다. 마을의 미술관이나 박물관을 활용해도 좋다. 머리로 이해하기보다는 보고, 만지며, 즐기는 가운데 다양한 자극과 상상을 불러오는 체험형 이벤트를 개최하는 것도 중요하다. 다양한 방법으로, 그리고 오감으로 느낄 수 있는 모든 방법으로 외부 사람이 지역과 인연을 맺고 또 다시 오도록 하는 계기를 만들어야 한다. 그래서 지역 고유의 감동을 체험할 수 있게 해야 한다. 만약 그러한 조건을 구비하지 못한 곳이라면 그곳은 지역브랜드의 반열에 오를 수 없는 지역인 것이다.

Ⅱ. 지역 브랜드의 관리와 혁신

인간의 기호는 끊임없이 변한다. 아무리 인기 있는 것이라 하더라도 끊임없이 그 매력도를 높여가지 않으면 현재의 우위성을 유지하기 어렵다. 브랜드가 파워를 유지한다는 것은 그 인기도를 지속적으로 유지한다는 것이다. 파워 있는 브랜드란 영속되는 생명력을 가지고 언제까지나 그것만이 가진 고유한 매력을 발신하는 것이다.

브랜드의 경영자는 스스로가 꿈꾸는 브랜드 세계를 가지고 있어야 한다. 그 세계는 시대와 사회의 흐름 속에서 자신의 위치를 설정하고, 그곳에서 어떠한 3차원의 세계를 만들어 나갈 것인지를 선명하게 그리는 것으로 성립하는 것이다. 그리고 시시각각 변화하는 사회에 지체 없이 대응해서 미래에는 자신들이 어떻게 존재해야 할 것인가를 적시에 그려 나가는 능력이 필요한 것이다. 세상에서 그 파워를 유지하고 있는 유명브랜드를 살펴보면 그 모두가 하나의 꿈을 일관되게 추구하면서도 혁신적으로 접근한다는 것을 알 수 있다. 일관성과 혁신성은 일견 서로 배치된 것처럼 보일 수도 있다.

그러나 일관되게 하나의 꿈을 추구하는 것과 그 꿈을 향하여 지속적으로 전진하는 것은 양립하는 것이다. 하나의 일관된 이념 하에 끊임없이 새로움을 더해 나가는 것이야 말로 강한 브랜드의 기본요소인 것이다.

파워브랜드가 혁신적이라는 것은 세 가지 의미를 가진다. 새로운 기술을 도입하고 적용하는 데 소홀하지 않는 기술의 선진성先進性을 유지해야 하며, 새로운 가능성에 도전하는 조직풍토의 경작에 적극적인, 즉 조직의 선취성先取性이 있어야 한다. 지역이 처한 내외적인 환경에 적절히 대처할 수 있는 경영능력의 함양을 게을리 하지 않는 경영자의 선견성先見性도 있어야 한다.30)

기술의 선진성이란 무엇인가. 시장을 선도하는 파워브랜드의 공통점은 기술적·기능적인 우위성을 유지하기 위하여 끊임없이 노력함으로써 상품의 차별성을 착실히 축적하고 있다는 점이다. 브랜드가 파워를 유지한다는 것은, 현재의 우위성에 만족하지 않고 앞으로도 그 기술의 선진성을 리드해 나갈 수 있도록 노력하는 열의가 충만하다는 것을 의미한다. 기술의 선진성을 리드해 나가기 위해서는 겉보기에는 같아 보여도 그 내용을 끊임없이 개선해 나가야 한다. 메르세데스 벤츠 이코노미 클래스가 11년간(1984~1995) 동일한 모델로 출시되었다. 그러나 처음 출시된 것과 마지막으로 출시된 것을 비교하면 전연 다른 자동차라고 한다. 외견은 같은 모델이지만 끊임없이 개선해 왔던 것이다.

파워브랜드를 일구고 유지하려면 조직의 선취성도 필수요건이다. 파워브랜드를 일구는 사람들이 좋아하는 말 중의 하나는 프로

---

30) 片平秀貴, 『パワブランドの本質』(東京 : ダイヤモンド社, 2004), pp.89~95.

액티브(proactive : 先取能動的)이다. 이는 리액티브(reactive : 待機反應的)의 반대어이다. 프로액티브한 조직은 현재의 연장선상에서 미래를 보지 않고, 미래의 필요성에서 현재의 행동반경을 정한다. 이러한 조직에서는 도전하지 않아서 문책을 당하는 경우는 있어도, 도전해서 실패한 것으로 문책을 당하지는 않는다. 따라서 그 구성원들은 '만약 잘못되면 어떻게 하지'를 고민하지 않고 '그것까지 대비하려면 무엇을 해야 할까'를 연구한다. 이러한 조직의 경영자는 자신의 역할이 보스로서가 아니라 '동기부여의 총책임자' 임을 행동으로 보여 준다.

다음은 세계적인 브랜드를 일군 나이키사 회장의 말이다.

"우리에게 돈은 없어도 스포츠에 대한 열의만은 뜨거웠다. 그 열의는 우리가 불가능에 도전할 수 있게끔 마음을 북돋우었다. 초기의 우리 종업원들은 대부분이 육상선수 출신들이었다. 그들 모두는 이기려면 어떻게 해야 하는지를 알고 있었다. 정말 할 수 있다고 생각하면 어떻게든 이루어지며, 글렀다고 마음먹으면 그것으로 끝장이라는 것을 알고 있었다. 1971년, 나이키를 창업할 때 아디다스의 매상고는 우리의 2,000배였다. 그때 '아디다스를 능가하자!'고 말했다면 아마 제정신이 아닌 인간이라고 생각했겠지만, 실제로 나는 그렇게 될 것이라고 생각했다. 오늘 나이키가 이만큼 성공을 거둔 것은 운이 따랐기 때문이다. 그러나 아무것도 도전하지 않는 사람에게는 운이 따를 수 없다. 조직에 따라서는 종업원들이 문책이 두려워 아무 것도 하지 않으려는 경우가 있다. 실패에 따른 문책이 두려우면 누구도 위험을 무릅쓰려고 하지 않는다. 그러나 나이키에서는 도전하지 않아서 문책을 당한 경우는 있어도, 도전해서 실패한 것으로 문책당한 경우는 없다."31)

평범한 사람들이 보기에는 불가능해 보이는 것을 달성하려고 도전하는 것, 그것이야말로 성장의 비결이다. 누구나 할 수 있는 것을 성실히 수행하는 것만으로는 시장에서 이길 수 없다. 언제나 새로운 가능성을 꿈꾸며 지혜를 짜내고, 실험정신으로 임하면서, 혁신을 실천해야 한다. 성장의 비결은 바로 여기에 있다.

브랜드의 혁신은 경영자의 선견성에서 시작하는 것이다. 선견성이란 비전을 말한다. 경영자의 머릿속에는 10년 후의 세상이 선명하게 그려지고, 그러한 그림 속에서 새로운 상품이 떠올라야 한다. '비전이 중요하다'는 말은 누구나 한다. 비전이란 눈에 보이는 미래이다. 따라서 경영자의 눈에는 미래에 성취해야 할 그림이 그려져야 한다. 끊임없는 연구와 개발, 그리고 지속적인 아이디어의 배출을 통해 그리는 새로운 그림은 소비자들에게 감탄과 기쁨을 줄 수 있는 원동력이다.

따라서 상황이 어려워질수록 미래에 대한 그림을 그리고 그것을 공유하는 것이 아주 중요하다. 이처럼 파워 브랜드와 그렇지 못한 브랜드를 구별하는 하나의 기준은 경영자가 브랜드의 미래를 선명하게 그려내는 능력인 것이다. 그러나 그러한 작업은 객관적, 논리적 상황판단과 더불어 풍부한 상상력, 그리고 강력한 의지를 필요로 하는 것이기 때문에 간단한 일이 아니다.

브랜드를 형성하는 일단의 아이디어가 주목을 받고 성공하면 많은 곳에서 모방을 하게 된다. 모방을 하여 나중에 시작한 곳에서

---

31) 上揭書, pp.66~71.

더 충실한 투자를 할 수도 있다. 창업보다도 수성守成이 더 어려운 이유가 여기에 있다. 따라서 다른 곳에서 모방할 수 없는 브랜드를 발굴할 수 있다면 더할 나위 없이 좋다. 모방할 수 없다는 것은 '넘버 원'이 아니라 '온리 원'을 추구했기 때문이다. '온리 원'은 모방을 용납하지 않는다. 그러나 세상에 모방할 수 없는 테마란 거의 존재하지 않는다.

'온리 원'을 유지한다는 것은 과거의 모습을 그냥 그대로 냉동보관하는 것이 아니다. 브랜드의 생명은 축적된 전통으로 고유성을 유지하면서도 창조성을 가미해 새로움을 더해 갈 때 유지된다. 브랜드의 파워는 기술적·기능적인 우위성을 추구하여 차별성을 착실히 축적해 나갈 때 유지되는 것이다. 브랜드는 하루아침에 만들어지는 것이 아니다. 시간이 흐르면 자연발생적으로 만들어지는 것도 아니다.

브랜드는 그것만이 가진 고유한 매력을 끊임없이 개발하고 새로움을 더해 가지 않으면 하루아침에 무너질 수도 있다. 따라서 흘러가는 시간의 경과와 함께 의식적인 노력으로 그 가치를 재구축해 나가야 하는 것이다. 브랜드도 다른 생명체와 마찬가지로 도입기 ― 성장기 ― 성숙기 ― 쇠퇴기라는 사이클을 가진다. 아무리 멋진 브랜드로 출발했다고 하더라도 언젠가는 성장을 멈추고 쇠퇴의 길로 들어서게 된다. 따라서 쇠퇴기에 들어서기 전에 지혜를 동원하여 새로운 요소를 투입함으로써 지속가능한 브랜드로 거듭나게 해야 한다.

브랜드의 구축은 상품을 파는 것으로 종료되는 것이 아니다. 고객과의 지속적인 관계가 이익을 낳게 하는 것이다. 산품産品에 대한 수요가 끊임없이 증가하는 고도 성장기라면 물건을 만들어 파는 것으로도 생존하고 성장할 수 있다. 그러나 오늘날을 살아가는 기본자세는 일회성으로 팔고 그치는 것이어서는 안 된다. 고객과 지속적인 관계를 구축하고 유지해 나가야 한다. 제품의 품질만이 아니라 서비스의 품질도 향상시키려고 노력하는 것이야말로 경영의 기본인 것이다.

한 지역이 그 지역의 산물을 다른 지역에 팔게 되면 소비자의 입소문으로 상품이 선전되고 알려진다. 그리고 소비한 상품이 마음에 들어서 그 지역으로 구매여행이나 관광을 오게 되고, 그것이 계기가 되어 여러 차례에 걸쳐 다시 오게 된다. 만약 이러한 왕래를 계기로 이사까지 하게 된다면 그것은 최상의 브랜드이다. 이처럼 도시의 브랜드는 한 번 팔고 그것으로 종료되는 상품이 아니라 오랜 시간을 투자하고 노력을 들여 구축해 나가야 하는 것이다.

브랜드는 그것이 성공을 거두어 수요가 많아지면 새로운 문제를 발생시킨다. 브랜드가 성공하기 시작하면 양적인 확대전략으로 대응하게 된다. 그러나 이러한 전략이 서비스의 '희소가치'를 줄여 브랜드력을 저하시키는 원인이 되어서는 안 된다. 브랜드의 크기는 동경憧憬의 크기이며, 희소가치야말로 부가가치를 약속하는 보증인이다. 공급의 양과 속도를 줄이더라도 희소가치를 지켜야 하는 것이다. 끊임없이 고객들에게 기아감飢餓感을 불러 일으켜 그것을 체험하고 갖고 싶은 마음이 증폭되도록 연출해야 한다. 그리하여 열광적인 브랜드로열티를 만들어 나가는 것이야말로 성공으로 가는 유일한 길이다. 열광적 브랜드로열티야말로 꾸준히 새로운 고객을 만들고, 최종적으로는 독자의 시장을 창조하여 모방도 라이벌의 침입도 허용하지 않게 하는 것이다.[32]

---

32) 細野助博, 『中心市街地の成功方程式』(東京 : 時事通信出版局, 2007),

pp.134~135.

제 4 장
자원의 창조적 발굴과 개발

지역을 새롭게 창조하는 출발은 상상력에 토대하여 새로운 자원을 발굴하는 것이다. 지역을 새롭게 창조해 나간다는 것은 그 지역이 활용할 수 있는 자원을 발굴하고 이를 창조적으로 개발하는 것이기 때문이다. 지역의 자원을 발견하고 발굴하여 창조적으로 활용하기 위해서는 세 가지를 읽고 이를 융합해 나가야 한다. 시대의 시장市場을 읽어 가능성을 찾아내고, 장소場所를 읽어 자원을 발굴하며, 인재人材를 모아 그 연대와 협력으로 새로운 원동력을 창조해야 하는 것이다.

맹자孟子는 경쟁에서 이기려면 '天의 時'를 잘 활용해야 하지만 '天의 時'가 아무리 중요하다고 해도 '地의 利'에 비할 수는 없다고 했다. 여기에서 '天의 時'를 국제정세와 국가의 정책을 포함한 외부적 환경이라고 한다면, '地의 利'는 입지적 조건을 포함한 내부적 환경이다. 국가의 정책과 세계경제의 흐름 같은 외부조건은 내부조건에 따라서 그 의미가 달라진다. 외부환경을 알아야 하는 것은 내부적 조건을 효율적으로 활용하기 위해서다. 따라서 내부를 모른다면 외부를 알아도 소용이 없.

맹자는 가르치고 있다.

"사방이 3리 밖에 안 되고 외곽이 7리 밖에 안 되는 작은 성을 포위하고 공격해도 이기지 못하는 경우가 있다. 그것을 포위하고 공격하고 있다면 이미 틀림없이 天의 時를 얻었을 것이다. 그런데도 이기지 못한다면, 그것은 하늘이 내려준 시운天時이 그곳의 입지적 이점地利보다 크지 못하기 때문이다. 반면에, 성곽이 견고하고 무기와 식량이 충분한데도 군사들이 성을 포기하고 도망가는 경우가 있다. 그것은 유리한 지세地利가 인화人和보다 못하기 때문이다."(天時不如地利也. 地利不如人和也.)(〈孟子ㆍ公孫丑下〉).

세상을 경영하려면 그 어떠한 자원보다도 사람의 마음을 얻어야 한다. 성공과 실패는 시대의 흐름과 조직이 가지고 있는 유형의 자원으로 결정되는 것이 아니다. 유형적 자원보다도 더 중요한 것은 구성원들이 어떤 생각과 자세로 대응하느냐 하는 것이다. 지역창생의 과업에서도 예외는 없다.

제1절 수요와 가능성의 탐색 – 天의 時를 읽어라

Ⅰ. 시대의 눈으로 창조하는 지역자원

지역의 자원[1]을 발굴하여 그 가치를 개발하고 또한 개발의 가치를 높이려면 시대의 흐름을 읽어야 한다. 기회는 시대의 수요가 창출하는 것이다. 우리가 살아가는 세상은 지금까지 우리가 경험하지 못했던 방식으로 변해 가고 있다. 기술의 진보에 따라 공간과 시간에 대한 개념이 바뀌었다. 공간의 의미도 사람들이 멀리 떨어진 세계에서 가상적인 참여를 가능하게 하는 것에 의해서 달라지고 있다. 공동체의 의미가 퇴색되고 가치관의 다양화가 진전되면서 지금

---

[1] 자원資源이란 무엇을 말하는가? 넓은 의미에서 볼 때, 자원이란 인간의 활동에 이용가능한 유형·무형의 일체적 요소를 말한다. 이 지구상에 존재하는 모든 자원을 활용할 수 있는 것은 아니다. 이용기술의 상황, 인간의 욕구와 수요, 이를 둘러싼 사회경제 시스템 등에 의하여 그 이용 대상이 결정되는 것이다. 그렇다면 그러한 요소 중에서 지역자원이란 무엇을 의미하는가? 지역자원이란 지역의 조건과 자연자원 및 인문자원 그리고 지역의 특산적 자원과 중간생산물을 말한다.
　지역조건에는 강수량, 온도, 바람 등과 같은 기후적 조건과 지질, 지세, 위치와 같은 지리적 조건, 그리고 인구의 분포나 구성과 같은 인간적 조건이 있다. 자연자원에는 원생림이나 자연초지 등의 원생적 자연자원, 인공림이나 농지 등의 2차적 자연자원, 생물자원, 광물자원, 에너지, 수자원, 풍경이나 경관 등의 환경자원이 있다. 인문자원에는 역사자원, 전통문화나 예능과 같은 사회문화적 자원, 구조물이나 가옥 또는 공원 등의 인공시설 자원, 노동력이나 기술 또는 지적자원 등의 인적자원, 지혜나 노하우 등의 정보자원이 있다. 특산적 자원이란 지역에서 생산된 농수산물이나 그 가공품 등을 말하며, 중간생산물이란 산업폐기물이나 간벌재와 같은 부수적·순환적 자원을 말한다.(三井總合硏究所, 『地域資源』(東京: ぎょせい, 2003), pp.2~6.)

까지 힘을 발휘하던 규범의 지적 경계선도 허물어지고 있다.

우리는 말 그대로 글로벌화된 세상을 살고 있다. 단일민족을 앞세워 동질성을 강조하던 마을들은 이제 다민족의 다문화多文化가 공존하지 않으면 존속할 수 없게 되었다. 수만 키로 떨어진 이름도 모르는 어떤 나라의 보다 값싼 노동력이 우리 지역의 공장 문을 닫게도 한다. 수송과 통신수단의 혁명적 발전은 청바지 한 벌을 만드는 데에 소요되는 부품도 여러 나라에서 납품받는 시대를 만들었다. 헐리우드에서 디자인된 월트 디즈니의 애니메이션이 아시아의 도시에서 마무리되고, 선진국의 도서관 목록을 작성하는 일거리를 따기 위해 개발도상국의 도시들이 경합한다. 아침 뉴스로 전해진 미국의 주식시장 소식은 그냥 그대로 우리의 주식가격에 연동되고, 중동에서 일어나는 사건의 무게를 출근길 주유소에서 직감한다.

이러한 시대에 지역이 살아남고 또 번영하려면 어떻게 해야 하는가? 시대의 흐름을 읽어야 한다. 발전의 가능성은 시대의 시장에 있다. 시대의 사람들은 무엇을 생각하고 무엇을 필요로 하는지를 읽어야 한다. 지금 우리는 어떤 시대에 살고 있으며, 이 시대를 살아가기 위해서는 어떻게 해야 하는가. 세상이 어떻게 변하고 있으며, 국가정책의 기조와 시대의 주인공들은 무엇을 요구하고 있는지를 알아야 한다. 시대를 읽고 소비자가 기대하는 그 무엇을 찾아내야 한다.

지역을 새롭게 창조하여 미래를 개척하려면 세상 사람들은 지금 무엇을 바라며 앞으로는 무엇을 필요로 하게 될 것인지를 읽어야 한다. 그리고 미래의 세대들이 무엇을 기대하며 무엇을 꿈꾸고 있는지도 읽어야 한다. 사람들이 품고 있는 추상적이고 막연한 수요를 구체적인 모습으로 형상화 시켜야 한다. 지역과 세상에 공기처럼 퍼져 있는 막연한 욕구와 희망을 결집하여 유형적인 정책으로 구체화해야 한다. 그리고 이를 구체적인 시책으로 전환시킨 다음 사업으로 실현할 수 있어야 한다.

앞으로 세계의 시민들은 어떠한 일을 직업으로 삼고 살아갈 전망인지, 지역의 사람들은 어떤 일을 직업으로 하여 살아갈 수 있을까를 상상해 보자. 선진국에서는 서비스업에 종사하는 사람의 수가 늘어나고 있다. 반대로 제조업이 만들어내는 부가가치와 제조업에 종사하는 종업원의 수는 줄어들고 있다. 세계 전체를 보더라도 제조업에 종사하는 사람의 절대 수는 줄어들고 있다.[2] 우리나라의 시간당 임금은 중국과 인도에 비해 월등히 높다. 중국과 인도에서 만들지 못하는 것을 만드는 차이화差異化 전략을 세우거나 그들보다 월등히 높은 생산성을 갖는 차별성으로 경쟁해야 한다.

이러한 시대상황에서 창조라는 말은 신화처럼 우리의 마음을 끌고 있다. 우리가 문화와 창조성이라는 창문으로 정책을 탐색하고 문화와 창조성이라는 모자를 쓴 정책을 만들어야 하는 이유는 간단하다. 경제와 사회의 생산양식이 전면적으로 바뀌었기 때문이다. 매뉴얼이나 시스템에 종속된 대량생산·대량소비에 의하여 미증유의 도시화가 진행된 20세기가 종말을 고했다. 인간 개개인과 지역 그리고 도시가 가지고 있는 창조 작용이 작동하지 않으면 경제는 정체되고 도시는 발전하지 못하는 시대에 진입했다.

20세기는 대량생산·대량소비에 기초한 공업화의 세기, 그리고 대기업 중심의 경제체제와 큰 정부의 시대였다. 그러나 21세기는 창조성이 넘치고 감성이 풍부한 선단적인 아이디어를 창출하는 사

---

[2] 鹽澤由典 · 小長谷一之(編), 『創造都市への戰略』(東京 : 晃洋書房, 2007), pp.3~4.

람이 주체가 된다. 지식과 정보를 기반으로 한 지식경제 사회가 된 것이다. 거대기업과 대규모 공장이 아니라 창조적인 활동을 수행하는 시민과 작지만 창조적인 사업을 수행하는 기업이 모이는 도시가 발전한다. 예술문화가 가지는 창조성과 첨단과학기술의 창조성이라는 두 가지의 창조성 사이에 상승효과가 작용하는 공간과 시간을 만들어야 한다. 지역정책의 중심에 문화와 창조성이 자리 잡게 된 것은 이러한 배경 때문이다.

Ⅱ. 슈퍼고객의 눈으로 발굴하는 지역자원

문화적 발상으로 지역을 경작하려는 것은 그 토지에서만 가능한 고유한 발상으로 미래를 개척하려는 것이다. 문화적 발상으로 지역을 재창조하려면 제도의 틀 속에서 발상하고, 예산이 있어야 사업을 구상하며, 권한이 있어야 활동을 했던 예산소화 행정과 결별해야 한다. 상상과 이상을 실현하기 위해 제도를 설계하고, 사업을 위해 예산을 만들어야 한다. 필요한 활동을 위하여 권한을 만들어내는 경영능력도 발휘해야 한다. '인식의 틀'을 바꾸어야 한다. 자신의 지위와 직무, 주요한 아이디어를 생각하는 방식을 근본적으로 재평가하고 전환해야 한다. 넓은 세계에 대한 성찰을 통해 시야를 넓혀야 한다.

지역을 새롭게 창조해 나간다는 것은 강점은 키우고 약점은 개성으로 승화시킨다는 것이다. 강점을 활용하고 약점을 보완함으로써 미래의 성을 쌓아야 한다. 미래의 성은 오늘의 선택과 행동으로 쌓아가는 것이다. 그러나 침체하고 있는 지역의 공통점은 현실을 직시하지 못하고 단지 과거의 연장선으로서의 미래를 바라본다는 점이다. 그리하여 그들은 언제나 또 하나의 문제에 빠져서 내일의 기회가 아닌 어제의 문제를 처리하는 데 힘을 소진한다. 반면, 성공하고 있는 지역에 가보면 그들은 현재에 머물러 있기보다는 변화를 주시하고 새로운 미래에 대비하느라 바쁘다.

시대의 변화를 적확(的確)히 포착하여 지금까지의 경향에 발목 잡히지 말아야 한다. 이를 위해서는 고객을 초월한 고객이 되어야 한다. 고객과 마주 보고 대화하는 것으로는 부족하다. 고객에게 '무엇이 필요합니까?'라고 질문해서 문제를 해결하려고 한다면 고객을 앞선 고객이 될 수 없다. 고객을 초월한 고객의 눈으로 지역을 바라보면서 선견적인 대응을 해야 한다. 워크맨이 MP3로 바뀌고, MP3가 스마트폰으로 바뀌었다. 이제 스마트폰도 또 다른 무언가로 바뀔 것이다. 미리 정해진 것은 없다. 시장에서의 승자는 고객을 초월한 고객이 되어 고객의 수요를 선도함으로써 최고의 브랜드를 만드는 것이다.

신발회사 나이키(NIKE)의 사례를 보자.[3]

1972년, 당시 아디다스사의 2000분의 1에 불과했던 나이키의 임직원들은 머지않아 그들이 아디다스를 능가할 것이라고 자신했다. 그들의 눈으로 볼 때, 아디다스사는 신발메이커로서 해야 할 일을 다 하지 않고 있었기 때문이다. 거의 대부분이 운동선수 출신이었던 나이키의 종업원들은 '운동에서 이기려면 어떻게 해야 할지'를 잘 알고 있었다. 이길 것 같은 자신감이 있으면 어떻게 하든 이기지

---

[3] 片平秀貴, 『パワブランドの本質』(東京 : ダイヤモンド社, 2004), pp. 64~65.

만, 틀렸다 싶은 생각이 들면서 이기는 경우가 없다는 것을 잘 알고 있는 그들이었다. 그들은 제로에서 출발했지만 이길 마음으로 출발했기에 12년 만에 미국시장을 석권했고 14년 만에 세계 1위를 차지했다.

나이키의 기적은 어디에서 온 것인가? '고객에게 최고의 제품을 제공해야 한다'는 신념을 모든 종업원이 공유한 것에서 왔다. 나이키의 종업원들은 어떻게 하여 최고의 제품을 만들 수 있었던가? 운동선수 출신이던 종업원들이 세계 최고의 운동선수들과 함께 운동화를 만들었기 때문이다. 나이키에 있어서 NBA의 마이클 조던은 단순한 광고모델이 아니었다. 그는 최고의 농구화를 만드는 공동개발자였고, 새로운 기술을 테스트하는 시험관이었으며, 전인격적인 신뢰관계로 결합된 동지였다. 나이키의 기술평가 고문으로서 마이클 조던이 내리는 엄격한 품평은 시제품을 거듭나게 만들었고, 그 결과 아무도 상상하지 못했던 놀랄 만한 제품이 탄생했다.

마이클 조던은 최고, 최량最良의 운동화를 위해 어느 부분을 어떻게 개량해야 한다는 주문을 했다. 조던의 평가가 혹독하고도 세밀했던 것은 그가 단지 나이키의 어드바이저로서 직무에 충실했기 때문만이 아니었다. 그 제품의 상태가 곧바로 자신의 경기에 영향을 미치는 것이기에 혹독하리만치 까다로웠던 것이다. 세계 최고의 마이클 조던이 고개를 끄덕이는 상품을 두고 일반 소비자들이 불평할 여지는 없었다. 마이클 조던은 고객을 초월한 고객, 즉 슈퍼 고객(super customer)이라는 존재였던 것이다. 나이키에는 농구의 마이클 조던, 테니스의 안드레 애거시, 골프의 타이거 우즈 등과 같은 슈퍼 고객이 있다. 나이키가 세계 최고가 된 이유는 여기에 있다.[4]

---

4) 上揭書, pp. 196~197.

나이키와 마이클 조던의 관계에서 보는 것처럼, 최고의 브랜드를 경작하는 과업은 단지 수요에 발 빠른 대응을 하는 것이 아니다. 그것은 새로운 공급을 통하여 새로운 수요를 창출하는, 즉 공급이 수요를 환기喚起하는 창조적 활동에 달린 것이다. 스스로가 고객의 입장이 되고 또한 고객보다 앞선 눈으로 시장을 읽는 시스템을 내장內藏시켜야 한다. 자기 생각만 믿고 자기 마음에 드는 것을 만드는 것은 간단하다. 그러나 그렇게 하면 자기 이외 그 누구의 마음에는 들지 않을 수 있다. 그런 결과를 만들지 않으려면 스스로가 그 길의 마이클 조던이 되어야 한다.

  고객이라는 울타리를 넘고 들어가서 고객과 함께 체험하고 고객과 함께 개발해야 한다. 고객과 함께 만들어 감으로써 새로운 수요를 발견하여 상품으로 구현시키는 시스템을 구축해야 한다. 이러한 시스템의 구축이야말로 고객이 필요로 하고 또 기다리던 것을 제공하여 고객을 감동시키게 된다. 나이키는 자신의 제품을 규정해 놓고 시장을 찾지 않았다. 고객의 기대에서 출발하여 상품을 만들었다. 나이키의 사례는 고객을 대표하는 고객(평가자)을 발굴하고, 그 사람과 하나가 되어 시장을 개척해 나가는 스토리이다. 고객과 마음을 공유하기 위해서는 경영자와 종업원 스스로가 고객의 대표가 되어야 한다는 것을 가르쳐 주고도 있다.

  지방을 경영하는 것도 마찬가지다. 먼저 무엇을 팔고 싶다고 결정해서는 안 된다. 고객이 무엇을 사고 싶어 하는지를 먼저 물어야 한다. 우리가 할 수 있는 것은 이런 것이라고 혼자 결정하고, 그 결정에 따라 판매시장을 찾아 나서서는 안 된다. 고객이 인정하는 가치, 고객이 필요로 하는 것, 고객이 바라고 만족하는 것이 무엇인지를 생각하고 행동해야 한다.

고객이 요구하는 것은 감동이다. 감동은 재미가 있어야 한다. 어뮤즈먼트(amusement)가 있는 감동을 요구하는 것이다. 어뮤즈먼트가 있는 감동은 고객의 입에서 입으로 전달되는 화제성이 있어야 새로운 고객을 늘릴 수 있다. 구전통신(口傳通信)이 작동하도록 하는 상품과 서비스를 제공해야 하는 것이다. 그러나 아무리 재미있고 화제 거리가 된다 해도, 그곳으로 가는 도중에 비슷한 곳이 있다면 고객은 그쪽으로 가버린다. 다른 곳에서는 맛볼 수 없는 차별성이 있어야 한다.

문제는 여기에서 그치지 않는다. 생각보다 경쟁자는 많고 고객은 적다. 그래서 또한 중요한 것은 기존의 고객들이 또 찾도록 해야 한다. 리피터(repeater)가 없는 시설, 고정고객이 없는 사업은 절대로 망한다는 것을 명심해야 한다. 여운이 남아서 또 다시 가야 할 이유를 제공해야 한다. 그러나 많이 오는 것만으로 모든 문제가 해결되는 것도 아니다. 요체는 많이 오는 것이 아니라 와야 할 사람이 많이 오는 것이다. 그냥 많이 오기를 기다릴 것이 아니라 누가 많이 오도록 할 것인지, 즉 그 대상 고객을 명확히 해야 한다.

시장은 냉엄한 곳이다. 냉엄한 시장에 새롭게 진입하려면 마케팅 전략을 철저히 전개해야 한다. 따라서 재미있고, 화제성이 넘치며, 다른 곳에서는 느낄 수 없는 차별성, 다시 가고 싶고 또 사고 싶은 반복성, 그리고 와야 할 사람이 오게 하는 대상성(對象性)의 관점에서 철저히 검증을 해야 한다.

새로운 수요를 창출하는 개혁은 소비자들의 잠재수요를 이끌어 내는 것이다. 사람들이 가지고 있는 잠재수요가 금전을 사용하는 구체적 수요로 바뀌도록 해야 한다. 즉, 경제학적 용어로 '유효수요'를 창출해야 한다. 구체적으로 모습을 나타내지 않았던 것을 현재화顯在化 한다는 의미에서 이를 '수요창출형(需要創出形)'이라고 부를 수도 있다. 그리고 사람들이 앞으로 바라고 희망하는 서비스를 제공하는 새로운 시스템을 만든다는 의미에서 미래에 대응하는 사업이기도 하다.5)

Ⅲ. 장기적인 안목으로 발굴하는 지역자원

한 지역을 새롭게 창조하려는 과업은 단기간에 이룰 수 있는 것이 아니다. 모든 창조에는 결의와 견식 그리고 인내가 필요하다. 따라서 지역을 새롭게 창조하려면 오늘과 내일만 보지 말고 '모레'도 함께 보아야 한다. 지역을 경영하는 사업은 역사를 경영하는 사업이다. 역사를 보고 일을 해야 한다. 현재의 필요만이 아니라 미래의 주민을 생각하고 미래세대와도 대화를 해야 한다. 이를 위해서는 10년 후의 지역을 생각하고 100년 후의 지역을 상상해 보아야 한다.

일본 홋가이도 이케다쬬(北海道 池田町)는 1966년, 일본에서 지방자치단체로는 처음으로 주류제조 본 면허를 취득하고 와인제조에 들어갔다. 당시로는 거의 수요가 없었던 와인을 지방자치단체가 직영으로 제조하기 시작한 것을 두고 많은 논란이 일었다. 그러나 그들은 고도성장을 타고 있는 일본의 식문화가 변하면 와인이 필수식품이 될 것이라는 것을 미리 예측했던 것이다. 이러한 예측의 결

---

5) 島田晴雄, 『成功する地域發ビジネスの進め方』(東京 : かんき出版, 2006), pp.23~24.

과, 재정파탄으로 문을 닫아야 할 지경이었던 이케다는 새롭게 탄생했고, 일본에서 이케다라고 하면 와인을, 그리고 와인이라고 하면 이케다를 연상하는 지역브랜드를 창조했다.6)

인구 6천 5백 명의 작은 지방자치단체인 일본 야마가타현 가네야마마찌(金山町). 특산품이라고는 뒷산의 삼나무 목재가 전부이지만 그것마저도 수입품에 밀려서 산업으로서의 경쟁력을 잃어버렸다. 그러나 그러한 산골마을에 매년 머물다 가는 교류인구만도 13만이 넘는다(2009년). '마을경관 만들기 백년운동'을 착실하게 추진해 온 결과다.

1958년 독일의 작은 마을을 시찰했던 정장(町長 : 岸宏一)은 독일 산촌마을의 아름다운 자연경관과 거리풍경에 마음을 빼앗겼다.7) 그리하여 가네야마로 돌아온 정장은 경관 개발에 착수했다. 그리고 그의 후임자들도 대를 이어 경관 개발을 추진했고 또 추진하고 있다. '마을경관 만들기 100년 운동'은 그렇게 시작하여 현재에 이르고 있다. 근대화의 물결 속에서 자의 반 타의 반으로 지역의 풍토성에 어울리지 않는 가로 경관이 전국에서 만들어지고 있는 가운데, 가네야마는 일본의 어느 지역보다도 일찍이 '전마을 미화운동'(1963년)을 전개하면서 '정신의 미화'와 '환경의 미화'라는 양면의 운동을 전개했다.

그리고 공공건물의 일관된 디자인은 물론이고 일반건축물에도 그 위치, 지붕의 색상, 외벽의 구조, 담장, 수로 등의 기준을 정한 지역경관 형성 기준을 책정하고 지켜왔다. 소위 '가네야마형 주

---

6) 강형기, 『지방자치 가슴으로 해야 한다』(서울: 비봉출판사, 2001), pp.57~92.
7) 村松眞, 『農山村における景觀形成施策の特色』, 農業經濟研究報告, 第33号(日本農業經濟學會, 2001), pp. 73~79.

택'을 보급하는 주택콩쿠르(1978년부터)를 실시하면서 지역풍토, 지역에서 생산된 재료, 지역재래의 공법으로 만들어 나가는 주택의 확산에 주민들의 보다 광범위한 참여를 유도했다. 그리고 전 주민이 참가하는 운동으로 '전도시 공원화 구상'을 실천함으로써 이제는 마을 전체를 하나의 풍경으로 보면서 지역을 가꾸고 있다.[8]

가네야마의 '마을경관 만들기 100년운동'은 우리에게 많은 점을 시사한다. 궁벽한 오지 중의 오지 마을인 가네야마 사람들. 그들은 일본의 도시경관 대상을 받고(1995년), 마을 전체가 하나로 일관한 고유의 건축양식으로 일본 건축학회상(2002년)과, 국토청으로부터 어메너티(amenity) 콩쿠르상을 받으면서 전국에서 관광객을 불러들이고 있다. 가네야마의 사례에서 볼 때, 아무 것도 없는 곳은 없다. 지역이 하나의 목표를 향해 백년이라는 세월만 걸어갈 수 있다면 그 어느 곳도 고유한 아이덴티티를 만들 수 있다.

아름다운 감동을 발신하는 지역은 '위대한 단순'으로 만들어진다. 100년 후에 쓸 재목이라면 100년을 내다보고 나무를 심어야 한다. 그리고는 의심 없이, 끊임없이, 100년간 물을 주어야 한다. 그러한 단순반복이 위대하고 큰일을 하게 한다. 성공한 지역과 실패하는 지역에는 분명한 차이점이 있다. 하나의 정책을 오랫동안 유지하지 못하고 쉽게 바꾸는 지역이 성공한 사례는 없다. 이러한 측면에서 우리가 해결해야 할 풍토가 있다. 전임자의 정책을 부정하는 것이 자기 실현을 도모하는 것이라고 생각하고 행동하는 정치풍토다. 우리의 조급함도 큰 문제다. 기다려 주지 않는 국민성에 비위를 맞추려는 조급함, 그리고 짧은 재임기간 내에 실적을 내려는 조

---

8) 村松眞, 『山形縣 金山町における町づくり政策の變遷過程と地域總合振興計劃づくり』, 『計劃行政』 第27卷2号(日本計劃行政學會, 2004), pp.71~78.

급함이 단기적 시책만을 추구하게 하는 것이다.

　지역창조를 위해서는 10만 원짜리 싼 물건을 매년 사기보다는 몇 년 걸리더라도 제대로 된 100만 원짜리 하나를 사듯이, 모으고 집중해야 한다. 혼자서 들 수 없는 것을 열 명이 함께 들 듯이, 모으고 집중시키며 또 축적을 거듭해야 한다. 시간을 들이고 정성을 모으면 힘이 생긴다. 많은 사람들의 생각을 하나로 모으고 행동을 같이하게 하려면 시간을 들이고 정성을 모아야 한다. 모으고 집중할 때 개성이 창조된다. 지역창조의 원대한 꿈을 현재의 가능한 범위로 한정해서는 안 된다.

　현재의 역량과 자원의 한계를 넘으려면 시간을 들이고 정성을 모아야 한다. 지역을 새롭게 창조하려면 하나의 큰 이념 하에 자원을 모으고 집중해야 하는 것이다. 그리고 지금 하려는 일이 비록 전체의 일부분일지라도 큰 구상 하에 담대하게 시작해야 한다. 이렇게 볼 때, 지역을 새롭게 만들어 나가려는 모든 활동에 있어서 무엇보다도 큰 장애는 제도의 틀 속에서 발상하고 현재 가진 돈만큼 일하려는 소극성이다.

　돈 없다고 포기하고 돈 만큼 해서도 안 된다. 물론 모든 사업이 다 그렇듯이 목적 실현을 위해서는 소요 예산과 현재 동원할 수 있는 예산을 미리 파악해야 한다. 그리고 필요한 시간과 주어진 시간을 분석하고 대비해야 한다. 그러나 돈 없다고 미리 포기해서는 안 된다. 돈이 없으면 시간과 정성을 더욱 들이면 된다. 그렇게 한다면 가능성의 길은 무한히 열려 있다. 제도의 장벽과 자원의 한계를 뛰어넘는 애착과 열정 그리고 지혜를 다한다면 돈과 제도는 그 다음의 문제다.

　장기적인 전망 하에 큰 희망을 그리지 못한 지역이 성공한 사례는 없다. 어려운 상황 속에서도 절망하지 않고, 역경을 오히려 자원으로 삼아 지속적으로 노력하는 지역은 스스로의 가능성을 키운다. 정해진 방향을 향하여 절망하지 않고, 포기하지 않고, 노력을 거듭해 나가는 것이야말로 성공으로 가는 유일한 길이다. 어느 지역이 쇠퇴하고 있다면 그 쇠퇴에는 반드시 원인이 있다. 어떤 문제가 발생했을 경우, 그 원인을 찾아낼 수만 있다면 문제를 해결하기는 쉽다.

 세상에는 하나의 원인이 다양한 결과를 만드는 경우도 있다. 하나의 결과는 다양한 원인이 복합적으로 작용하여 만들어지기도 한다. 지역의 쇠퇴라는 문제는 다양한 복수의 과제가 얽혀져서 만들어지는 것이다. 그러나 복합적인 문제가 얽혀 있는 지역쇠퇴의 문제도 그 요인을 크게 나누면 환경 변화라는 외적 요인과 주체들의 대응능력이라는 내부 요인으로 나눌 수 있다. 그리고 그 내부 요인 중에서 장기적인 안목으로 체계적으로 대응하지 못하는 단견성短見性이야말로 지역 활성화라는 길목에 놓여 있는 가장 큰 장애물이다.

제2절 고유자원의 개발과 활용 – 地의 利를 활용하라

I. 고유가치의 발굴과 개발

 시대의 눈으로 지역을 비추어 보면 자원은 현장에 있다. '地의 利'를 활용한다는 것은 지역이 가진 자원을 최대한으로 활용한다는 것이다. 현장을 읽고 현장에서 자원을 발굴해야 한다. 성공적으로 경영하고 있는 도시에 가보면 그곳에서 중심을 이루는 사업이나 시책에는 지역적 근거가 있다. 지역의 필연성에 토대를 두고 그 지역이 매진해야 할 사업이 무엇인지를 음미하면서 사업을 전개하고 있다. 결코 우발적이거나 충동적으로 사업을 추진하지 않고, 그 지역만이 가질 수 있는 오리지널리티를 철저하게 발굴했다.

성공한 지역을 살펴보면 그들은 지역에 없는 자원을 목마르게 찾아 나서지 않았다. 지역에 잠재하고 있는 자원을 발굴하고, 그 가치를 개발함으로써 지역 고유의 오리지널리티를 확립했다. 21세기에 펼쳐질 세상은 머리와 가슴에서 나오는 자원으로 그 생사가 결정된다. 글로벌화된 새로운 경제의 요구에 적응하지 못하여 실패와 쇠퇴를 거듭하고 있는 지금의 상태에서 벗어나려면 창조적인 눈으로 새로운 자원을 발굴해야 한다. 지역의 자원을 새롭게 발굴하는 창조적인 시각이야말로 지역이 가지고 있는 최대의 자원이며 또한 우리에게 주어진 마지막 자원이다.

자원을 찾아내고 정책을 구상하려면 현실을 가슴에 품고, 현장에 서서, 현물을 상상하는 것으로 시작해야 한다. 삼현주의(三現主義)로 임해야 하는 것이다. 세상을 향하여 구상하고 현장을 토대로 자원을 발굴하려면 무엇보다도 먼저 자신이 살고 있는 지역의 장점을 재확인해야 한다. '지역의 고유가치'가 무엇인가를 파악하여 그 '地의 利'를 살려야 한다. 지역의 고유固有를 중시해야 하는 필연적 이유는 무엇인가. 다른 지역의 성공모델이나 차용한 자원만으로는 명품을 만들 수 없기 때문이다.

잠재적인 원자재는 모든 곳에 존재한다. 아름다운 자연자원, 박력 있는 이야기, 오랜 역사, 누구나 인정하는 문화자원, 지역을 대표하는 산업과 스포츠 활동, 고유한 향토음식이 없다고 낙담할 필요는 없다. 축제나 멋진 산과 강처럼 눈에 보이는 것만이 자원인 것은 아니다. 눈에 보이지 않는 특유의 자원에도 관심을 가져야 한다. 역사속의 인물을 발굴해서 새롭게 조명하는 것도 좋은 자원이다. 역사적 인물들이 유배지에서 꽃피운 문화, 아득한 그 옛날 지역에서 선정을 베풀던 고을 원님의 이야기나 로맨스도 좋은 자원이다.

우리지역에만 있는 것은 무엇인가. 우리지역과 비슷한 곳은 어디인가. 우리와 라이벌 지역은 어디인가. 이 지역이 없을 경우 가장 곤란해지는 것은 누구인가. 이 지역을 가장 상징적으로 표현하는 인물은 누구인가. 이 지역의 이미지를 만든 것은 누구(무엇이)라고 생각하는가. 이 지역을 가장 잘 표현하고 있는 노래는 어떤 것인가. 이 지역에 가장 잘 부합하는 형용사는 무엇인가. 이 지역에 새로운 이름을 붙인다면 무엇이라고 부르고 싶은가. 이 지역에 어떤 사람들이 와 주길 바라는가. 이 도시를 위하여 나와 우리가 할 수 있는 일은 무엇인가. 이처럼 지역을 읽고 보는 눈은 다양하다.

지역 사람들의 입장에서 볼 때 '우리지역에 아무 것도 없다'고 생각하는 장소도 대도시의 사람들은 '깨끗한 환경이라면 다른 아무 것도 없는 것이 더 좋다'고 느낄 수도 있다. 그 지역의 특징이 무엇인지를 명확히 할 필요가 있는 만큼 그 지역의 사람들이 무엇을 하고 싶은지를 명확히 하는 것도 중요하다. '무엇을 위하여'라고 하는 의미와 방향을 공유할 수 없는 곳에 무리하게 투자를 한다면 실패는 당연한 것이다.

지역 사람들이 가지고 있는 심상풍경(心像風景)을 채색하는 것도 자원이다. 지역의 역사와 생활전통, 장소에 대한 이미지와 인지도,

시민의 자신감, 지역을 방문하는 외부 인사들에 대한 접객 태도 역시 자원이다. 오늘날 관광 집객을 둘러싼 경쟁이 너무나도 치열하다. 이러한 상황에서 '무엇을 하면 관광객이 즐거워할까? 어떤 말을 하면 좋아할까?'를 궁리하면서 대응하는 마음을 모으는 것도 자원이다. 지역에 대하여 외부의 사람들이 기대하거나 인식하고 있는 내용을 분석해서 그 약점을 보완하고 강점을 살리는 것도 새로운 자원을 찾아내는 하나의 방법이다.

축제, 음식과 요리, 건축물을 포함한 경관, 공예품, 지리적 이점, 연구시설의 이용 가능성, 도시의 기반이 되는 기업 등 그 모두가 자원이다. 지역의 각종 지표를 다른 지역과 비교하여 특성을 도출할 수도 있다. 수치화된 것이나 기존에 눈에 보이는 것만 자원인 것은 아니다. 사람들의 생활 속에 숨겨져 있는 보이지 않는 창조의 원천을 발견하는 것이 중요하다. 산업이 부실하고 공장이 없다고 할지라도 그곳에 살고 있는 사람들의 삶 속에 스며들어 있는 문화와 잠재적 능력을 끌어내는 것으로 새로운 것을 창조할 수 있다.

아무것도 없는 곳은 없다. 도시는 그 자체가 자원의 저장고다. 사람들의 생각과 행동 여하에 따라 아무것도 없는 곳을 '무엇이라도 가능한 곳'으로 바꿀 수 있다. 예컨대 어느 도시의 사람 모두가 보름동안 한복을 입고 다닌다면 그것만으로도 그 도시의 브랜드가 될 수 있다. 여러 사람들이 지역에 대하여 기대하는 생각이 합쳐진다면 그것만으로도 방향을 설정할 수가 있는 것이다. 지역 사람들이 지속적이고 열정적으로 힘을 모을 수만 있다면 영국의 헌책방 마을 '헤이온와이'처럼 무에서 유를 창조할 수도 있다.

북아일랜드의 데리(Derry)라는 지역은 그곳이 분쟁의 중심지였다는 사실을 활용하여 세계적으로 저명한 갈등조정 센터를 설립했다.

분쟁과 사건도 중요한 자원인 것이다. 어느 지역에도 날아다니는 나비, 그러나 누구도 자원으로 인식하지 못했던 나비를 함평군은 멋지게 활용하고 있다. 2008년, 나비를 테마로 한 축제에 유료 입장객 수만도 126만 명이었고 그 파급효과는 실로 컸다. 어느 지역에도 석양이 있고 저녁노을은 불탄다. 어느 지역에나 있는 저녁노을도 이용하기에 따라서는 '온리 원'의 원천이 될 수 있다.

어느 지역에서나 팔고 있는 만두를 가지고도 도시의 브랜드를 만들 수 있다. 동경에서 북쪽으로 100km 떨어진 인구 50만의 우쯔노미아시(宇都宮市)에는 동경에서 젊은 여성들이 찾아가는 데이트 코스로 유명하다. 피부에 좋다는 콜라겐이 듬뿍 들어 있는 만두를 먹고 나서, 재즈가 울려 퍼지는 바에 들어가 칵테일 챔피언이 손님의 취향에 맞추어 만들어 주는 오리지널 칵테일을 즐기는 데이트 족들이 넘치고 있는 것이다. 신간선이 개통되면 지역의 상권이 동경권에 편입되어 어려움이 가중될 것을 걱정했던 도시에는 걱정한 대로 대형 상점가의 철퇴는 계속되고 있다. 그러나 지금 우쯔노미아에는 관광객은 물론이고 일류의 바텐더를 꿈꾸는 젊은이들이 몰려들고 있다. 우쯔노미아에서 작은 가게를 열어 최고의 재즈 칵테일 바를 만들기 위해서다. 만두와 칵테일, 그리고 재즈. 어느 도시에도 있는 자원을 합성하여 도시의 명물로 만든 것이다.[9]

일본 애히매현 후타미쬬(愛媛縣 双海町)는 저녁노을로 지역을 활성화시키고 있다.[10] 1986년, 폐쇄되었던 철도역 광장에서 시작한

---

9) 久繁哲之介, 『地域再生の罠』(東京: ちくま新書, 2010), pp.14~36.
10) 日本觀光協會(編), 『觀光かりすま』(東京: 學藝出版社, 2007), pp. 21~32.
10) 함평의 나비축제가 그러했던 것처럼, 저녁노을 콘서트도 많은 주민들의 냉소 속에서 출발했다. 희망을 염원하는 일출日出이라면 몰라도 해지는 저녁

'저녁노을 플랫폼 콘서트'가 일본 전역에 저녁노을의 메시지를 발신했다. 그 결과는 참으로 놀라웠고, 후타미쪼는 주민들이 상상하지도 못하게 변했다. 관광객 제로였던 마을에 저녁노을을 보려 연간 55만 명이나 찾아오자 적자투성이의 오지노선이라며 철길을 폐쇄했던 철도청은 다시 길을 열고 역을 부활했다. 그리고 이제 마을은 전국에서 연인들이 모이는 명소가 되었다.

명인은 명소를 만들고, 명소는 명물을 낳는다. 저녁노을이 멈추어 서는 마을. 저녁노을 정보 발신원인 '저녁노을 뮤지엄'은 찾아오는 방문객들로 언제나 분주하다. 상점가와 숙박업소가 새로 문을 열었고, '저녁노을 도시락', '저녁노을 소프트크림', '저녁노을 망원경'과 같은 명물들이 지역을 자랑하며 팔리고 있다. 그러나 여기에서 멈추지 않는다. 인터넷의 저녁노을 시각표에 들어가서 라이브 카메라를 조작하면 세계의 어디에서도 실시간으로 후타미(双海)의 저녁노을을 볼 수 있다. 후타미로 발길을 옮기도록 마을을 끌고

> 놀이라니… 우리 마을을 저녁노을처럼 가라 않는 마을이 되게 할 셈인가! 엔카(演歌)라면 또 몰라도 클래식이라니. 베토벤의 운명을 연주하면 마을 어장의 그물들이 두두두둑, 두두두둑 바다로 빠지고 말거야. 뭐 콘서트라고. 아마 사람이 오지 않으니까 '곧 사토(來んさーと: 사람이오지 않는 마을)'가 될 꺼야… 새로운 일을 시작한다는 것은 이처럼 어려운 것이다. 그래서 전례가 없는 사업을 실천한 사람은 아름답고도 큰 사람이다.
> 저녁노을 콘서트가 대 성공을 거두자 '일출이라면 몰라도 일몰이라니!'라면서 냉소 짓던 주변지역의 사람들의 말이 바뀌었다. '저녁노을은 후타미쪼의 고유물이 아니다'라면서 너도 나도 모방하려는 분위기로 돌아선 것이다. 물론 저녁노을은 어느 마을의 고유한 것이 아니다. 그러나 그냥 가라앉는 것이라면 그것은 그냥 석양일 뿐이다. 저녁노을에 마음을 더하고, 저녁노을을 더욱 아름답게 꾸며 감동을 줄 때 비로소 그 저녁노을은 의미가 있는 것이다. 누구도 넘볼 수 없는 '온리 원'의 지역을 만들기 위해서는 모방하지 않고 또 모방할 수 없는 카리스마 성(性)을 가진 지역의 이야기를 만드는 스토리텔링 작가를 육성해야 한다.

있는 것이다.

저녁노을을 '즐겁게, 새롭게, 아름답게'를 지역개발의 3대 키워드로 설정하고 일관해 온 인구 6,000명의 후타미쬬. 그들이 주는 메시지는 또 있다. 일본의 농촌들은 도시를 동경하여 도시를 모방하면서 경쟁한 소위 '아침형 지역개발(朝日型まちづくり)'로 일관해 왔다. 이것도 저것도 모방하기에만 분주했던 개발. 그러나 바쁘게 움직이면 움직일수록 지역 고유의 매력은 상실되었다. 지역이 경쟁력을 가지려면 왜곡되고 비틀어진 노선을 수정해야 한다. 그 대안이 지역 본래의 개성을 살리는 '석양형(夕日型) 지역개발'이다. 석양을 바라보듯이 관조하고 포용하며 쉴 수 있는 지역을 만드는 것이다.

후타미쬬의 사람들이 저녁노을 콘서트로 얻은 최대의 수확은 돈벌이가 아니었다. 함평의 사람들이 그러했던 것처럼, '당신의 고향이 어디입니까?'라고 묻는 말에 쉽게 대답하지 못했던 마을 사람들. 그러나 지금은 어디에 가서도 '우리 고향은 일본에서 저녁놀이 가장 아름다운 후타미쬬'라고 가슴 펴고 자랑스럽게 말 할 수 있게 된 것이다. '우리 마을은 나비의 고장입니다'라고 말하는 함평의 사람들처럼. 함평과 후타미쬬의 사례는 '우리 지역에는 아무 것도 없다'며 한숨 쉬는 시간에 지혜를 짜내고 행동으로 대응한다면 원자재는 도처에 널려 있다는 것을 가르쳐 주고 있다.

무엇이 자원이며 그것을 어떻게 활용할 것인가를 생각하고, 배우며, 실천하는 가운데 지역의 자원은 발굴되고 또 만들어진다. 한계와 문제점은 그것을 해결해 나가는 과정에서 보다 발전된 생각과 실천을 가능하게도 한다. 배우고 실천하는 과정에서 외부사람들의 눈을 지역의 의견으로 승화시키는 것도 중요하다. 동네에서는 동네가 보이지 않는다. 동네 밖에서 동네를 보아야 한다. 지역은 그러한 과정에서 만들어지고 키워지는 것이다.

역사가 있는 이상 자원이 없는 지역은 없다. 그럼에도 불구하고 아직도 지역의 역사성이나 생활문화와는 전연 관계가 없는 테마파크를 만들어 관광객을 유치하려는 지역이 많다. 외생적인 힘에 쉽게 의지하려는 타성 때문이다. 그러나 정말 중요한 자원은 주체적으로 지역의 긍지를 표상하는 자원을 발견하고 확인하여 내발적으로 그것을 활용하려는 발상 그 자체이다. 그러한 발상으로 지역을 관찰하면 지역의 역사에서 우러나오는 향수鄕愁도 크나큰 자원이다.

일본 오이타현(大分縣) 북부에 위치하는 분고다카다시(豊後高田市)가 역사의 향수를 팔아서 성공한 사례를 들여다 보자.[121] 주변지역과 통합해서 겨우 인구 2만6천 명을 유지하고 있는 작은 도시 분고다카다. 철도 노선의 폐지로 접근이 어렵게 되었고, 교외에 대형점포가 생기면서 중심 상점가는 극도로 침체되었다. 전성기에 3만이 넘었던 중심부의 인구가 점점 줄어들면서 상점가들은 차례로 문을 닫아 점포수는 3분의 1로 격감했다. 사람 구경은 어렵고 개와 고양이만 다니는 골목으로 전락했던 중심 상점가는 어떻게 재생되었던 것인가.

젊은 사람이 일자리를 찾아 떠난 텅 빈 마을은 체념 속에서 더 이상 희망이 없어 보였다. 셔터가 내려진 텅 빈 상점가를 되살릴 그 어떤 대책도 효험이 있을 것 같지 않던 적막감이 감돌던 상점가. 이젠 틀렸다. 손을 쓰기에는 너무 늦었다면서도 행정에 매달려 안

---

121) 吳藤加代子, "昭和の町で年間20萬人の觀光客が！", 『潮』(東京: LIFE DESIGN, 2004.), pp.90~93.

락사라도 기대하는 사람들. 그러한 가운데에서도 위기감을 공유하고 늦었지만 무언가를 해 보려는 상인들이 있었다. 그들이 힘을 모은 것이다. 상점가 주민들은 큰 돈을 들이지 않고 실천할 수 있는 무언가를 찾으려고 지혜를 모았다. 상인들이 앞장서자 상공회의소가 코디네이터 역을 자임했고, 시청이 뒤에서 후견인 역할을 맡았다.

주민들은 생각했다. 지역의 힘으로 할 수 있으면서 또 해야 하는 사업이 무엇인지를 규명하는 것, 그것에 길이 있다고 생각했다. 과연 분고다카다에서 할 수 있는 것은 무엇인가? 후쿠오카시(福岡市)나 오이타시(大分市)와 같은 대도시가 수행하고 있는 도시형 개발을 하려고 해서는 안 된다고 판단했다. 원천적으로 자금 투입 능력이 없기 때문이다. 돈 대신에 분고다카다만이 활용할 수 있는 고유한 개성을 발굴하여 활용해야 했다. 분고다카다만의 상징과 매력은 무엇인가? 그것을 발굴하고 활용하는 것이야말로 절대절명의 과제였다.

주민들은 고대에서부터 현대에 이르기까지 지역의 모습을 조사하여 지역의 얼굴을 찾아내려고 노력했다. 지역에 남아 있는 역사의 흔적을 시대별로 조사하여 그 풍경을 한 장의 지도에 담았다. '시가지 스트리트 스토리'는 그렇게 만들어졌다. 상인들은 자신들이 만든 지도를 보고 뜻밖의 사실을 알게 되었다. 낡아 불편하다고만 생각하던 기존의 상점가들이 쇼와시대의 모습을 그대로 간직하고 있다는 사실을 알게 된 것이다. 그 낡은 거리야말로 역사와 전통을 간직한 매력 있는 장소였다. 중심 상점가를 살리는 방향은 현대화가 아니라 쇼와시대로의 복귀여야 한다고 판단했던 것이다.

일본인에게 쇼와(昭和)시대는 특별한 의미를 갖는다. 쇼와시대란

1929년 12월 25일에서 1989년 1월 7일까지의 시기를 일컫는 일본의 연호다. 그 시기 일본은 세계대전을 일으킨 죄를 지었고, 패전으로 황폐화된 아픈 역사의 시기이다. 그러나 패전을 딛고 고도경제성장기를 거쳐 풍요로운 일본을 만든 특별한 시대이기도 했다. 새롭게 선보인 라디오와 텔레비전 그리고 냉장고를 신기하게 바라보던 시절이기도 했고, 상처받은 마음을 서로 위로하던 시절이기도 했다. 일본인에게 쇼와의 시대란 향수의 시대이다.

지역의 얼굴을 발굴한 주민들은 그것을 활용할 방도를 찾아 나섰다. 쇼와를 테마로 공부하면서, 수도권을 중심으로 쇼와시대를 테마로 지역을 특화하고 있는 곳을 조사했다. 요코하마의 라면박물관을 비롯하여 100여 곳을 찾아다니면서 분고다카다만이 할 수 있는 것이 무엇인지를 규명하려고 했다. 조사를 하면 할수록 가능성이 보였다. 쇼와 시대를 테마로 한 거리를 조성하면 경쟁력 있는 지역으로 환생할 수 있다는 자신감이 생겼다. 같은 쇼와를 테마로 하더라도 다른 지역과 확실한 차별화를 도모할 수 있다는 확신을 얻었던 것이다.

2000년, 중심상점가에 있는 모든 점포, 주택, 빈집, 빈터 등 301건의 건물 등을 대상으로 그 건축 연대와 건축 구조를 조사했다. 상점가의 7할 이상이 쇼와 30년(1950년) 이전에 세워진 것을 알았다. 그리하여 쇼와 30년을 재현하는 것을 목표로 세웠다. 2001년, 주민들은 본격적으로 '쇼와의 마을(昭和の町)'을 테마로 한 관광사업에 착수했다. 우선 건물 중 75건을 선정하여 리모델링을 하기로 했다. 첫해인 2001년 9개의 상점이 동참한 이래, 2008년에는 38개의 상점이 참여하여 쇼와시대의 건물로 다시 환생했다.

역사의 향수를 파는 마을. 그들은 어떠한 전략으로 다른 지역이 이미 팔고 있던 향수를 팔려고 했던 것인가. 그리고 무엇으로 자신감을 가지게 된 것인가? 그들은 4가지의 키워드에 미래를 걸었다.[12]

첫째, 쇼와시대의 건축을 재생함으로써 항구적인 거점을 확보하려고 했다. 쇼와시대의 경관을 형성하기로 했던 것이다. 중심 상점가를 쇼와시대의 모습으로 환생시키기 위해 간판과 건물의 외관을 쇼와시대에 맞추어 리모델링했다. 총 연장 500미터의 거리에 100여개의 상점을 쇼와시대의 모습으로 재생시켰다.

둘째, 쇼와의 역사를 재생시킴으로써 마을과 가게의 전설을 만들어 나갔다. 그 일환으로 일점일보(一店一宝) 운동을 전개했다. 일점일보 운동은 비록 비싼 물건은 아니어도 각 가게마다 대대로 전해받아 '보물'처럼 여기는 가보家寶를 전시하는 것이다. 각 가게에서 전시하는 가보는 그 가게의 역사를 이야기하는 것이다. 가게마다 고유한 이야기로 넘쳐날 때 그 마을 전체에는 모노가다리(物語 : 스토리)가 넘쳐나게 된다. 그리하여 그것은 저절로 '전 도시의 박물관화'를 실현하게 하는 것이다.

셋째, 쇼와시대의 상품을 재생하여 그 가게만의 독특한 상품을 팔았다. 일점일품(一店一品) 운동을 전개한 것이다. 일점일품 운동은 분고다카다의 그 가게에서만 살 수 있는 상품을 개발하는 것이다.

넷째, 쇼와시대의 상인을 재생하려고 전개했다. 그 옛날 부족한 물자를 귀하게 쓰던 시절, 장터에서 만나면 상처받은 마음을 위로하던 그 시절의 마음을 회복하는 운동을 전개한 것이다. 물건이 아니라 마음이 우선이었던 쇼와 시대의 상인이 되어 인정 넘쳤던 상

---

12) 佐佐木 眞治, ' "後高田「昭和の町」づくりについて", 日本不動産學會誌, NO., 68(東京 : 日本不動産學會, 2004), pp.62~67.

점가를 재생하려고 했던 것이다.

분고다카다의 성공 요인은 어디에서 기인하는가.[13] '쇼와의 마을'을 오픈했던 당시에는 중심상점가의 100개 점포 가운데 겨우 9개 점포만이 참여했다. 그러므로 쇼와시대의 마을풍경을 느끼기에는 역부족이었다. 당연히 쇼와의 마을을 찾아온 사람들은 실망을 했고 악평을 늘어놓았다. 그러나 상공회의소 직원, 공무원, 지역주민이 일체가 되어 분발하자 문제는 조금씩 풀려 나갔다. 하드 정비의 미숙함은 사람의 힘이라는 소프트로 커버했다. 예컨대, 전체 길이가 550m에 불과한 상점가를 그냥 걸으면 10분이면 끝난다. 그래서 안내인이 쇼와의 정서를 설명하고 가게에서 대화를 하게 하여 체재 시간을 2시간 이상으로 늘어나게 하는 것 등이 그것이다.

홍보활동에도 힘을 쏟았다. 여행 대리점에 선전활동을 꾸준히 한 결과 여러 여행사의 버스투어 코스에 쇼와의 마을이 포함되게 되었다. 잡지나 미디어를 통한 광고도 꾸준히 하였다. 집객의 거점 시설로 옛날 농업창고로 사용하던 건물을 리모델링하여 막과자 박물관(駄菓子屋博物館)과 미술관으로 구성된 '쇼와 로망 창고'를 정비하기도 했다. 레스토랑과 관광정보관(쇼와 꿈의 마을)도 정비하였다. 그리하여 죽어가던 마을 분고다카다는 이제 멀리서 찾아오는 관광객들로 새로운 활기가 샘솟고 있다.

분고다카다의 성공은 일본에 일고 있는 소위 '쇼와의 붐'에 편승한 일면이 있다. 그래서 그들은 성공했다는 자부심보다도 그 거품이 꺼지면서 다가올 위기를 걱정하고 있다. 그러나 그러한 위기감은 그들이 계속해서 노력하게 하는 원동력으로 작용하고 있는 것

---

13) 日本政策投資銀行(編), 『地域再生の經營戰略』(東京 : 金融財政事情硏究會, 2010), pp. 225~231.

이다. 분고다카다는 중심가 전체를 쇼와의 마을로 탈바꿈시켰고, 모든 가게마다 독특한 상품을 파는 전략을 취했으며, 시민 자원봉사자에 의한 '마을 안내인 제도' 등을 도입하여 쇼와를 테마로 하는 다른 도시와 차별화된 요소로 경쟁을 하고 있다. 그래서 그들에게 전망이 있는 것이다.

분고다카다의 성공 요인은 주민들이 주체적으로 참여했고, 커뮤니케이션 능력이 탁월했던 점, 행정과 지역주민 모두가 위기감을 느끼고, 과제를 공유하면서 절실한 만큼 토론을 거듭한 것 등을 지적 할 수 있다. '쇼와'라는 같은 테마라 하더라도 다른 도시가 모방하기 어려운 소프트웨어적 요소를 도입했으며, 지역의 대학과 행정이 연대하여 네트워크를 가동시킴으로써 현장에서 동력을 얻어나갔다. 그들은 그 흔한 아케이드 설치나 칼라포장 그리고 전선 지중화 등의 하드정비에 투자하지 않았다. 그들의 근본 코드가 소프트웨어였기 때문이었다.

분고다카다에서 본 것처럼 지역의 고유한 풍토에서 만들어지고 적응하면서 계승되어 온 역사와 문화 그리고 잠재력은 그 모두가 자원이다. 지역의 역사가 이루어지는 가운데 축적되어온 전통문화나 생활문화 등 지역문화의 여러 모습과 그곳에서 희로애락을 느끼며 살아온 사람들이 갖는 기억의 표상도 소중한 자원이다. 오래된 벽돌로 만들어진 창고건물, 긴 세월의 풍설에 견뎌온 전통가옥, 축제, 전통예술 등은 지역의 기억이 머무르는 곳이기에 소중한 것이다. 지역 고유의 자원은 그 역사로 배양되어 온 문화 속에 녹아 있는 것이다.

지역의 문화란 '지역의 컨센서스'를 말한다. 그 지역에 살고 있는 사람들이 암묵적으로 공유하면서 즐기는 놀이와 일하는 방식을 포함한 생활방식은 지역브랜드의 1차적 요소가 된다. 그러나 지역의 컨센서스는 그 자체만으로 고유한 개성이 되는 것은 아니다. 지역의 사실과 속성을 다른 지역의 사람들에게 그리고 미래의 세대들에게도 의미 있는 것으로 발전시켜야 한다. 지역이 추진하려는 사업이 기능적으로는 어떠한 가치가 있으며 정서적으로는 어떠한 함의를 내포하고 있는지를 검토해야 하는 것이다.

지역의 자원을 객관적·정량적·상대적인 눈으로 평가해야 한다. 그것을 개화시키고 발전시켜도 기능적인 가치와 정서적인 가치를 공유하지 못하는 것 그리고 생활 현장에서 가치를 공유할 수 없는 것이라면 그것은 자원으로서의 가치가 없다. 중요한 것은 그것이 동 시대의 사람들(내부인과 외부인)에게 약속하는 가치가 무엇인가를 정립하고 선언하는 것이다. 그리고 후세의 사람들에게는 무슨 가치를 약속하고 있는지를 스스로 선언할 수 있어야 한다. 자원을 발굴하는 눈이 엄정해야 한다는 것이다.

그러나 많은 경우 특정 자원의 가치를 그 실체도 없이 너무 높게 평가하거나 자신의 좁은 입장에서 자원을 평가하는 경향이 있다. 그렇게 되면 실제의 시장경쟁에서는 기대한 성과를 얻지 못할 뿐만 아니라 만사가 허사로 된다. 따라서 초동단계에서 가능한 한 국내외의 유사하거나 경합하는 자원의 가치를 객관적으로 평가한 후에 활용해야 한다. 활용할 자원의 상대적인 가치를 명확히 인식한 다음 그 효과적인 활용을 위한 대책을 세워야 하는 것이다. 자원을 독특한 방법으로 활용한다고 하더라도 시장에서의 경쟁은 치열하다. 활용하는 자원의 상대적인 가치를 엄정하게 평가하지 않으면 실패는 예정된 것이다. 자원의 활용과 사업의 테마는 경쟁 영역과 생존을 의식해서 설정해야 하는 것이다.

Ⅱ. 고유가치의 재창조

지역에 산이 많다고 해서 그것만으로 산이 지역의 개성이 되고 자원이 되는 것은 아니다. 지역 사람들 모두가 산이 많다는 것을 지역의 특성이라고 생각하고 산의 의미를 살리려고 할 때 비로소 그 산은 지역의 특성이 되고 자원이 된다. 지역에 원자재가 널려 있어도 그것을 활용하는 지혜와 활용할 의지가 없다면 소용이 없다. 자원으로서의 가치를 알고(知), 부담과 위험을 감내하면서 기꺼이 활용하기를 좋아할 때(好), 그 원자재는 살아 있는 자원으로 승화된다. 그리고 그것을 활용함으로써 창출되는 가치가 많은 사람의 삶에 의미를 더하여 즐겁게 살아가는 힘이 될 때(樂), 그 자원의 가치는 확대재생산된다.

활용할 능력만 있다면 지역의 이름(地名)도 엄청난 자원이 된다. 지명은 역사의 기억장치로 들어가는 출입구이면서 동시에 미래로 향하게 하는 나루터이다.[14] 일본 이시가와현 하구이시(石川縣 羽咋市)의 사례를 살펴보자.[15]

하구이시의 미코하라지구(神子原地區)에서는 양질의 쌀 고시히카리가 생산되고 있었다. 하구이시는 쌀이 생산되는 지명을 활용하기로 했다. 미코하라(神子原)란 '神의 아들이 사는 고원(神の子が住む 高原)'이라며 로마 교황께 쌀을 헌상하기로 한 것이다. 일약 명품브

---

14) 강형기, 『향부론』(서울: 비봉출판사, 2001), pp.194~197.
15) 高野　誠鮮, "1.5次産業振興室の取り組みについて", 『ECPR』(東京: ECPR, 2006), pp. 22~30.

랜드로 도약시키려는 계획에서였다.

　세상에서 통용되는 어떤 상품도 그것이 브랜드의 세계로 들어가야 고급품이 된다. 브랜드란 생산자가 '이것은 브랜드입니다' 라고 말해서 되는 것이 아니다. 어디까지나 소비자가 그것을 브랜드라고 인정해야 브랜드가 된다. 브랜드란 그것을 가지고 싶다는 동경의 효과를 유발함으로써 세상에 통용되는 힘을 발휘한다. 아무리 비싸도 가지고 싶다는 동경의 효과는 자신이 존경하거나 좋아하는 사람이 사용할 때 유발된다. '로얄 유져(loyal user)'를 개발해야 한다. '하구이시'는 쌀의 브랜드화를 위한 '로얄 유져'로서 로마 교황에게 매달리기로 한 것이다.

　동경에 있는 교황청 대사관에 편지를 보냈고, 대사로부터 연락이 왔다. 만나자는 연락이 온 것이다. 그렇게 하여 지역의 쌀(5kg의 포대자루)과 쌀로 만든 청주淸酒는 대사관을 통해 바티칸으로 보내졌다. 일본에서 로마 교황께 최초로 헌상한 쌀과 청주는 이렇게 탄생했다. 미코하라 쌀(神子原米)은 표고 120미터에서 400미터 고원지대의 생활배수나 공장배수가 전연 들어가지 않는 청정환경에서 재배된 것이고, 일교차가 커서 맛 또한 일품이었지만 고유한 브랜드로서 통용되고 있지는 못했던 것이다.

　청주를 만드는 쌀(酒米)이 아닌 일반미 '고시히가리'는 발효시간이 주류용 쌀보다 3배 이상 소요된다. 그럼에도 불구하고 지역의 쌀로 술을 만들어 교황께 헌상해야 했다. 그래야 지역이 살기 때문이다. 지역의 양조장과 도자기 공방이 참여해서 만들어 낸 술을 드디어 바티칸 대사관에 보냈다. 동시에 동경의 외신 기자클럽에서 '쌀이 포도보다 못합니까?' 라는 주제로 시음회를 열었다. 720㎖ 한 병에 33,600엔의 가격을 붙인 비싼 청주가 첫 선을 보인 것이다.

시음회에서 외국 기자들로부터 "쌀 술 한 병 치고는 너무 비싼 것이 아니냐"는 질문이 터져 나왔지만, 이에 당당하게 대답했다. "최고의 정성을 들인 술이고, 특별한 쌀로 만든 술입니다. 쌀로 만든 술이 포도나 보리로 만든 술에 뒤질 이유가 어디에 있습니까? 그리고 이 술은 전 세계의 특별한 사람을 위해 소량으로 만든 술입니다"라고 자신 있게 대답했다. 세계로 통하는 청주를 만들기 위해 1차 발효는 와인 효모를 사용했고 2차 발효에 청주 효모를 사용한 술이었다. 서양과 동양의 융합을 통해 만드는 청주라는 기획에 따른 것이었다.

이러한 일련의 과정이 널리 알려지면서 미코하라의 쌀과 청주는 한 달이 가기 전에 매진되었고, 일년 후 미코하라지구 농가의 소득은 2.8배가 올랐다. 전년까지 한 포대에 12,500엔 하던 쌀이 42,000엔으로 올라도 품절이 되어 다음 해의 출하를 기다리는 고객의 리스트는 늘어나고 있다. 동경의 유명 백화점에서 독점하여 팔고 싶다는 요청도 들어 왔다. 브랜드의 효과는 이처럼 엄청난 것이다. 이제 미코하라라는 지명의 토지는 어제의 그 토지가 아니다. 신의 이름으로 재창조한 유일한 토지가 된 것이다.

일상생활의 모든 영역 속에서 잠재하고 있는 자원을 찾아내고 가치를 더하여 지역이 공유할 수 있는 보물로 만들어 나가야 한다. 창조력을 발휘할 수만 있다면 복지 수요에서도, 교육 수요 속에서도, 놀이거리를 찾는 마음 속에서도 얼마든지 소재를 이끌어 낼 수 있다. 창조성을 발휘한다는 것은 언제나 새로운 것을 발명해 내는 것이 아니다. 옛 것을 적절히 활용하는 것도 창조이다. 창조력을 가동할 수 있다면 옛날의 기능이 현대의 기술과 결합하여 새로운 시장을 만들 수가 있다. 이러한 시장은 지역의 이미지를 만들어 또 다른 시장을 만든다.

옛 것을 토대로 지역에 새로운 유전자를 심고 있는 사례를 살펴보자.16)

일본 시가현(滋賀縣)의 북부에 위치하는 인구 약 8만2천 명인 나가하마시(長浜市)의 중심 상점가의 사례이다. 나가하마시는 도요토미 히데요시(豊臣秀吉)가 오다 노부나가(織田信長)로부터 처음으로 성城을 하사받아 성곽도시(城下町)로서, 그리고 상인의 도시로서 발전시킨 곳이다. 일찍이 메이지 시대에 일본에서 3번째로 철도가 부설되었고, 1871년에는 시가현 내에 처음으로 초등학교가 개교하였으며, 1900년에 국립은행의 지점이 유치된 곳이다.

그러나 1970년대부터 본격화된 자동차 시대와 교외에 대형점 진출 등에 의해 중심상점가는 급속히 쇠퇴했다. 1980년대 중반, 중심상점가의 400여 점포 가운데 절반 이상이 문을 닫았다. 시간당 고양이 4마리에 사람 두 명이 다닌다는 자조적인 소리가 당시의 상황을 설명한다. 이러한 상황에서(1987년) 이미 철수하여 빈집으로 남아 있던 은행의 지점 건물이 철거된다는 소문이 돌았다. 그 외벽이 검은 색이어서 지역에서는 쿠로가베(黑壁 : 검은 벽)라는 애칭으로 불러지고 있던 건물이었다.

은행지점이 철수한 뒤에는 카톨릭 교회로, 교회가 떠나자 창고로 사용되어 왔던 '쿠로가베'는 지역의 심볼과 같은 존재였다. "쿠로가베가 사라지면 나가하마도 끝"이라는 막연한 생각이 마을에 퍼지기 시작했고, 쿠로가베를 지키려는 기운이 생기기 시작했다. 청년상공회의소를 중심으로 보존운동이 일어났다. 1988년, 지역의

---

16) 井口 貢, 『文化經濟學の視座と地域再創造の諸相』(東京 : 學文社, 1998), pp. 73~92.

민간기업 8회사가 출자한 8천만 엔과 나가하마시가 출자한 4천만 엔으로 제3섹터 「주식회사 쿠로가베」를 설립하여 쿠로가베를 사들이고, 그 활용 방안을 다각도로 논의하기 시작했다.

쿠로가베를 거점으로 상점가를 살리는 사업을 전개하기로 했지만 좀처럼 사업의 내용을 결정짓지 못했다. 그래서 일차적으로는 과거 그토록 번성하던 상점가가 왜 쇠락하게 되었는지 그 원인을 조사하기로 했다. 조사 결과 주변에 신설된 대형마트의 영향이 크다는 분석이 나왔다. 대형마트에 대항할 수 있는 그 무엇을 찾아 나섰다. 그러나 대형마트에 돈으로 대항하려 하면 도저히 상대가 될 수 없었다. 돈에 이길 수 있는 어떤 창조적인 대책을 강구해야 한다는 결론이 나왔다.

대형상점가와의 경합을 피하기 위해 지역 외에서 오는 고객을 대상으로 관광상업을 추진하기로 했다. 그리고 이를 성공시키기 위해서는 다른 지역의 관광사업과는 철저한 차별화를 도모하기로 했다. 관광상업을 성공시키기 위한 사업의 3가지 키워드를 설정했다. 첫째, 건물을 포함한 역사성. 둘째, 축제를 포함한 문화예술성. 셋째, 소통하는 국제성이라는 테마를 선정했다. 나가하마시에는 쿠로가베 은행이라는 역사적 건물이 남겨져 있었고, 하기야마마쯔리(曳山まつり)[17]가 있었다.

문제는 국제성을 확충하는 일이었다. 다른 중소도시에서는 찾아보기 어려운 국제성을 가미하지 않으면 차별화를 도모할 수 없다고 판단했다. 그래서 지역의 국제성이라는 키워드를 가지고 일본의 방

---

17) 나가하마의 전통산업은 비단과 기모노를 생산하는 것이었고, 이를 배경으로 한 축제가 '히키야마 마쯔리'다. 히키야마 마쯔리는 매월 여름에 1천명의 남녀가 비단으로 만든 일본 전통복장 기모노를 입고 거리를 행진하는 축제이다.

방곡곡은 물론 전 세계를 다니며 조사와 벤치마킹을 거듭했다. 그러던 중 이탈리아 베니스를 방문했을 때, 유리공예가 원천이 되어 도시에 활기를 불어 넣고 있는 것을 시찰했다. 유리공예에 주목하게 된 그들은 일본 내에서도 유리를 테마로 관광사업을 전개하고 있는 지역들도 시찰했다. 그 결과 단순히 유리상품을 파는 것이 아니라 직접 유리 공예를 만드는 사업을 전개하여 차별성을 부각시키기로 했다.

본격적으로 쿠로가베의 브랜드화 작업에 착수했다. 드디어 1989년, 세계의 유리공예 제품을 판매하는 제1호관 '쿠로가베 유리관'을 시작으로, 유리공예의 제작 광경을 견학할 수 있는 '쿠로가베 유리공방', 유리그릇으로 식사를 할 수 있는 '프랑스 요리점'[18]과 '쿠로가베 스퀘어'도 오픈시켰다. 쿠로가베의 브랜드는 계속 확장을 거듭했다. 2009년 현재, 13개의 직영관과 16개의 그룹관이 연계하여 모두 29개의 브랜드 점포로 확장되었고, 연간 200만 명의 관광객이 상점가를 찾아 문 닫았던 점포들은 다시 영업을 시작했고, 새로운 점포들이 들어서고 있다. 나가하마 재생의 성공 요인은 무엇이었는가? [19]

첫째, 무엇보다도 행정에 의존하지 않는 자주성을 들 수 있다. ㈜쿠로가베는 시를 포함하여 44개사가 출자하여 설립한 지역개발 회사이다. 시는 30%의 출자와 3명의 이사를 파견하고는 있으나 그 외의 보조금은 주지 않았으며, 운영에 시가 관여하지도 않는다.

둘째, 명확한 테마의 설정이 성공으로 이끌었다. 유리라는 테마

---

18) 현재는 이탈리아 요리점으로 바뀌었다.
19) 高田昇, 『まちづくりフロンティア』(大阪市: 關西株式會社, 2005), pp.20~34.

를 기본으로 유리공예라는 차별화된 전략을 추진한 것이 성공의 요인이었다. 누에를 치고 키모노를 만들어 교토에 납품하던 도시에서 옛날처럼 상권을 재생시킨다면서 전개한 재생사업에서 전통산업을 버리고 전연 생소한 유리공예를 받아들이기는 쉬운 일이 아니었다. 키모노산업의 오랜 전통은 당연히 나가하마의 산업브랜드로 정착해 있었다. 주식회사 쿠로가베의 주된 업종은 실크산업이어야 한다는 주장이 나온 것은 너무나도 당연한 것이었다.

그러나 기모노를 입지 않는 세대에 살면서 전통산업을 고집한다는 것은 이미 승산이 없는 도전이다. 죽어가는 산업문화가 여전히 정치적 결정권을 행사하고, 제한된 경험에 기초하여 자신들의 일을 반복적으로 해오는 가운데 형성된 속 좁은 자존심을 무기로 해서 살고 있는 마을에 발전의 꽃은 피지 않는다. 전략의 기본은 버릴 것을 정하는 것이다. 전략을 세운다는 것은 버릴 것을 결정하고 세울 것을 받아들인다는 것이다. 그러나 새로움을 외면하는 사람들은 지금까지 자신이 경험했던 것만이 정당하다고 우기며 살아간다.

쇠퇴하고 조락하고 있는 곳의 지도자들은 자신과 비슷한 생각을 가진 사람과 지금까지 자신과 접촉했던 사람들만의 모임을 갖는다. 그래서 그들과 그들의 지역에는 창조성의 잠재력도 뒤떨어진다. 만약 그리하지 않았더라면 그곳은 이미 쇠퇴에서 탈출했을 것이다. 그러나 나가하마는 거지가 거지 보따리를 버리듯 쇠퇴하는 지역의 유전자를 과감하게 버렸다. 유리공예, 이탈리아레스토랑, 갤러리와 공방, 미술관이라는 새로운 유전자를 퍼트림으로써 새로운 브랜드를 구축한 것이다. 그것이 그들의 성공요인이었다.

셋째, 다양한 지원조직이 작동한 것도 성공으로 이끈 동력이었다. ㈜쿠로가베를 중심으로 시와 상공회의소, 상점가 조직, NPO

법인 마찌즈쿠리 야쿠바(まちづくり役場), 나가하마 21세기 시민회의, 데지마숙(出島塾) 등 약 18개의 조직이 네트워크로 연대하여 지역의 창생 작업에 관여하고 있다. 그 중에서도 가장 핵심이 되는 조직 '마찌즈쿠리 야쿠바'는 상점가의 한복판에 소재하면서 지역의 정보를 발신하고, 상점가 사람들의 상호교류를 지원하고 있다. 상점가에 필요한 인재육성 조직인 '데지마숙'도 중요한 역할을 하고 있다. 인재육성을 위한 세미나를 통해 마케팅, 플래닝, 경영 등에 관련된 지식을 보급하면서 상공인들의 전문성을 키우고 있다. 지역에 인재가 없다고 한탄하는 다른 지역과는 달리 스스로 인재를 양성하고 있다.

지역창생의 아이디어란 완전히 새로운 것을 발견하거나 발명하는 것만이 아니다. 오래 된 경험에서 새로운 것을 추출하는 것이야말로 창조의 기본 포인트다. 아이디어란 다양한 연상과 구상 속에서 개발된다. 어른의 입장에서만 생각하던 것을 어린이의 시각으로 재구성하거나, 남성의 입장에서 구축된 것을 여성의 입장에서, 건강한 사람의 입장에서 노인의 입장으로 재구축할 때에도 개발된다. 밤이면 어둠에 묻혀버리던 자원을 깨워서 24시간 깨어 있는 국토로 만드는 것도 한 방법이다. 국토의 묻혀 있는 밤을 자원화 하는 것도 개발인 것이다.

밤이면 잠에 들던 자원을 깨워서 자원화에 성공한 대표적 도시가 시드니다. 시드니는 1년 내내 쇼핑과 식사를 즐기면서 아름다운 밤 문화를 누릴 수 있는 관광지다. 시드니에는 즐거운 밤의 여흥, 몸과 마음의 피로를 풀어 주는 해변의 문화, 푸른 자연 속에서 즐기는 신선한 음식, 오페라 하우스로 상징되는 공연과 문화로 충만된 도시다. 시드니 관광 웹사이트가 시드니를 전통적 상징의 경험 그 이상의 것을 제공하는 역동적인 도시라고 표현하는 것에 모든 사람들이 동의하게 되는 것이다.

문제점 위주로 현재를 보던 시각에서 적극적인 측면으로 미래를 보는 시각의 변화가 새로운 창조를 잉태한다. 어떤 과제에 부여하는 이름은 그것이 어떻게 취급되어야 하는가를 결정하면서 새로운 대처 방법을 제시하기도 한다. 만약 어떤 도시에서 교통 업무를 담당하는 과의 명칭을 '커뮤니케이션과' 또는 '접근확대과'로 부른다면 엔지니어만으로 그 업무를 담당하게 하지는 않을 것이다. 이 경우 자동차의 이동과 대중교통은 교통기능의 한 부분에 불과하고 네트워킹의 경우와 같이 보행과 대화 등이 보다 높은 순위를 차지하게 될 것이다. 이처럼 새로운 개념 설정이 부여하는 기능에서 새로운 역할을 창출할 수도 있다.[20]

인류의 라이프스타일을 바꾼 스티브 잡스(steve jobs)는 다음과 같이 말했다. "창조성이란 단지 사물을 연결하는 것이다. 창조적인 사람들에게 어떻게 그런 일을 할 수 있었는지를 묻는다면 그들은 약간 죄책감을 느낄 것이다. 왜냐하면, 그들은 진정한 창조적인 일을 한 것이 아니라 단지 무언가를 보았을 뿐이기 때문이다."

그렇다. 창조를 위해서는 전연 새로운 엄청난 기술을 개발하거나 발명해야 하는 것이 아니다. 대과학자일 필요도 없다. 필요한 것은 일과 생활에 도움이 되는 실천적 아이디어다. 따라서 이미 시장에 존재하지만 미완성된 아이디어를 택해서 어떻게 제대로 활용할 것인지를 강구하는 것이야말로 창조하는 모습이다. 빚더미에 시달리던 화투업체의 사장과 전자계산기 회사가 손을 잡고 만들어낸 게임기로 세계 최대의 오락산업을 일군 닌텐도(任天堂)의 사례는 우리에

---

20) Charles Landry, *Creative City*(London : Comedia, 2000), p.164.

게 많은 시사점을 준다. 닌텐도는 엄청난 발명을 한 적이 없다. 앞선 기술도 없었다. 한물간 소형 액정을 게임기에 붙이고 누구나 쉽게 시간을 때울 수 있는 단순한 게임기를 만든 것이 전부였다.[21] 닌텐도의 사례를 보면 창조는 분리재결합(分離再結合)에서 나오는 것이라는 생각이 든다.

화투업체에 액정을 공급해 준 회사는 전자계산기 시장에서 카시오에 참패했던 샤프였다. 사정이 이러하니 게임의 기술력, 소프트웨어와 캐릭터의 정교함 모두 경쟁사인 소니에게 밀렸다. 그러나 시장을 석권한 것은 닌텐도였다. 요체는 훌륭한 상품이 아니라 팔리는 상품이다. 게임기에 액정을 붙인 것처럼 누구나 알고 있는 흔한 기술을 누구나 아는 다른 분야에 적용하는 응용력이야말로 창조력 그 자체다. 한물간 시들어버린 기술도 수평적인 사고를 통하여 분리하고 재결합함으로써 전연 새로운 상품이 되는 것이다. 창조를 한다는 것은 언제나 기발한 새로운 것을 만들어 내는 것만이 아닌 것이다.

창조물의 외적 조건과 내적 조건의 기능을 각각 분리하여 서로 적합하도록 재결합하는 것만으로도 창조성을 높일 수 있다. 이러한 사실은 영화사(映畵史)를 새롭게 쓰고 있는 '아바타'를 보더라도 알 수 있다. 아바타는 인디언, 베트남전, 이라크전, 자본주의, 제국주의, 그리고 환경주의를 환상적으로 재구성하여 소비자를 매혹시킨 것이다. 애플의 CEO 스티브 잡스가 주도하여 개발한 태블릿 PC 아이패드(ipad)는 IT시장에서 새로운 역사를 썼다. 그러나 아이패드는 이미 시장에 나와 있는 기능들을 바탕으로 재구성한 것이다. 듣고(아이팟), 말하고(아이폰), 읽는(아이패드) 인간의 근원적 습성에 대한 오랜 관찰과 간파력으로 창의력을 발휘한 것이다.[22]

---

21) 井上理, 任天堂(東京 : 日本經濟新聞社, 2009), 參照.

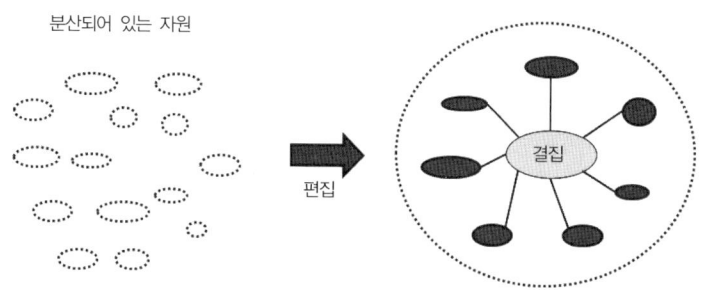

[그림 4-1] 자원결집의 이미지

우리가 해야 할 과업은 〈그림 4-1〉처럼 지역의 자원을 창조적으로 결집하는 것이다. 지역에 잠자고 있는 어떤 자원에 빛을 비출 것인가. 복수의 자원을 어떻게 조합시킬 것인가. 자원을 활용하기 위해서는 어떠한 요소를 새롭게 더해야 할 것인가. 마치 잡지의 편집자와도 같이 고도의 편집력을 발휘해야 한다. "하늘 아래 새로운 것은 없다"는 솔로몬의 말처럼 창조한다는 것은 옛것을 적절히 활용하는 것이다. 공자는 육경六經을 수찬했지만 "나는 옛것을 전했을 뿐 새로운 것을 창작한 것이 없다"고 말했다(述而不作 : 〈논어·述而編〉). 공자는 여러 성인들의 개성을 절충하여 서술했지만, 그 공은 창작의 배가 되는 것이라고 평가했던 주자朱子의 말처럼, 창조란 전연 새로운 것을 만들어내는 것이 아니다. 창조란 의미 있는 것을 만들어 내는 것이다.

우리 주위에는 아직 활용되지 않는 자원이 무수히 많다. 자원이 없는 것이 아니라 자원을 보는 눈이 없고 자원을 활용하는 지혜가 없다. '지역에 자원이 없다'는 말은 지역이 가지고 있는 물적 조건

---

22) 백성호, '스티브 잡스와 불교', 중앙일보, 2010년 2월 11일(25면).

이나 상태에 대하여 자신감을 가지고 자랑할 만한 것이 없다는 것을 말하는 것이다. 따라서 중요한 것은 어느 곳에도 있는, 즉 '그 정도쯤이야'라고 생각하고 있는 자원을, 어떻게 하여 지역의 자랑거리로 키워서 사람들이 시간과 비용을 들여 방문하고, 또 사고 싶은 상품으로 육성시켜 나가느냐 하는 것이다.

제3절 리더십의 발휘와 협동의 연출
– 人의 和를 연출하라

지역창생을 위한 최고의 그리고 마지막 자원은 인간이다. 시대의 흐름을 읽어 지역의 자원을 발굴하는 것도 결국은 인간이다. 그 어떤 사업에 있어서도 그것을 구상하고 실현시키는 것은 사람이다. 창조적 인간이 발휘하는 리더십과 그들의 연대가 펼치는 창조력은 지역창생에 필요한 최대의 원동력이다. 국가의 지원이 없어도, 지역에 특출난 자원이 없어도 사람들의 힘을 결집할 수만 있다면 그 어떤 가능성도 있다. 세상의 힘은 인간의 협동과 화합에서 나오는 것이기 때문이다.

Ⅰ. 리더십의 발휘

지역창생에 필요한 가장 중요한 동력은 그 지역의 미래를 창조하려는 지도자의 헌신이다.

당장은 알아주는 사람이 없어도, 때로는 자신이 왜 그렇게 열심인지를 모를 정도인데도, 심지어 주위로부터 조롱마저 받지만, 그래도 꿈꾸며 행동하는 지도자가 필요하다. 역경을 오히려 자원으로 삼고, 예산과 재원의 한계 그리고 제도의 장벽을 지혜와 열정으로 넘으려는 지도자가 필요하다. 늘 갈망하고 우직하게 몰두하는 인재가 필요하다.

한 지역의 지도자는 자신의 지역이 어떤 모습을 띠어야 하고, 어떻게 하면 그 상태에 도달할 수 있을지를 알고 있어야 한다.[23] 그러나 진정한 지도자는 모든 부문에 있어서 전지전능하거나 모든 일들을 혼자서 감당하려는 과욕을 부리는 사람이 아니다. 자신이 이루고 싶은 과업들을 실현하려는 그 의지만큼이나 큰 관용으로 공감과 이해의 폭을 넓혀 나가면서 구성원들의 뇌를 활성화시키는 사람이다.

지역을 새롭게 창조하려는 지도자의 바람직한 모습은 지역의 보스가 아니다. 세상의 재능과 자원을 활용하고 전략적인 방향과 초점을 제시할 수 있는 비전을 가진 교섭자이다. 진정한 리더는 다양한 주체들 간의 네트워킹을 구축하고, 이들이 목표를 공유하도록 의욕을 환기시키면서 성찰적으로 반성을 하게 한다. 이러한 지도자는 자기 주변의 문제에 대한 원인도 자기 자신에게서 찾으려 한다. 지도자의 그러한 모습이 추종자들을 감화시키고 동조자들이 모이게 한다. 그리하여 각계 각층에 그리고 다양하고도 다채로운 분야에서 긍지와 사명감을 가지고 일하는 사람을 만든다.[24]

---

[23] Charles Landry, *Creative City*(London : Comedia, 2002), p.109.

창조적인 지도자는 변화하는 패턴을 미리 읽고 새로운 가능성을 찾아낸다. 따라서 그는 사람들을 감동시킬 아름다운 일을 꾸미면서 다른 사람들이 따르게 할 새로운 구상과 방향을 짜내는 것이다. 시대가 바뀌었다. 전문적인 능력만으로 좋은 리더가 될 수 있는 시대는 지났다. 논리보다 더 중요한 것이 공감이며, 업적보다도 더 중요한 것은 보람을 찾게 하는 것이다. 스스로 의미를 느끼게 하고, 그 일로 인정받도록 해야 한다.

진정한 지도자는 공직을 경쟁의 목적이 아니라 새로운 승부의 출발점으로 생각하는 사람이다. 따라서 항상 새로운 꿈을 펼치려고 행동하는 기획자로 살아간다. 따라서 전례가 없는 새로운 일을 추진하려는 그의 길목에는 반대의 목소리도 많다. 그래서 지역 사람들이 새로운 미래로 향하게 하려는 지도자는 도전자로서의 열정과 지역에 대한 애정으로 무장해야 한다. 정연한 논리가 모든 것을 해결해 주는 것이 아니다. 그 정성에 감동하여 따르지 않을 수 없는 열정을 보여주는 것이 중요하다.

열정으로 일하는 사람에게는 반대의 목소리도 약이 된다. 반대에 직면할 때마다 관계자의 이해와 협력을 이끌어 내기 위해 세밀한 부문까지 치밀하게 점검하기 때문이다. 그러나 열정은 있어도 비전을 갖고 있지 않은 사람이 많다. 행동력은 왕성하나 비전이 없는 사람 또한 많다. 멋진 비전을 가지고 있으면서도 행동으로 옮기지 못하는 사람도 많다. 행동이 따르지 않는 비전을 백일몽白日夢이라고 한다면, 비전 없는 행동은 악몽惡夢과도 같다. 따라서 지도자가 되려는 사람은 다음과 같이 자신을 평가해 보아야 한다.[25]

---

24) 새로운 과제에 도전하는 의욕을 북돋을 줄 모르는 무능한 리더일수록 자신의 죄를 조직의 잘못으로 전가한다. 구성원이 따라 주지 않고 또 지역의 풍토가 나쁘다는 점을 자신의 한계보다도 더 크게 강조한다.

첫째, 지역을 가꾸어 나갈 열정이 있는가? 열정이 있으면 가능성이 있다.

둘째, 분명한 비전이 있는가? 비전은 납득시키고 또 더불어 행동하게 하는 설계도이다.

셋째, 행동력이 있는가? 행동력은 비전을 구체적인 현실로 만드는 힘이다.

비전과 열정 그리고 행동력이 함께 할 때 비로소 상승효과를 발휘한다. 비전(vision)과 열정(passion)과 행동(action)은 모두 '이온(-ion)'으로 마무리되는 말이다. 비전과 열정과 행동은 '이온 결합' 처럼 하나가 되어야 한다. '이온 결합' 이란 이질적인 물질이 결합하여 새로운 물질이 만들어지는 화학반응을 말한다. 지역이 발전하려면 다양한 사람들의 힘이 결합되는 화학반응을 일으켜야 한다. 그리하여 새로운 물결을 일으키고 새로운 희망을 연출해야 한다.

비전이라는 희망의 시나리오를 가지고 사람을 결집시키는 리더가 될 수 있는 사람은 누구인가? 자질 있는 사람과 자질 없는 사람이 처음부터 따로 존재하는 것이 아니다. 세상에는 리더로서의 행동을 하는 사람과 행동하지 않는 사람이 존재할 뿐이다. 가능과 불가능의 문제가 아니라 '실행하는가' 와 '미루고 피하는가' 의 문제일 뿐이다. 리더십이란 특별한 어떤 능력을 가진 사람만이 발휘할 수 있는 것이 아니다. 리더십은 행동하기로 결정하고 스스로 자신의 결정에 따라 행동한다면 누구나 발휘할 가능성이 있다.

사람이 걸어가는 길목에는 언제나 두 가지의 선택지가 놓여 있다. 하나는 '대응하는 것' 이며 나머지 하나는 '피하는 것' 이다.

---

25) 강형기, 『논어의 자치학』(서울: 비봉출판사, 2006). pp. 408~410.

인간의 행동이란 시간이 지나면서 습관이 된다. '행하기로' 결정하고 그것이 습관이 되어 언제나 전향적으로 행동하다 보면 불가사의할 정도로 새로운 세상이 열리게 된다. 물론 어떠한 일을 처음 시작할 때에는 누구나 두렵고 불안하다. 실패할 경우를 생각하기 때문이다. 불안하다고 생각하면 할수록 불안은 더 커진다. 그러나 현재의 상태를 바꾸는 것은 스스로 행동하기로 결정한 것을 실행에 옮기는 행동력이다.

자신부터 행동하면 상황은 바뀐다. 아무리 그럴듯한 구호를 외치더라도 실제로 행동하지 않는 사람에게 따를 사람은 없다. 리더란 앞장서서 길을 열어 나가는 사람이다. 가다가 위험해 보이는 루트에 직면했을 때 '이 길은 위험해 보인다'고 말만 한다면 주위를 불안하게 할 뿐이다. '이 길은 위험해 보입니다. 그러므로 제가 선발대를 조직해서 안전을 확인해 보겠습니다. 그동안 여러분은 여기에서 지도를 보고 루트를 검토하면서 계십시오. 30분 이내에 돌아오겠습니다'. 이렇게 말하고 행동하는 사람이 리더다.

주위 사람들이 '이 사람을 따라가 볼까?' 하는 신뢰감을 갖게 되면 그것으로서 두 번째 단계로 들어가게 되는 것이다. 사람들을 모아 함께 실행하게 하는 것이 바로 리더이다. 혼자서 산을 오르는 것이 아니라 모두가 함께 오르는 산행이라면, 목적지와 루트 그리고 목적지에 도달하기까지의 준비를 멤버가 함께 해야 한다. 사람들은 공감할 때 동의하고 공유할 때 움직이기 때문이다. 공감은 '리더를 위하여'가 아니라 '모두를 위하여'라는 공유로 확산되는 것이다. 그러나 공감과 공유가 부족하면 멤버들이 의문을 품고 불평을 터트리기 시작한다.

정상에 오르는 것이 목적입니까? 그렇지 않으면 좋은 경치를 보는 것이 목적입니까? 점심쯤에는 어느 지점에 도착해야 합니까? 나는 이미 지쳤습니다. 더 이상 자신도 없고 체력도 소모되었습니다. 혼자서 좀 쉬면 안 되겠습니까? 이처럼 터져 나오는 불만을 잠재울 유일한 방법은 '이 길은 누구를 위하여 걸어야 하는가'를 분명히 하는 것이다.

 혼자 애쓰는 사람은 리더가 아니다. 리더는 왜 이 길을 가야 하는지, 그 취지를 공감시키고 목표를 공유시켜야 한다. 함께 가야할 방향을 공감하게 하고 이를 모두의 목표로 공유시키는 작업은 리더가 수행해야 할 중요한 과업이다. 지금 우리는 어디에 있으며 어디로 가야 하는지 그리고 왜 그리로 가야 하는지를 모두가 알도록 해야 한다. 그러나 처음부터 단번에 너무 먼 길을 가려고 하면 망설이게 되고 힘도 든다. 우선 가능한 것부터 시작해야 한다. 그렇게 하여 조금씩 성공을 체험시켜 나갈 때 추진력에 속도가 더해진다.

 리더는 멤버들에게 동기를 부여하고 무언가 의욕을 가지게 하는 순간에 시름을 덜게 된다. 그리고 멤버들이 함께 꿈꾸고 동참하는 것에 즐거움을 느껴 전향적으로 참여하는 스위치를 켜는 순간 새로운 꿈을 꾸기 시작한다. 세상의 일이란 상황에 부합해야 이룰 수 있게 된다. 아무리 의미 있는 일이라도 힘이 뒷받침해 주지 않으면 이룰 수 없다.[26]

 지금 우리의 지방과 도시는 총체적으로 침체하고 있다. 그래서 무엇을 해도 소용이 없고 별 볼 일 없다는 무력감이 만연하고 있다. 이러한 상황에 행복한 꿈을 꾸며 즐겁게 일한다는 것은 쉬운 일이 아니다. 그러나 즐거움이란 스스로가 만들어 가는 것이다. 지금까지 충족되지 못했던, 그래서 반드시 갖고 싶은 것을 갖게 하는 성취

---

[26] 강형기, 『논어의 자치학』(서울: 비봉출판사, 2001), pp.341~344.

의 길을 걷는 것이야말로 즐거운 길이다. 이 세상에 태어나 인간으로서의 존재가치를 평가받고 무언가 이루고 싶은 꿈을 향하여 길을 걷는 것은 그 자체만으로도 즐거운 길이다. 누구나 그러한 길에 올라서면 지금까지 불가능하다고 체념해 왔던 것도 가능한 것으로 바뀐다.

처음부터 가능해야 시작한다면 시작할 수 있는 일이란 거의 없다. 애쓰고 노력하다 보면 가능해지기 때문에 우리는 시작하는 것이다. 그리고 때로는 그것을 가능하도록 해야만 하는 절박함 때문에 시작하는 것이다. 사람들은 저마다의 꿈과 희망을 추구하고 저마다의 감정을 가지고 있다. 리더란 그러한 사람들이 지향해야 할 방향을 설정하고 각자의 역할이 조화롭도록 조율하는 사람이다. 리더란 구성원을 리드하여 각자의 약점을 강점으로, 그리고 결점을 개성으로 승화시키는 시스템의 조율사여야 한다. 리더는 인재가 역량을 발휘할 수 있도록 하는 사람이며, 참여자들이 제 기능을 발휘할 수 있도록 일하는 사람이다.

여기에서 한 명의 리더가 일군 한 편의 감동적인 사례를 살펴보자. 일본 토쿠시마현 카미가츠쪼(德島縣 上勝町)는 1986년부터 '단풍잎 비즈니스'를 통해 재미를 보고 있다. 시작 첫해에는 고작 100만 엔의 매상을 올렸던 사업이 그 다음 해부터는 1천만 엔이 넘는 매상을 올렸고, 그 독특한 비즈니스가 매스컴의 주목을 받으면서 초미니 자치단체 카미가츠는 일본에서 모를 사람이 없을 정도로 전국구가 되었다. 그러한 명성은 카미가츠의 단풍잎을 더욱 알리는 계기가 되었고, 1990년에 5천만 엔의 매상이 2003년에는 2억 엔으로 증가하면서, 이를 배우려는 많은 자치단체들의 벤치마킹단이 쇄도

하기 시작했다.27)

그러나 카미가츠의 '단풍잎 비즈니스'에는 다른 지역은 결코 모방할 수 없는 비밀이 있다. 그것은 시장市場이 요구하는 단풍잎의 종류와 양을 리더가 주민들에게 전달하고, 주민들은 적시적량을 준비하는 신뢰관계의 구축이다. 리더와 주민간의 그러한 신뢰관계와 시스템은 외부에서 온 시찰자의 눈에는 좀처럼 보이지 않는다. 많은 지역이 카미가츠의 '단풍잎 비즈니스'를 눈에 보이는 부분만 모방한 결과 실패하는 것이다.

다른 지역의 성공사례를 살펴보려면, 눈에 보이는 멋진 건물, 외향적으로 드러난 성공 수치가 중요한 것이 아니다. 무엇보다도 중요한 것은 그곳의 문화와 사람들의 마음을 만나는 것이다. 이러한 벤치마킹의 사례로서 일본 사가현 다케오시(佐賀縣 武雄市)의 '산돼지과'가 추진한 벤치마킹을 살펴보자. 일본의 많은 지방에서는 개체수가 급증한 산돼지의 피해를 줄이는 데에 골머리를 앓고 있다. 그러나 다케오시는 이러한 난제를 오히려 지역창생으로 연결시키고 있다. 구제驅除한 산돼지를 식육 가공해서 판매하면서 산돼지 고기 요리를 중요한 관광자원으로 활용하고 있다.

산돼지 고기를 관광상품으로 활용하려면 안정적으로 산돼지를 포획해야 한다. 이를 위해 다케오시는 시청조직으로 '산돼지과'를 설치하여 지역의 수렵동우회와 행정간의 유기적인 관계를 맺어 수급을 조절하고 있다. 다케오시는 산돼지 고기 수요자와 공급자(수렵회) 간의 수급조절 시스템을 카미가츠에서 배웠던 것이다. 다케오시의 일행이 카미가츠시에 시찰을 갔던 목적은 '단풍잎 비즈니스'의 모방이 아니었다. 단풍잎을 안정적으로 공급하는 시스템의

---

27) 久繁哲之介, 地域再生の罠 (東京: ちくま新書, 2010), pp.165-166.

본질을 배워 산돼지의 안정 공급에 활용했던 것이다. 행정과 주민 간의 신뢰관계 구축, 그리고 주민이 주역이 되는 시스템의 구축을 배웠던 것이다.[28]

카미가츠의 단풍잎 비즈니스가 성공한 요인을 살펴보면 '사람의 마음을 사로잡는 소프트산업'의 전형을 알 수 있다. 카미가츠의 단풍잎 비즈니스는 수확하는 사람의 행동, 지갑을 여는 사람의 동기, 단풍잎 비즈니스에 관여하는 관계자 모두가 '마음에서 우러나는 무엇인가'에 의하여 움직여지고 있음을 알 수 있다. 그리고 그 핵심은 지역의 고령자들과 '요코이시 도모지(橫石 知二)'라는 '키퍼슨' 간의 강한 유대가 작동하고 있음도 알 수 있다. 키퍼슨 요코이시의 상상력과 끊임없는 헌신이 거듭되면서 쌓여져온 유대인 것이다. 다른 지역에서 아무리 벤치마킹을 오더라도 그러한 관계는 간단히 모방할 수 없다. 카미가츠 인구(2007년도에 2,049명)의 두 배나 되는 4,000여 명이 매년 시찰을 가면서도 아직 카미가츠처럼 할 수 있는 곳은 아무 곳에도 없는 이유가 여기에 있다.

요코이시는 20살이 되던 해에 물설고 낮도 선 타향 카미가츠쪼(上勝町)의 농협에 영농지도원으로 부임했다. 그는 부임하자마자 곧바로 희망이 사라진 마을의 창생을 위해서는 무언가 지역에서 자원을 찾아내야 한다고 생각했다. 그러나 못나고 배우지 못해 버려지듯이 남겨진 존재라고 스스로 자학하면서 서로를 험담하며 술주정만 일삼던 마을 사람들을 외지에서 초임 농협직원 혼자서는 어쩔 도리가 없었다. 더욱이 1981년 2월, 지역에 몰아친 한파로 그나마 지역의 금고가 되어 주던 과수들이 얼어 죽으면서 마을 인심은 더욱 냉랭해졌다. 더 이상 떨어질 낭떠러지도 없는 상황이었

---

[28] 久繁哲之介, 『地域再生の罠』(東京: ちくま新書, 2010), p.126.

던 것이다.

　그러나 그대로 포기할 수만은 없었다. 미국의 링컨 대통령도 무수한 실패와 고난을 딛고 부활한 사람이라는 것을 떠올리면서 바닥을 치고 올라가자는 결심을 했다. 링컨은 22세 때 사업에 실패, 23세 하원의원 선거 낙선, 25세 사업실패, 27세 정신과 치료, 34세 국회의원 선거 낙선, 46세 상원의원 입후보 경선 패배라는 역경을 거쳐서 52세에 대통령에 당선되었다는 사실을 상기했다.[29] 그러면서 작은 마을에 뭔가 희망을 심어보자고 다짐했다. 그렇지만 갓 스물이 넘은 외지인이 지역사람들에게 새로운 도전을 주문하는 것은 간단한 일이 아니었다. 그리하여 그가 몸에 익힌 것이 바로 섬기는 리더가 된 것이다.

　그렇게 일하던 어느 날, 요코이시는 오사카의 중앙도매시장에 채소를 납품하러 가서 점심식사를 하던 중, 예쁘다며 단풍잎을 손수건에 넣어 가져가는 손님을 보았다. 그 순간, 엄청난 생각이 떠올랐다. '그래! 단풍잎이야. 단풍잎을 팔자!' 그는 가슴 두근거리는 흥분을 감추지 못했다. 성공 예감이 확실했다. 그러나 주민들의 반응은 어이없다는 표정이었다. 심지어는 그런 천한 생각을 하느냐는 사람도 있었다.

　요코이시는 물러나지 않았다. 농가를 돌며 동참해 줄 4가구를 확보했고 드디어 1987년 2월, 첫 판매를 했다. 문제는 가격이었다. 한 묶음에 10엔도 안 되는 가격이 문제였다. 그렇지만 길이 보였다. 요리의 내용과 접시의 크기에 따른 차별화와 계절 감각으로 무장하여 새로운 문을 두드리기로 했다. 공급으로 수요를 창조하는 새로운 시장을 만들기로 했다. 그렇게 하려면 필요한 정보를 얻어

---

[29] 강지운(역), 『기적의 나뭇잎 이로도리』(서울: 황소걸음, 2009), p. 35.

야 했고, 고급요정을 찾아가서 수요를 분석해야 했다. 그러나 찾아간 요정마다 문전박대를 당했다.

생각과 방식을 바꾸었다. 당당하고 떳떳하게 손님으로 요정을 출입하기로 했다. 15만 엔짜리 월급쟁이가 한 번 식사에 2만 엔이나 드는 요정을 출입한 것이다. 집에는 한 푼도 가져가지 못하고, 2년여 동안 요정을 출입하면서 정보를 분석했다. 뿐만이 아니었다. 더벅머리 고쟁이차림의 산골 할머니들도 대도회지의 요정 문화를 견학시켰다. 그리하여 다양한 용도에 필요한 320종류가 넘는 상품을 개발하고, 새로운 시장을 개척하면서 나뭇잎 가격을 20배나 넘게 올렸다. 그 결과 2011년에는 우리 돈으로 40여억 원의 매출고를 기록했다.

카미가츠의 단풍잎 비즈니스(이로도리 사업)는 요코이시라는 키퍼슨이 요리와 모임의 종류, 접대와 회식의 의미를 분석하면서 상품을 개발함으로써 새로운 수요를 넓혀 갔다. 예컨대 남천南天이라는 나뭇잎은 어려운 협상을 하거나 고민이 많은 손님들의 밥상에 올리면 크게 환영을 받는 품목이다. 남천이라는 말의 일본어 발음 '난덴(難轉)'은 전화위복이나 어려운 상황을 바꾼다는 의미의 난전과 같은 것이기 때문이다. 이처럼 치밀하게 분석하여 상품을 만들 품목을 200여 농가의 집 주위에 심게 했다. 벚나무, 매화나무, 복숭아나무, 홍단풍 등을 심어 320여 종류의 나뭇잎을 필요한 시기에 필요한 만큼 적시적량 공급하는 네트워크를 갖추어 대응했다.

리더는 앞서서 실행하되 뒤따라올 사람을 위해 가는 걸음마다 자갈을 걷어내고 땅을 고르며 평탄한 길을 만들어야 한다. 사람들은 몸을 던져 앞서 나가는 리더의 모습을 통해 비로소 같은 방향, 같은 비전을 바라보게 된다. 그리고 마침내 리더를 따라 발걸음을 떼는

것이다.30) 이러한 관점에서 리더가 수행해야 할 역할과 덕목을 정리해 보자.31)

첫째, 목표를 설정하는 영지靈知가 있어야 한다.

조직의 리더가 수행해야 할 가장 중요한 책무는 무엇보다도 합리적인 목표를 설정하고, 그 목표를 공유하게 하는 것이다. 조직 구성원이 아무리 성실하다고 해도 그 조직이 지향하는 일의 방향이 잘못되어 있으면 그들의 성실은 소용이 없다. 근면과 성실도 바른 목표 하에서만 의미가 있는 것이다. 방향이 바를 때 그 스피드의 의미가 있다.

둘째, 솔선수범하는 용기가 있어야 한다.

조직의 리더는 목표를 향하여 솔선수범하는 모습을 보여야 한다. 구성원들이 설정된 목표를 향해 매진할 소신과 확신을 갖게 하기 위해서는 리더가 앞장서서 모범을 보여야 한다. 세상의 모든 리더에게 요구되는 기본 덕목은 모범을 보이는 것이다. 스스로 모델이 되어 본보기를 보인 다음, 충분히 설명하여 이해시키고, 마지막으로 함께 하자고 손을 내밀어야 한다.

셋째, 책임 지는 의리가 있어야 한다.

리더는 결과에 책임을 지는 사람이다. 침몰하는 배에서 선장이 제일 마지막에 탈출하는 것처럼, 위험한 상황에 처했을 때 지도자는 최후까지 책임져야 한다. 리더는 멤버들에게 권한을 위양해 주었더라도 그 결과에 대해서는 자신이 책임져야 한다. 리더란 권한은 아낌없이 나누어 주더라도 책임을 전가해서는 안 된다. 리더란 책임을 지는 사람이기 때문이다.

---

30) 강지운(역), 『기적의 나뭇잎 이로도리』(서울: 2010, 항소걸음) p.78.
31) 강형기, 『논어의 자치학』(서울: 비봉출판사, 2006), p.200~203.

넷째, 결과를 예측하는 지혜가 있어야 한다.

리더에게는 사업의 결과를 사전에 감지하는 능력과 지혜가 있어야 한다. 목표를 정해 놓고 행동을 개시하는 데에는 인력과 비용이 든다. 따라서 경영자는 사업을 개시하기 전에 기대 이익을 정해 놓고 인력과 비용을 투입해야 한다. CEO는 사업을 시작하기 전에 손익계산서를 쓸 수 있어야 하는 것이다.

다섯째, 과실을 나누는 헤아림이 있어야 한다.

리더는 참여자들의 공과를 평가하여 그 업적에 따라 혜택을 나누고 베푸는 능력을 가져야 한다. 노력한 결과에 따라 그 과실을 공평하게 나누어 줄 수 있는 무욕無慾의 자세야말로 리더의 기본적인 덕이다. 리더에게 사욕이 앞서거나 베푸는 마음이 없으면 그 조직에는 공유하는 시스템이 자리잡지 못한다.

Ⅱ. 네트워크의 가동

지역이 추진할 목표를 정하고, 이를 추진하려면 힘을 모으는 협동시스템을 구축해야 한다. 지역에서 실현 가능한 것과 불가능한 것은 사람들의 힘을 얼마나 합칠 것인가에 따라서 달라진다. 힘을 합치면 가능한 일은 얼마든지 많다. 지역 사람들이 목표를 공유하는 정도에 따라서 그 사업에 투입할 수 있는 자원의 크기가 결정되는 것이다. 지역이 설정한 목표 달성을 위해서는 수많은 사람들을 연대시키고 다양한 사람들의 지혜와 노력을 하나로 결집시켜야 하는 이유가 여기에 있다.

열정이 넘쳐난다고 해도 한 사람 또는 몇 사람의 힘만으로는 지역을 새롭게 할 수가 없다. 열정을 가진 사람들이 연대하는 '조직과 거점'을 만들어야 한다. 스스로 생각하고 고민하는 이상으로 동료와 부하들이 생각하고 표현하게 하는 지도자, 스스로 행동하는 이상으로 동료와 부하들이 움직이게 하는 지도자, 자신이 책임지려는 그 이상으로 동료와 부하들 스스로가 책임지게 하는 사람이야말로 진정한 리더이다. 이러한 지도자는 다양한 분야에서 함께 일할 인재를 발굴하고 육성하여 위험과 부담을 함께 짊어지는 동지를 만든다.

지역창생의 길목에서 새로운 인적자원을 불러들이고 이들 간의 상호관계를 긴밀히 해야 할 필요성은 자원이 미약하고 정부 지원이 빈약할수록 더욱 절실하다. 그 존재가 미약할수록 그의 자립에는 연대가 필수적이다. 다양한 인적자원으로부터 창출되는 창조성을 극대화 시키려면 이업종異業種 간의 연대와 협동을 이루는 것도 중요하다. 다양한 관점에서 발상하는 창조적 시각, 경계와 영역을 뛰어넘어 종합적으로 생각하는 통찰력, 힘과 힘, 자원과 자질을 연결하는 네트워킹 능력은 바로 이업종 간의 연대에서 창출되는 것이다.

1991년, 일본 홋가이도 오타루시(小樽市)에서 모자, 표구, 죽공예, 폭죽(축포), 주물 등의 수공업에 종사하는 직인職人 32인(30업종)이 이 업종 연대한 오타루직인회(小樽職人會)를 발족하였다. 2008년 현재, 66인(61업종)으로 구성된 직인회는 과거 그들이 뿔뿔이 혼자서 대응하던 시절에는 감히 엄두도 내지 못하던 파급효과를 창출하고 있다.[32]

---

32) 木村俊昭, "人的ネットワークによる地域再生", 片木 淳(編)『地域づ

서로 다른 업종에 종사하는 직인들 간의 횡적 연대와 협동은 새로운 제품과 디자인 개발의 원동력이 되었다. 서로의 장기長技를 주고받는 상호보완을 통해 업무처리와 제품개발의 시간 단축은 물론 경비 절약과 판로 확대까지 도모하는 효과를 거두고 있다. 1996년 제1회 '오타루 職人展'을 개최하면서부터 직인들이 출품한 작품전시회와 제작체험 공방의 공동운영은 오타루시를 새로운 관광명소로 부상시켰고, 1999년에 개최한 제1회 전국 직인학회와 2003년에 개최한 세계 직인학회를 계기로 도시의 역사가 150년도 채 못되는 오타루의 이미지를 대내외적으로 '직인職人의 도시都市'로 부각시켰다.[33]

수공업에 종사하는 직인들이 구축한 횡적 연대는 지역의 소재를 활용하려는 시도를 촉진시켰고, 이는 곧바로 지역의 산업에 활력을 불러일으키는 길로 이어졌다. 한편, 직인들의 사업을 지원하면서 행정이 제공한 거점에 직인 이외의 주민들도 참여하도록 함으로써 지역에는 주민들의 중층적 연대가 형성되었다. 그러한 연대는 보다 큰 광역적인 연대를 형성하는 계기를 마련했으며, 오타루는 그 연대를 기반으로 하여 지역의 대단위 사업을 추진할 수 있게 되었다. 수공업에 종사하는 직인들의 횡적 연대가 지역에서 중층적 연대를 형성하는 핵심적 역할을 수행했던 것이다.[34]

오타루시에서 직인들이 연대하기 이전에는 개별 직인들은 오로지 자신의 공방에서 각자가 홀로 제품을 만드는 것이 그 활동의 전부였었다. 이러한 상황에서 행정도 개별 점포의 문제점과 필요성에

くり新戰略』(東京: 一藝社, 2008), pp.168~172.
[33] 上揭書, p.173. 木村俊昭 「できない」を「できる」に変える(京都: 實務教育出版, 2010). p.1~8.
[34] 前揭書, pp.175~176.

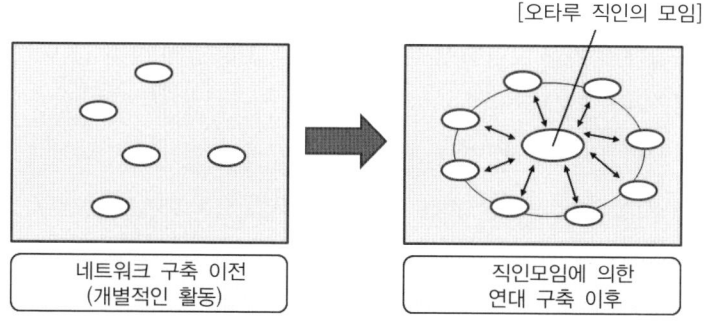

[그림 4-2] 제조업 직인 횡적 연대의 이미지

입각하여 지원책을 강구할 수 없으므로, 단지 상점가협회라는 단체를 상대로 하여 상인들의 어려움을 파악하고 일괄적인 지원을 하는 것이 그 전부였다. 또한, 공방을 개별적으로 지원하고 협력을 도모할 수 없으므로 단지 공방에 시민과 관광객이 회유回遊하도록 하는 직인공방 안내 지도 작성과 제품전시 물산전을 개최하는 것이 그 전부였던 것이다.

그러나 〈그림 4-2〉처럼 직인회가 발족한 이래 상황이 달라졌다. 행정은 직인회라는 중계다리를 통해 수시로 만나 회합과 대화를 하게 되었다. 개개의 파편화된 존재로 흩어져 있던 직인들의 연대구축은 행정이 필요하고도 적절한 시간에 지원하게 하는 지원타이밍 조절도 가능하게 하여 행정지원의 효과를 최고도로 높였다. 그 결과, 상호 협력과 지원을 통해 직인전의 개최나 전국과 세계를 대상으로 하는 대회를 개최할 수 있는 환경을 조성할 수 있게 되었다. 뿐만 아니라, 직인회는 공예품을 만드는 직인들의 업무연찬회를 실시하여 자질 향상을 모색하고, 제품의 공동개발, 체험공방의 운영, 지역 축제에의 공동참여, 작품 전시회 등을 개최함으로써 오타루를 공예의 도시로 부상시켰다. 이러한 지역의 횡적 연대 효과는 체험 공방에 참가한 초등학생의 수만도 연간 1만 명이 넘는 등 다방면에서 나타났다.35)

오타루에서 사회적 자본으로서 기능하고 있는 직인회가 결성되고 가동되기 시작한 것은 한 사람의 지도자로부터 비롯했다. 어느 지역에서나 인적 네트워크의 결성에는 키 퍼슨(key person)이 존재한다. 오타루에서도 사사키 도오루(佐佐木徹)라는 핵심 인물이 있었고 그를 적극 따르고 지지한 이토우(伊藤一郎)와 오타루시의 직원들이 조직 내부와 외부의 연대를 비롯하여 지역사람들의 이해를 구하고 협조를 얻기 위해 동분서주하면서 추진했던 것이다.36)

독일의 에베르트(Ebert) 등은 창조도시가 되기 위한 여덟 가지 조건을 제시하면서 특히 창조적인 사람들의 네트워크가 창조도시를 만들어 가는 핵심 요소임을 강조하고 있다. 그는 인구 6만3천 명인 독일의 '운나'라는 도시가 특별한 문화적 집적이 없음에도 활성화되고 있는 사례를 통해서 네트워크의 중요성을 체감했던 것이다.

'운나'에는 금속가공과 기계 관련 중소기업이 주류를 이루고 있을 뿐 대학이나 연구기관이 존재하지 않는다. 다만, 지난 20년간 프로젝트 형태(예컨대, 젊은 층을 위한 하계 예술학교 등과 같은)의 문화정책을 꾸준히 실시해 왔다. 그 결과, 개방적 정신을 가진 사람들(프로그램을 생각하고, 재정적으로도 지원하는 사람들)의 네트워크가 만들어지게 되었고, 이러한 네트워크가 지역의 창조성을 견인하고 있다.

운나의 예를 통해 볼 때, 사람들의 네트워크가 도시발전의 핵심

---

35) 上揭書, p.177.
36) 上揭書, p.168.

이라는 결론에 이른 것이다. 문화단체에 속하는 개인, 문화 관련 사무소, 화랑, 다양한 문화시설, 개인 기업 등으로 구성된 네트워크는 아이디어의 발전을 위한 일종의 사회자본과도 같은 것이다.[37] 이렇게 볼 때, 우리는 기술에 대한 투자만큼이나 우리가 어떻게 살고, 어떻게 조직하며, 서로의 관계를 어떻게 맺을 것인가에 대한 투자를 중시해야 한다는 것도 알 수 있다.

현대사회의 지역에서 이루어지는 이노베이션은 기업과 기업의 관계, 기업과 지역의 대학 또는 전문가단체, 여러 조직과의 관계 등 기업의 외부적 관계를 어떻게 하여 자발적이고도 유연한 지역적 협력관계로 발전시켜 나갈 것인가에 의해 크게 좌우된다. 즉, 기업을 중심으로 한 지역적 네트워크 시스템으로서의 협력시스템이 중요하다는 것이다. 따라서 지역 기업군의 전문성 향상과 기업 간의 네트워크에 의한 이노베이션 능력의 향상을 도모하는 '지역내 산업연관적 발전'도 중시할 필요가 있는 것이다.[38]

지역에서 연대와 협업을 연출해야 하는 것은 인간과 인간에게만 국한되는 것이 아니다. 사람과 공간, 장르와 장르, 기업과 기업 그리고 기업과 지역 간에도 화합의 순환시스템을 가동시켜야 한다. 지역창생을 위한 창조적 에너지는 이러한 요소들의 융합으로 창출되는 것이다. 인간과 물자 그리고 정보는 그것이 집적할 때 새로운 산업과 문화를 창조하는 힘이 생성된다. 집적은 산업과 문화를 발

---

[37] R., F. Gnad Evert and K. Kunzmann, "The Importance of Cultural Infrastructure and Cultural Activity For a Creative City" (presented at the 8th International Conference on Cultural Economics, 1994) : 임상호, 21세기, "왜 창조도시이며 지역창조의 조건은 무엇인가?", 지역창조 리더 양성 교육 교재(향부숙, 2009), pp.27~28.

[38] 市原あかね, "内發的發展論再考", 唯物論硏究會(編), 『地域再生のリアリズム』(東京: 靑木書店, 2009), p.50.

전시키고 이러한 결과는 새로운 차원의 집적을 불러온다.

지역이 갖는 집적의 이익은 기업으로 말할 것 같으면 동업종의 기업이 모여서 이루어지는 '지역특화의 경제'와 이업종 기업이 모여서 발생하는 '도시화의 경제'로 나누어 볼 수 있다. 그런데 지역 특화의 경제든 도시화의 경제든 그것이 생성되는 근본 힘은 네트워크와 그 연대에서 나온다. 그곳에 존재하는 각 주체들의 조화로운 관계에서 이노베이션과 창조가 생성되기 때문이다.

이러한 관점에서 우리가 한 지역을 창조적으로 재생시키려 한다면 다음과 같은 사항을 점검해 보아야 한다.

첫째, 지역 내에 다양한 생각을 가진 사람이 모여 그 생각을 나누고 토론하는 '거점'이 있어야 한다.

둘째, 지역 내에 위기감과 문제의식이 공유되고 있어야 한다.

셋째, 명확한 신념·이념을 가지고 행동하는 핵심적 인물이 있어야 한다.

넷째, 핵심적 인물을 중심으로 하여 공통의 목적·목표를 지향하면서 함께 움직이는 인적 네트워크가 형성되어 있어야 한다.

다섯째, 이러한 조직의 리더는 경영능력을 겸비하면서도 주위로부터 신뢰를 받고 있어야 한다.

여섯째, 사회자본이 정비되어 있고 지역의 아이덴티티가 형성되어 있어야 한다.

일곱째, 지역의 다양한 주체가 지역에는 활용가능한 자원이 있다는 것을 인식하고 있어야 한다.

여덟째, 지방자치단체의 공무원 중에 주체적으로 사고하고 행동하는 공무원이 양성되어 있어야 한다.

아홉째, 지역의 자원을 활용하여 창조적으로 대응하려는 지방을 지원하는 국가의 지원시스템이 있어야 한다.

　지역창생을 위한 인재의 육성과 육성된 인재가 연대하는 공간 창조의 이념은 창조의 임계점臨界點을 넘는 도시공간을 만드는 것이다. 임계란 물리학의 분야에서 물질의 성질이 변하는 경계라는 의미로 사용되는 개념이며, 사회적 현상을 설명할 때도 사용된다. 예컨대, 휴대전화의 보급률을 곡선그래프로 나타낼 때, 초기에는 완만한 상승곡선을 그리던 것이 어느 시점에서 급격한 상승 포인트를 나타낸다면 그 포인트가 바로 임계점이다. 휴대전화를 사용하던 습관이 없던 사회에서는 상품이 시장에 등장해도 제조 대수가 적기 때문에 그 가격이 비쌀 수밖에 없다. 이러한 상황에서 비즈니스계나 부유층이 휴대전화를 사용하기 시작하면서 서서히 판매대수가 늘어남에 따라 대량생산에 들어가고, 그 보급가격도 낮아지면 어느 시점에서는 폭발적인 수요가 발생한다. 이러한 시점이 바로 수요의 임계점이다.

　네트워크의 창조에도 임계점이 있다. 일부 사람들만이 목표를 공유하여 참여하는 상황에서 출발하여 대부분의 사람들이 동일한 생각을 가지고 함께 참여하는 상태로 변하는 네트워크 창조의 임계점도 있는 것이다. 초기의 단계와 임계점을 넘어선 단계에서는 리더십 모형도 달라진다. 참여자가 소수인 초기에는 역동적 카리스마를 가진 리더가 모든 것을 주도하는 양상을 띠게 된다. 그러나 임계점을 넘기 직전부터는 참여자들의 합의에 근거한 참여형 리더십이 빛을 발하게 되는 것이다.

제 5 장
지역창생과 협동의 실천

경영의 기본은 외부환경과 조직 내부의 상태를 분석하여 목표를 설정하고 그 목표에 도달하는 루트를 설계하고 실천하는 것이다. 시대의 흐름을 읽고, 자원을 발굴하여, 협업과 연대로 지역을 재창조하려면 무수한 난관을 극복해야 한다. 다양한 요인이 복합적으로 얽혀 전개되는 지역사업에는 그만큼 다양한 리스크가 잠복해 있다. 분명한 목표를 세우더라도 규제의 장벽에 부딪히고, 인재 부족에 목마르며, 자금난에 허덕일 수도 있다. 명확 목표를 세우더라도 치밀한 전략으로 대응해야 한다.

전략이란 현재의 상황에서 어떻게 대응하면 목표에 도달할 수 있을까를 생각하여 도출해 낸 시나리오이며, 현실과 목표를 연결하는 사업 여정의 루트다. 전략이 없다는 것은 현상도 모르고 또 미래를 향해 어떤 방식으로 접근해야 할지도 모르면서 무조건 항해를 하는 것과도 같다. 무엇을 어떻게 육성하여 사업으로 키우고, 그것이 지역을 활성화시키는 데에 어떻게 공헌하게 할 것인지, 몇 년 정도의 시간을 들여서 어느 정도의 규모로 성장시킬 것인지, 구체적으로 무엇부터 손을 델 것이며, 누구와 함께 할 것인지에 대해 처음부터 전략을 공유하지 않으면 얼마 못 가서 길을 잃게 된다.

지역창생 사업을 성공으로 이끌려면 하지 말아야 할 것이 있다. 남들처럼 하지 말아야 하고, 돈만큼 해서도 안 되며, 혼자 하려고 해서도 안 된다. 장기적으로 대응하지 못하고 즉효약을 기대해서도 안 된다. 지역창생의 과업은 그 지역만의 고유한 목표를 설정하고, 협동과 연대를 통해 실천해야 하는 역사 사업이다. 이러한 역사사업은 자신들의 현재 위치와 목표 사이의 간격을 메우는 전략을 세우고, 이를 부단히 추진할 때 비로소 그 성패가 결정된다.

제1절 목표 설정과 도시창생

Ⅰ. 목표 설정의 함의

지역문제에 창조적으로 대응한다는 것은 지역에 살고 있는 사람들이 보다 행복하게 살아가도록 하려는 것이며, 구체적인 목표 달성을 위해 전략적으로 대응하는 것이다. 경영활동에 있어서 우리가 거둘 수 있는 성공은 명확한 목표를 세우고, 적절한 방법을 적용하면서, 성실하게 실천한 결과로서 얻을 수 있는 것이다. 목표가 분명치 않으면 활동 그 자체가 목표처럼 인식되는, 즉 수단의 목표화에 빠질 수 있다. 명확한 목표를 가지지 않은 사람의 뇌腦는 무엇을 해야 좋을지 몰라서 뇌세포를 활성화시킬 수도 없다.

명확한 목표를 가지게 되면 뇌의 신경회로는 그 목표를 향해 정렬한다. 명확한 목표 설정이 창조성을 촉진하는 것이다. 그냥 열심히 노력하면 성공할 수 있는 것이 아니다. 지역을 새롭게 만들어 나가려면 무엇보다도 그 지역의 특색을 살린 명확한 목표를 설정해야 한다. 치밀한 실천만큼 중요한 것은 담대膽大한 목표를 세우는 것이다. 인간은 자신이 하고 싶은 분명한 목표가 있을 때 그것을 실현하기 위해 다양한 정보와 지식을 얻으려는 의욕도 생긴다. 의욕을 가지고 목표를 설정한다는 것은 그 자체로서 이미 창조활동을 시작했다는 의미이다.

목표를 설정하려면 무엇이 문제이며, 그것을 해결하려면 무엇을 어떻게 하면 좋을지를 알아야 한다. '도시를 창생하려 합니다', '지역을 재창조하려 합니다'라고 말하려면 그 도시의 무엇을 위하여 어떠한 미래를 생각하고 있는가를 분명히 말할 수 있어야 한다. 무엇을 이루겠다고 생각한다면 우선 '그렇게 되고 싶다', '그렇게 되어야 한다'고 생각하는 것이 성공의 출발점이다. 누구보다도 강하게, 목이 마르고 가슴이 탈 정도의 열의를 가지고 그렇게 되고 싶다고 갈망하는 것이야말로 성공으로 가는 첫 걸음이다. 지금 왜 그것을 해야 하며, 어떻게 해서 바람직한 방향으로 변화하게 할 것인지, 그 정책은 어느 정도의 장기 예상을 하고 있는 것인지도 명확히 말할 수 있어야 한다. 때로는 아픈 가슴을 억누르고 선택과 집중을 해야 한다.

재래시장의 재생을 예로 들어보자.

고객도 후계자도 없는 상점가를 재생시켜야 한다고 고민하는 곳이 많다. 문제의 본질은 상점가가 너무 많은 것, 즉 공급과잉 때문에 쇠퇴하고 있는데도 무조건 무언가를 지원해야 한다고 생각하는 곳이 많다. 수요와 공급의 관계에서 문제를 보지 않고 단지 정치적 수요와 신념만으로 문제를 해석하는 것이다. 그러나 '상점가가 너무 많다'는 인식에서 출발한다면, 상점가의 재생에는 두 길이 있다. 먼저 어느 상점가를 존치存置시킬 것인가를 결정해야 한다. 그 다음에는 존치시키기로 한 상점가를 어떻게 지원할 것인가를 결정해야 한다. 선택과 집중이 요구되는 것이다.

그런데도 재래시장은 정감이 있는 곳이기 때문에 살려야 한다는 단선적인 생각으로 예산을 무용하게 쓰는 곳이 많다. 주차장을 만들고, 건물을 개축하며, 안내 표시판을 새롭게 디자인하는 데에 막대한 예산을 쓰지만 당연히 효과는 있을 수 없다. 문제의 본질을 잘못 짚었기 때문이다. 재래시장에 손님이 없는 다음과 같은 이유에 눈을 감았기 때문이다. 첫째, 사고 싶은 물건이 골고루 구비되어있지 않기 때문이다. 둘째, 상점에 들어가고 나오기가 힘들기 때문이다. 셋째, 가격이 불안정하기 때문이다. 넷째, 상품진열이 엉망이기 때문이다. 다섯째, 무엇을 팔고 있는지를 잘 알 수 없기 때문이다.

재래시장에 손님이 들어가고 나오기가 어렵다는 것은 무슨 뜻인가? 상점 주인이 팔려는 본심을 너무 노골적으로 나타내면 사지 않고 나오기가 힘들고, 너무 성의 없는 태도로 일관하면 들어가기가 싫다는 것이다. 상업의 본질은 '고객에 대한 접객'에 있다. 고객을 환대하는 마음이 부족하면 상점에 들어가기도 싫지만 나가기도 어렵다. 재래시장의 재생은 고객을 환대하는 마음의 재생에서 출발해야 한다. 따뜻한 마음을 주고받을 수 없는 재래시장은 더 이상 재래시장이 아니다. 그럼에도 불구하고 재래시장을 활성화시킨다면서 토건사업과 시설의 개축改築 그리고 눈에 보이는 디자인에만 예산을 투입하는 곳이 많다.

지금까지 재래시장 활성화를 위한 시책들이 집행되어 온 사례를 살펴보면 우리의 도시정책이 진행되어 온 잘못된 양태가 망라되어 있다. 그 모습은 다음과 같다.

첫째, 눈에 보이는 외형적인 것에 치중했으며, 권위를 가진 기관이나 사람에 의존하려는 경향이 강했다. 겉으로 보기 좋은 건물이나 토건사업에 치중했고, 그 분야의 전문가가 없는데도 권위와 평판을 가진 기관에 용역을 주고, 그들이 지도하였다는 것을 가지고 정당성을 부여하려고 해왔다. 그러면서도 스토리를 만들고 접객 마인드를 키우는 데에는 투자하지 않았다.

둘째, 눈에 잘 보이지 않거나 겉으로 잘 드러나지 않는 것은 무시했다. 그 결과 고객과 주민의 심리는 외면되었고, 현장의 필요성보다는 행정의 편의로 사업이 추진되었으며, 지역에 없는 것에 매달리면서 현장에 있는 자원을 사장死藏 시켰다. 특히 그러한 곳일수록 다른 지역이 수행한 성공사례의 모방에 급급하면서도 성공한 지역이 가진 시스템의 효율적 가동, 지도자와 구성원간의 신뢰관계와 같은 본질적인 문제를 배우고 실천하지 못했다. 다른 지역의 토목시설과 외형만 본따온 사업이 성공할 리가 없는 것이다.

재래시장은 한 도시의 전통과 역사, 그리고 생활의 정취와 문화가 살아 숨 쉬는 공간이다. 에콜로지라는 관점에서 볼 때에는 냉난방기의 가동을 위해 엄청난 에너지를 소모하는 대형 유통점에 비하여 에너지를 절약하는 그린시장이다. 대화 없이 기계가 찍어내는 가격에 따라 돈을 지불하는 쓸쓸한 도시의 모습이 반영되어 있는 대형 유통점과는 근본적으로 다른 공간이다. 접속은 많아도 접촉이 없어 외로운 도시사회에서도 재래시장은 흥정이 있고, 세상 돌아가는 이야기를 나누는 정서의 공간이다. 따라서 재래시장이 사라진다는 것은 지역의 정서와 문화 그리고 상징적 공간이 사라지는 것이다. 그래서 재래시장을 살리는 것은 단지 도심부의 상업공간을 활성화시키는 그 이상의 것이다.

그러나 우리의 재래시장 활성화 논의에는 재래시장을 이용하는 고객의 입장보다는 단지 재래시장이라는 공간과 상인의 입장만 존재하고 있는 것 같다. 그러나 재래시장의 물리적 공간을 현대적으로 정비한다고 해도 구매자는 늘어나지 않는다. 재래시장의 문제를 단순히 상업의 문제로만 접근해서는 해결책이 없다는 것을 알아야 한다. 대형 유통점을 억제하고 시설의 현대화를 추구하는 것만으로 재래시장을 활성화시킬 수 없다는 것을 알아야 한다.

이용자의 입장에서 고민하지 않는다면 아케이드를 설치하고 간판을 정비해도 소용없다. 재래시장의 가치를 이해하고 그 가치를 지키려는 마음을 공유해야 한다. 재래시장은 정감이 있는 곳이기 때문에 살려야 한다는 회고론에 입각하면서도 고객 환대라는 마음을 재생하지 않는다면 문제의 본질은 해소되지 않는다. 편리성이라는 측면에서 본다면 대형점이 더 유리하다. 시설의 현대화만으로는 애초에 경쟁할 수 없다는 것을 알아야 하는 것이다.

재래시장을 고객이 교류하는 장소가 되도록 해야 한다. 주부들을 위해 아이를 잠시 맡아주는 서비스를 하고, 시장 내에 작은 도서관을 만들어 책을 빌리면서 장도 볼 수 있게 해야 한다. 복지시설을 유치해서 노인들이 일상으로 지나 다니게 하고, 아이들과 주부들에게 식문화를 전파하는 평생학습 시설도 함께 하게 하도록 더욱 효과적이다. 이용자의 입장에 서서 방향성을 다시 설정하고 지혜를 모아야 한다. 대형유통점의 제한 거리가 500m여야 하느냐 아니면 1km는 되어야 하느냐를 따지는 것만으로 문제가 해결되는 것이 아니다. 재래시장의 활성화는 지역사회 전체의 관점에서 포괄적으로 접근하지 않으면 해결책이 없다.

중요한 것은 문제의 본질을 제대로 읽는 것이다. 잘못된 전제에서 도출된 시책으로는 효과를 낼 수 없다. 따라서 정책 결정자는 먼저 자신에게 말을 걸어보아야 한다. 그리고 모두에게 그것을 왜 해야 하는가를 분명하게 말할 수 있어야 한다. 생각하지 않은 것은 표현할 수 없고, 표현되지 않은 것을 함께 실천할 수는 없다. 좋은 생각이라도 여러 사람이 공감하고 공유해야 함께 실천할 수 있게 된다. 분명한 목표를 설정하고, 선언한 목표 실현을 위한 사업에 착수하여, 기대한 대로 성과를 올리게 되면 반신반의 하던 주위의 사람들로부터도 신용을 얻게 된다. 이렇게 하여 쌓여진 신용은 새로운 힘을 만들어 간다. 이것을 유언실행(有言實行)의 효과라고 말할 수 있다. 회사를 경영하는 것도, 지역을 가꾸는 것도 결국은 마찬가지다. 그것은 일상에서 유언실행을 착실하게 해 나가는 것에 달려 있다. 지역을 새롭게 만들기 위한 유언실행의 기점은 어떻게 설정해야 하는가? 먼저 지역이 지향해야 할 고유한 방향을 설정하는 것에서 시작해야 한다. 그 방향을 탐색하기 위해서는 성공 반열에 오른 지역의 공통적인 특성을 묘출하여 상대비교를 통한 벤치마킹을 하는 것도 필요하다. 보편적인 공통지표가 아니라 자신의 지역이 지향해야할 다면적인 가치를 일목요연하게 표출하고, 그러한 내용에 있어 뛰어난 업적을 가진 다른 지역과의 철저한 비교를 통해 방향을 모색하는 것도 한 가지 방법이다.[1]

세계적 성공사례의 이해는 발상의 틀을 만들어 준다. 그러나 벤치마킹의 가치는 지금까지 존재하는 최량의 실천사례를 평가하는 데에 있는 것이 아니다. 뛰어난 실천사례가 어떻게 시작되었고 그 성공조건이 무엇이었는지를 발견하는 데 있는 것이다.[2] 과거의 다른 장소에서 성공한 이론이나 사례를, 특히 가치관도 라이프스타일도 그리고 조건도 다른 외국의 사례를 한국의 현장에서 그냥 그대로 적용하려는 것은 그 자체가 이미 무지한 발상이다. 장소와 시대 그리고 개성을 고려하지 않은 지역사업이 성공할 리가 없다. 다양한 사례를 이해하려는 것은 자신들의 독창적인 비전을 세우기 위한 것일 뿐이다.

---

1) 勝見博光, "都市の創造性を測る", 總合研究開發機構(編), 『創造都市への展望』(東京 : 學藝出版社, 2007), p.160.
2) Charles Landry, *Creative City*(London : Comedia, 2002), p.131.

비전은 실천함으로써 그 가치를 발하게 된다. 독창적 비전을 실현하려면 용기가 필요하다. 전연 새로운 분야를 개척하려는 사람들에게는 말로는 다하지 못할 어려움이 따른다. 상황이 이러할수록 자기 자신을 비롯한 관련자들과 더욱 많은 대화를 해야 한다. 그렇게 결정해도 좋을지, 과연 계획대로 성공할지, 그것이 최선의 선택인지, 모델이 없는 만큼 끊임없이 물음을 던져 바른 답을 짜내야 한다. 그 답은 타당한 것인지, 보완해야 할 것은 없는지, 주위 사람들과 대화를 하면서 혹독하리만치 자신들을 추궁해야 한다. 이러한 대화와 성찰의 화두는 자신들이 추구하는 목표의 원점으로 돌아가는 것이다.

추구하는 목표에서 신념을 이끌어 내는 것도 중요하다. 추구하는 목표에 스스로 가치를 부여할 때, 지속적으로 그리고 발전적으로 문제를 풀어나갈 수 있기 때문이다. 목표란 이루고 싶은 모습을 구체화한 것이며, 구성원의 힘을 결집하는 구심력으로 작용하는 것이다. 그러나 지역창생 사업의 목표도 지역이라는 큰 관점에서 보면 하나의 수단에 불과한 것이다. 지역창생 사업은 지역을 지속적으로 개선해 나가는, 즉 호흡이 긴 중장기적인 사업이기 때문이다. 수단으로서의 목표란 '중장기적인 방향성에 대하여 구체적으로 언제까지, 어느 정도의 수준까지 달성할 것인가'를 설정한 것이다. 따라서 목표란 함께 일하는 구성원이 공유하는 이정표里程標인 것이다.

이정표로서의 목표에는 두 종류가 있다. 중장기적인 미래를 확인하는 비전형 목표와 현실적이면서도 구체적인 실현을 전제로 한 실행목표가 그것이다. 비전형 목표는 구성원들에게 동기를 부여하고 팀의 단합을 도모하게 한다. 실행목표는 구체적인 전략을 수립하는 기준이 되는 것이다. 그것은 실제로 언제까지 어떠한 성과를 올릴 것인가를 명확히 함으로써 전략의 골자를 만들 수 있게 하는 것이다. 이러한 목표 설정이 중요한 것은 지금 할 수 있는 일이 비록 전체의 일부분일지라도 큰 구상 하에 담대하게 계획을 세우고 치밀하게 실천하도록 유도하기 때문이다.

지역창생 사업은 전체최적화(全體最適化)를 도모하지 않고 부분적인 개별사업에 빠지는 부분최적화(部分最適化)에 매달려서는 안 된다. 예컨대, '침체하고 있는 중심 시가지를 어떻게 할 것인가', '문을 닫을 판인 관광단지를 어떻게 할 것인가' 에 대한 대책을 세우고 사업을 하려고 할 때, 너무나도 단기적인 결과에 매달려 중심 시가지나 관광단지 그 자체만을 논하게 된다면 기대하던 성과를 얻지 못하게 된다. 따라서 또한 중요한 것은 각 부분의 최적화를 전체의 관점에서 연결하여 그 효과를 확산시키는 창의적 노력이다.

중심 시가지나 지역의 관광단지는 어디까지나 지역을 구성하는 일부분에 지나지 않는다. 따라서 지역 전체의 활성화를 도모하는 전략적 계획의 일부로서, 그 지역의 활성화 효과를 지역 전체에 파급하도록 구상해야 한다. 그렇지 않으면 그 효과는 일회성으로 끝날 뿐 지속적이고 발전을 거듭하도록 기대할 수가 없다.[3]

---

[3] 행정이 창업지원 세미나나 기업유치활동을 기획하고 실천하는 경우, 출석자 수와 유치한 기업의 수 등의 수치 목표를 설정하는 경우가 많다. 창업지원 세미나의 목적은 그 세미나에 참석한 사람의 수가 많은 것이 아니라 그 세미나를 통하여 창업한 사람이 나오게 하는 것이다. 기업유치의 목적은 유치한 기업의 수가 많은 것이 아니라 지역에 미치는 고용효과와 지역 내 기존 산업과의 연관효과 등을 유발시켜 지역산업 전체를 강화하는 것이다. 그러나 유치한 기업의 수만 강조하는, 즉 부분최적화에만 매달리게 된다면 경우에 따라서는 유치 후에 지역의 기존기업을 약체화시키는 문제를 유발할 수도 있다. 이익보다도 폐해가 더 크게 되는 것이다.

기업을 유치하는 경우에, 어떻게 하면 지역 전체를 활성화시킬 수 있을까(전체최적화)라는 관점에서 지금 지역이 필요로 하고 있는 것을 구상하고 실

Ⅱ. 목표설정 방법과 절차

　목표는 어떻게 설정하고 만들어야 하는가. 목표를 어떻게 설정하는가에 따라 창조성의 정도와 목표달성을 위한 실천양식도 달라진다. 목표를 명확히 설정하는 것만큼 중요한 것은 누구와 어떻게 설정하는가이다. 함께 추진할 목표라면 그것은 전달되어지는 것이 아니라 함께 만들어야 하는 것이다. 목표를 함께 짜내는 과정을 통하여 구성원은 '이것이 우리의 목표다'라는 의식을 갖게 된다. 다양한 속성의 멤버에 의하여 추진되는 지역창생 사업은 팀의 결속을 위하여 지향할 목표를 함께 만들어야 하는 것이다.

　지역의 목표는 그 지역 사람들이 흥미를 갖고 필요성을 절실히 느끼는 것일수록 좋다. 지역사람들에게 매력을 끌지 못하는 목표는 추진하기 어렵다. 여러 사람이 모이면 그들의 표현 방식은 달라도 무엇을 달성하고 싶고, 이루고 싶으며, 실현하고 싶은 공통점은 반드시 있다. 지역에서 새로운 사업을 추진하려면 주민들의 원망願望에서 분명한 목표를 끌어내야 한다. 그리하여 대상이 명확하고 테마가 일관되어 누가 보더라도 동일한 이미지를 갖는 목표를 만들어야 한다.

　행해야 한다. 그러나 우리나라의 현장에 가보면 국가보조사업의 일환으로 시행하고 있는 많은 사업들은 부분최적화에 급급하고 있다. 전체적인 틀 속에서 종합적으로 고려하는, 즉 전체최적화를 도모하지 못하고 단지 예산을 소화하는 일에만 급급하고 있다. 그 결과 아무리 사업을 따라서 실행해도 지역 전체는 활성화되지 않고 심지어는 오히려 지역 전체의 힘을 약화시키는 경우도 있다.

여기에서 또한 중요한 것은 창조활동을 전개할 대상을 명확히 하는 것이다. 대상이 너무 광범위하여 산만하면 초점을 맞출 수 없다. 너무 막연한 목표, 이것저것 나열한 목표는 목표로서 기능하지 못한다. 이것도 저것도인 것이 아니라 이해하기 쉽고 압축된 명확한 목표를 설정해야 한다. 너무 많은 목표를 내세우면 숨 가쁘고 벅차게 된다. 가능성이 있다고 해서 여러 분야를 대상으로 하면 단 한 곳의 성공도 어려울 수 있다. 따라서 시대를 읽고 지역을 읽어서 바르게 선택하고 과감하게 집중하는 결단이 필요하다. 대상이 명확해지면 그 다음에는 무엇을 위해 노력을 해야 할지의 목적을 명확히 하는 것도 중요하다. 목적이 명확해지고 그것을 이루기 위한 목표 지점을 공유하게 되면 현실이 슬로건을 뒤따르게 된다.

지역이 지향해야 할 목표는 구체적으로 지역을 분석하여 가설을 세우고 그 가설을 토대로 한 구상을 세밀한 계획으로 표현해야 한다. 한 지역의 가능성은 먼저 그 지역이 처해 있는 어려움의 본질을 철저히 분석하면서 탐색해야 한다. 그리고 과거와 현재의 경제활동과 문화·사회활동의 동향을 분석하고 거기에서 작용하고 있는 지속적인 힘을 적출할 필요도 있다. 어떤 사업을 추진하는 경우에도 그것에 영향을 미치는 외부환경과 내부사정, 집적과 기회를 적확的確히 포착하여 필요한 시기에 필요한 액션을 취해야 한다. 이를 위해서는 다음과 같이 해야 한다.

첫째, 지역의 특성과 잠재력을 분석한다.
지역에 어떤 소재가 있고 어떤 가능성이 있는지를 면밀히 조사하여 발전 방향에 대한 가설을 세워야 한다. 지역의 소재와 가능성을 알기 위해서는 먼저 시장과 고객수요의 변화, 새로운 고객의 등장

가능성 등과 같은 주민의 변화를 읽어야 한다. 그리고 규제, 법제도의 변화, 상위 계획과 관련 계획의 검토, 경쟁지역의 동향 등을 파악해야 한다. 이러한 분석은 주민과 고객에게 무엇으로 다가가며 다른 경쟁지역과는 어떤 차별화를 도모할 것인지, 그리고 이를 추구하는 내부의 힘은 어디에서 어떻게 결집할 것인가를 검토하려는 것이다.

둘째, 목표에 대한 가설을 세운다.

명확한 분석이 이루어지면 이를 토대로 지역이 지향해야 할 목표에 대한 가설假說을 세워야 한다. 지역이 지향해야 할 방향성과 차별화는 소프트 분석을 통해 지역의 강점과 약점, 기회와 위협요인을 살펴보고, 매트릭스 분석을 통해 차별화의 특성을 도출할 필요도 있다. 그리고 '스마트(SMART)' 분석을 통해 목표를 구체적으로 재확인할 필요도 있다. 스마트 분석을 통해 목표를 재확인한다는 것은 설정한 목표가 구체적이고, 측정 가능하며, 사람들의 관심을 끌 수 있을 만큼 매력적이면서, 현실적으로 실현가능한 것이고, 목표달성의 시한이 정해져 있는가를 검토한다는 것이다.

- **S** – Specific : 구체적이어야 한다
- **M** – Measurable : 측정 가능해야 한다
- **A** – Attractive : 매력적이어야 한다
- **R** – Realistic : 현실적으로 실현가능해야 한다
- **T** – Time-bound : 실현기한이 명시되어야 한다

셋째, 기본구상을 수립한다.

분석을 통해 수립한 가설을 토대로 발전의 방향을 구상하고 목표를 설정해야 한다. 이를 기본구상이라고 한다. 지역이 지닌 외부환경과 내부환경의 분석에서 도출된 가설을 토대로 구체적 전략과 사업계획을 세우기 앞 단계의 기본구상을 수립해야 하는 것이다. 기본구상은 이상적인 방향 또는 발전의 이미지, 즉 비전을 명확히 한 것으로서 다음 단계의 구체적 계획을 위한 지침으로서 기능하는 것이다. 따라서 발전 방향, 실천할 경우의 기본 방향 등의 '판단자료'가 되는 단계의 기획서이다. 여기서는 정밀한 내용보다도 기본적인 사고의 틀을 구성하는 하나의 구상으로서 기능하게 하는 것이 중요하다. 따라서 장기적 비전과 전략적 목표를 제시하는 것에 초점을 두고 작성해야 한다.

기본구상은 비전 설정과 목표의 제시로 이루어지는 것이다. 비전은 이루고자 하는 성공의 이미지와 달성하고 싶은 미래의 모습을 천명한 것이다. 비전은 앞으로 지역이 어떤 모습으로 변할 것인지를 제시함으로써 공감과 공유를 연출하려는 것이다. 만약 비전이 공감대를 형성하지 못하고 있다면 그러한 비전은 비전으로서의 역할을 하지 못하는 것이다. 비전의 설정 과정 자체에 참여를 유도함으로써 공감과 공유의 폭을 넓힐 필요도 있다. 목표는 설정된 비전을 달성하기 위해 무엇을 해야 하는지를 명확히 천명한 것이며, 지향하는 상황을 명확하고 구체적으로 표현한 것이다.

예컨대, 중심 상점가의 활성화가 목표라면 창생사업을 통하여 실현하고자 하는 중심 상점가의 구체적 상태가 목표이다. 따라서 목표의 수치화가 가능하면 그 달성도를 보다 쉽게 알 수 있게 된다. 목표의 설정에 의하여 지향하는 상황과 현상과의 갭(gap)이 선명하게 되면 '무엇을 하지 않으면 안 되는가'가 제시될 수 있다. 이러한 목표 설정에 있어서 기본적인 유의점은 목표 수준을 적절히 하는 것과 목표 달성까지의 시간을 적절히 고려하는 것이다.

넷째, 기본계획을 수립한다.

기본계획이란 기본구상을 실현하기 위한 시나리오를 작성하는 것이다. 즉, 기본구상에서 제시한 목표를 달성하려면 '무엇을 해야 하는가' 하는 정책 과제를 제시하고, 그러한 정책을 실천할 구체적인 시책과 사업계획을 수립하는 것이다. 따라서 기본계획은 천명된 목표 실현을 위하여 구체적인 정책과 시책 및 사업을 제시하는 것으로서 구성된다. '자연과 공생하는 도시 건설'이 천명된 목표라고 한다면, 이러한 목표는 '예산을 집행해서 무엇을 달성할 것인가' 하는 구체적인 정책으로 표현되어야 한다.

예컨대, 녹지와 공기 수준은 어느 정도를 확보할 것인가와 같은 구체적인 과제를 제시해야 한다. 그리고 이러한 과제를 달성하기 위하여 구체적으로 쓰레기소각장 건설과 환경계몽 사업 추진 등과 같이 어떤 사업을 하겠다는 구체적인 행동계획이 제시되어야 한다. '재래시장의 활성화'가 정책이라면, 보행자의 통행량을 현재 상태에서 어느 정도로 늘리고, 이들의 회유回遊시간을 얼마로 늘리며, 그 결과 소매업의 상품판매액을 현재의 수준에서 얼마로 올린다는 구체적인 시책 과제를 제시해야 한다. 그리고 이러한 시책 과제를 달성하기 위하여 중심 시가지의 쇼핑공원화 사업을 추진하고, 노인시설과 보육센터 등의 설치, 야간의 집객과 회유성 증대를 위하여 가로등 정비사업과 야간콘서트 사업을 추진하는 등의 사업계획을 제시하는 것을 예로 들어 볼 수 있다.

정책과 시책 과제를 구상하는 발상의 단계는 그것을 실천했을 때

문제 해결에 유용한 것인가, 누가(행정, 민간기업, NGO, 주민, 또는 이들의 연합) 대응해야 할 과제인가, 사업 전개가 가능한 것인가, 누구로부터 지지를 받을 수 있는가, 긴급성이 있는 것인가 등을 차례로 검토하는 것이다. 정책과제의 윤곽이 분명해지면 그 해결책으로서 시책안을 작성해야 한다. 탁월한 정책이란 그 정책 목표를 실현하기 위해 실천할 수 있는 구체적 시책이 제시되어 있는 것이다.

인간의 문제도 지역의 문제도 해결하고자 하는 문제의 원인이 규명되면 그 원인들을 하나하나 제거하는 것이 바로 문제해결로 연결되는 길이다. 그러나 실제에 있어서는 그 원인이 분명하지 않거나 복잡하게 얽혀 있는 경우가 많다. 원인을 특정特定할 수 있다고 해도 그것을 제거하기가 어려운 경우도 많다. 따라서 과거의 유사한 사례로부터 참고 자료를 찾고, 다른 지역의 선진 사례를 참고하며, 민간의 노하우도 도입해야 한다. 그리고 전문가의 자문을 받아 가면서 다양한 발상기법을 동원하고, 또 주민과 함께 생각하면서 현실적으로 가장 우수한 해결책을 강구해 나가야 한다.

다섯째, 사업계획서를 작성한다.

이상의 내용을 정리하여 사업계획서를 기획서의 형식으로 작성해야 한다. 사업계획서는 정책과 시책을 구체적인 행동으로 옮기는 액션플랜이다. 모든 사업은 그것으로써 달성하려는 시책을 전제로 성립하는 것이며, 시책은 정책을 위한 수단이다. 반대로 모든 정책은 시책으로 구성되며, 시책은 사업으로 실현된다. 그리고 이들의 관계는 보다 상위에 존재하는 목표라는 추상적인 것에서부터 구체적인 사업이라는 단계적 구조로 형성되며, 이들은 또한 목표와 수단으로서 연쇄적인 관계를 구성한다.

특정한 정책을 구성하는 시책을 구체적인 사업으로 표현하려면, 그 사업을 담당할 주체와 사업의 대상이 분명해야 한다. 뿐만 아니라 그 사업 목적을 달성하기 위해서는 어떤 방법을 취할 것인가 하는 그 수단도 분명하게 제시해야 한다. 사업계획서의 구조는 목적, 주체, 대상, 수단이라는 기본요소를 전제로 해야 하는 것이다. 또한 사업계획서에는 사업 진행의 스케줄, 소요 비용, 기대하는 효과도 함께 적시해야 하는 것이다. 따라서 사업계획서는 목적, 주체, 대상, 수단, 스케줄, 비용, 효과라는 7대 요소를 천명함으로써 활동의 지침으로 활용할 수 있어야 한다.

제2절 협동과 연대의 구축

Ⅰ. 인재의 발굴과 참여의 확대

성공적인 지역에는 분명한 목표가 있고, 상황을 이끌어 가는 키 퍼슨이 있으며, 연대하고 협동하는 시스템이 작동하고 있다. 지역을 새롭게 창조하려는 목표 지점을 일부의 지도자들만 바라본다면 그것은 지역의 목표가 아니다. 중요한 과업일수록 몇 사람의 힘만으로 이룰 수가 없다. 중요하고 영향력이 큰 것일수록 참여와 연대를 구축해야 한다. 그래서 토크빌은 다음과 같이 말했다.

"지상에서 가장 힘 있는 국가란 그들이 바라는 목표를 여러 사람들이 힘을 합해 함께 추구하는 수완이 뛰어나며, 그러한 지식과 능력을 더욱 많은 대상에 적용하는 사람들이 살고 있는 국가이다."
(Alexis De Tocqueville, *Democracy in America*).

조직과 사회를 이끌어 간다는 것은 수많은 사람들의 지혜를 모으고 협력을 이끌어 낸다는 것을 말한다. 목표가 원대하고 그 실현이 절실한 것일수록 널리 많은 사람들을 참여시켜 역량을 결집시켜야 한다. 지지를 확산시키는 기본 방법은 참여를 확대하는 것이다. 이를 위해 무엇보다 중요한 것은 무수한 주체들 간의 협력적 네트워크를 형성하는 것이다. 그리하여 그 연대로부터 우러나오는 힘을 발산시키는 것이다. 네트워크로 연결된 10인의 협력자와 함께 하고 있다면, 그것은 정보와 자원 그리고 에너지를 10배로 확대시키고 있는 것과 같다.

지역을 창조적으로 경영하려면 무엇보다도 종합프로듀서의 역할을 수행하는 인재가 있어야 한다. 이러한 사람이 중심이 되어 인적 자원을 만들어 나가야 한다. 의욕을 가진 사람과 그들의 그룹은 무엇보다 중요한 자원이다. 의욕 있는 인재를 키우고 이들을 앞세워야 한다. 인재에도 여러 종류가 있다. 무엇을 하면 좋겠다고 제안하는 발안자, 제안에 찬동하고 함께 추진할 동조자, 이끌어 가는 리더, 분위기를 조정하는 조정자, 현장에서 땀 흘리는 추진자. 측면에서 협력하는 후원자, 바깥의 분위기를 전해 주고 전문적인 평가를 해주는 조언자도 필요하다. 하나의 프로젝트에는 이처럼 다양한 인재가 필요하다.[4]

---

4) 이러한 인재를 대별하여 3부류로 나눈다면 희생적으로 일하는 리더, 리더의

문제는 인재를 확보하는 방법이다. 인재 정보를 정비하고 인재 네트워크를 구축해서 필요한 인재를 구하고 육성해야 한다. 그러면서 지역의 가능성 있는 인재의 싹을 키워 나가야 한다. 지역에 공헌하고 싶지만 어떻게 접근하여 어떻게 공헌할지를 몰라 망설이는 사람도 많다. 함께 활동하고 추진해 나갈 민간그룹, NGO, 지원봉사단체, 기타 지원 그룹을 찾아 나서야 한다. 공모를 통해 인재를 구하고 강좌를 통해 계발啓發하고 또 개발開發해야 한다. 협의회를 만들어 관련자들의 의식을 개혁하는 일련의 사업을 도모할 필요도 있다. 인재를 구하기 위해서라면 있는 방법을 다 동원해야 한다.

인재와 인재가 협동하고 협업하며 연대하도록 해야 한다. 이를 위해서는 서로 속마음을 터놓고 말할 수 있는 거점도 필요하다. 공식적인 회의만이 아니라 자유롭게 의견을 교환할 수 있는 기회와 장소를 만들어야 한다. 조직이나 집단을 통한 합의 형성과 문제 해결 그리고 학습활동을 촉진시키기 위해서는 협동적이고 창조적인 대화를 이끌어 내는 기회와 장소도 만들어야 한다.

강건한 의지를 가진 주체자들이 자신들이 만들고 싶은 지역의 모습을 동료들에게 발신하여 동조자들의 머리에 자신이 그린 그림을 이식하게 해야 한다. 그리고 동조자들을 통하여 그 열기가 지역에 전달되어 보다 많은 사람들이 같은 꿈을 가지도록 해야 한다. 이를 위해서는 공식적 비공식적 대화는 물론이고 전문가를 통해 일반 주민들의 마음을 모으는 심포지엄과 워크숍 그리고 강습회 등을 실시할 필요도 있다.

방침을 충실히 따르면서 실천하는 실무가, 지역에 대한 객관적인 정보를 제공할 수 있는 외부 전문가로 나누어 볼 수 있다. 지역창생 사업은 지역에 있는 일부 그룹의 발의와 생각만으로는 성공할 수 없다. 폐쇄적인 지역에서 살아온 사람들의 생각만으로는 제품은 만들 수 있어도 상품을 만들지는 못한다.

Ⅱ. 공감의 창조와 공유의 확산

여러 사람의 힘을 모으고 함께 하기 위해서는 계획단계부터 공감하고 공유하는 과정을 만들어야 한다. 협동적이고 민주적인 리더십의 새로운 정신을 반영한 이러한 추진방식은 여러 가지로 실천될 수가 있다. 브레인 스토밍(brainstorming)기법에 토대한 4단계 기법, 즉 공유 → 확산 → 정리 → 구축의 과정을 거치는 것도 그 중 하나의 방법이다. 브레인스토밍 기법에 의한 창조의 과정을 설명하면 다음과 같다.

1. 문제의식의 공유

참여와 연대에 의한 지역창생을 위해서는 현재 지역이 직면하고 있는 문제와 과제에 대한 의식을 공유하도록 해야 한다. 이를 위해서는 자유로운 의견교환의 기회를 만들어야 한다. 구성원들이 모여 각자의 입장을 초월하여 자유롭게 현재의 상황을 말하고 의견을 제시하는 기회를 만들어야 한다. 주민들에게 자신이 좋아하는 장소나 마을에 대하여 그리고 개인적인 꿈과 유토피아에 대하여 말하도록 하고 또 이해하도록 해야 한다. 그리하여 과거를 회상하고 현재의 문제점을 공유하도록 대화를 유도해야 한다.

미래의 꿈을 말하고 현실의 상태를 이해하게 되면 열망과 현실간의 괴리가 분명해진다. 그리하여 자신들이 추구하는 이상을 추구하기 위한 장애물도 드러난다. 그러나 창생사업의 실천이 절실한 지역일수록 그곳의 주민들은 무엇이 문제인지를 스스로 인식하지 못하는 경우가 많다. 지금 문제를 방치하면 미래는 어떻게 전개될 것인지, 자신들이 책임져야 할 과제가 무엇인지를 스스로 말하게 하려는 많은 시도가 아무런 소득도 없어 처절할 만큼 실패로 끝나는 경우도 많다. 만약 그렇지 않았더라면 그곳은 이미 침체의 늪을 벗어났을 것이다.

따라서 초기 단계에서는 지도자가 자신이 꿈꾸는 미래를 말하고 현재의 문제점을 제시할 필요가 있다. 왜(why) 그것이 문제인지, 무엇(what)을 해야 하는지, 어떻게(how) 해야 하는지를 말하면서 멤버들의 관심을 환기시킬 필요가 있다. 그런데 여기에서 또 하나의 중요한 사실을 명심해야 한다. 사람들에게 많은 메시지를 전달하는 것보다 더 중요한 것은 실질적인 상호작용(interaction)을 이끌어 내는 것이라는 사실을 명심해야 한다.

따라서 초기 단계에서도 리더가 단독으로 문제를 규정하거나 목표를 설정해서는 안 된다. 멤버들의 마음을 단번에 사로잡으려는 욕심을 가져서도 안 된다. 모든 사람에게는 그 사람 나름의 사정이 있고, 또 그 사람 나름의 논리가 있다. 리더는 자신의 의도를 이해시키려 하기 전에 참여자들의 이해利害를 먼저 이해理解해야 한다. 이해를 함으로써 이해를 받아야 하는 것이다. 그래서 리더가 말해야 한다는 것은 멤버들이 스스로 말하도록 말해야 한다는 것이다.

멤버들이 말할 때에는 귀로 소리를 듣는 것(Hear : 聞)이 아니라 마음으로 다가가서 가슴으로 들어야(Listen : 聽)한다. 상대방의 본심을 이해해야 그 사람을 이해시킬 수 있다. 상대방이 말하고 있는 도중에 상대를 어떻게 설득할 것인가를 생각하면서 그의 말에 제동을 걸어서도 안 된다. 제동이 아니라 질문을 하는 것이 그의 마음을 얻는 길이다. 유도를 하기 위해 질문을 해서도 안 된다. 그를 이해하기 위한 질문을 할 때 상대는 마음으로 느낀다. 그렇게 할 때, 때로는 상대방으로 하여금 자신들은 충분한 논거를 가지고 말하는 것이 아니라는 것을 스스로 깨닫게 할 수도 있다.

많은 경우 상대를 이해한다고 해도 의견의 충돌은 여전히 남는다. 그러나 표면적인 요구는 서로 달라도 본질적인 요망要望이 같다는 것을 알게 한다면 서로간의 윈윈(win-win)을 창조할 수 있다. 따라서 모든 대화는 지엽적인 이해의 조정이 아니라 본질적인 요망을 함께 검토하는 것에서 시작해야 한다.

참여자들이 대승적 차원에서 문제의식을 가지고 현실을 바라보도록 하기 위해서는 사전에 선진지역을 방문하게 하여 발상의 싹을 틔워줄 필요도 있다. 어느 정도의 의식이 정비되어 있어야 대화가 통하기 때문이다. 다른 사람들이 행한 성공사례를 함께 공부하거나 전문가의 지원을 받는 것은 그래서 필요한 것이다. 이러한 과정을 통하여 자신들이 처한 현실과 이상 간에 놓여있는 격차와 한계를 알게 함으로써 스스로에게 동기를 부여하도록 해야 한다.

2. 공감의 확산

현재의 문제점에 대한 정보가 공유되면 이를 널리 확산시켜야 한다. '공감의 확산'을 위해서는 참여자 모두에게 각자가 느낀 문제의식에 토대하여 앞으로 달성하고자 하는 꿈이나 아이디어를 발표(카드에 적어 제출)하도록 하는 것도 하나의 방법이다. 라운드 테이블이나 주민회의 또는 운영위원회와 같은 것을 개최하여 다양한 아이디어를 함께 검토하면서, 다른 사람이 제시한 아이디어를 토대로 자신의 생각을 다시 가다듬을 수 있도록 하는 것도 중요하다. 그렇게 함으로써 새로운 관계가 형성되고 생각하지도 못한 발상의 계기가 만들어지기도 한다. 이러한 과정을 거친 후 참여자들이 각자 자신이 생각하는 이상적인 미래의 시나리오를 발표하게 할 필요가 있다.

이처럼 리더가 단독으로 문제를 규정하거나 목표를 제시하는 것이 아니라 구성원들이 서로의 의견을 듣고, 구성원들의 의견 가운데 공통점을 찾아내어, 공통의 인식을 확인해야 한다. 공통점을 확인하는 또 하나의 방법은 그들이 가진 상이점을 확인하는 것이다. 서로의 차이점을 무시하고 공통점만 확인하고 넘어가면 인식상의 작은 차이점이 나중에 큰 불일치를 불러 올 수도 있다. 상이점을 도출하려는 것은 그것을 초월하기 위해서이다. 대부분의 경우, 구성원들이 가진 상이점은 그들이 지향하는 더 큰 목표를 인식하게 할 때 해소된다.

3. 목표의 공유

목표를 설정할 때, 많은 사람이 선호한다고 해서 그것이 언제나 최선의 안案이라고 단정할 수는 없다. 기본적으로 합리성이 없는 여러 대안 중에서 하나를 선택한다면 얼마 가지도 못하고 문제에 봉착한다. 대부분의 사람들은 일의 원인과 결과를 엄정하게 파악하고, 그 인과관계에 따라 판단하는 것이 아니다. 때로는 목소리가 큰 일부 사람이 전체의 의사를 좌우하는 경우도 있다. 여러 사람의 의견에 기초하여 목표와 수단을 결정하는 것은 물론 중요하다. 그러나 의견을 집약하는 것 그 자체가 목적이 되어버리면 그러한 의견집약 과정이 오히려 합리적 판단을 어렵게 할 수도 있다.

회의에서의 합의合意와 목소리가 큰 사람에게만 의사결정을 맡겨서는 안 된다. 리더는 논리적인 논의가 되도록 하는 역할도 수행해야 한다. 이러한 노력의 결과로서 함께 추구할 다양한 방안과 방향이 제시되면 이들 중에서 가장 바람직한 대안을 선정해야 한다. 제안된 다양한 아이디어의 키워드를 분류하고 정리하면서 우선순위를 설정함으로써 함께 할 목표와 행동방안을 공유하도록 해야 한다. 이러한 단계에서 동원할 수 있는 가장 일반적인 방법은 각자가 선택하고 싶은 안案에 투표하도록 하는 것이다.

참여자들은 자신이 제시한 의견을 포함한 다양한 아이디어를 함께 정리하고 수속收束하는 과정에서 앞으로 자신들이 실현시켜야 할 목표를 인식하고 실천해야 할 행동을 구체화하게 된다. 이러한 단계에서 목표는 구체적으로 어떤 의미를 가지며, 그것이 이루어질 때 어떤 효과가 있는지를 멤버들이 잘 파악하도록 해야 한다. 그리하여 누가 무엇을 해야 할 것인지를 스스로 알게 되면 결국 모두의 힘이 한 방향으로 결집되는 것이다. 참여에 의한 목표 설정은 문제를 공감시키고 목표를 공유하게 할 뿐만 아니라 그 실행 방법도 공유하게 하는 것이다.

제3절 실행시스템의 구축

Ⅰ. 역할분담과 지원체제의 구축

목표 달성을 위해서는 구체적인 실행시스템을 구축하고 행동할 인재를 배치해야 한다. 여기에서 가장 중요한 것은 역할분담이다. 지역을 재창조하기 위해서는 다양한 파트너십을 구축해야 한다. 그리고 어떤 이해관계자와 교섭하고 어떤 파트너와 연대해야 할 것인가를 판단하여 행동해야 한다. 새로운 아이디어는 개방적인 문화와 진취적인 기상 그리고 상호신뢰와 자기책임 의식으로 가꾸어진 조직문화 속에서 꽃핀다. 따라서 다양한 사람의 연대로 결속된 강력하면서도 유연한 실행시스템을 구축해야 한다.

실행시스템의 구축은 다음과 같은 절차로 수행하는 것이다. 먼저 그 과업을 행정이 주도할 것인지, 민간 비즈니스계가 주도하게 할 것인지, 새로운 파트너십을 고안할 것인지를 결정해야 한다. 자금의 확보와 관리 그리고 사업의 채산성과 계속성 등을 감안하여 추진 주체를 결정해야 하고, 그 최종 책임자를 누구로 할 것인지도 결정해야 한다. 그 다음에는 함께 손잡고 일해 나갈 관련 조직이나 사람도 결정해야 한다. 마지막으로는 그 일을 성공시키는 데 도움을 줄 수 있는 인맥과 조직 및 단체들을 파악하여 연대하고 또 협동하도록 해야 한다. 지원 그룹을 파악하고 그들 그룹과의 협조체제를 구축할 때 실행시스템은 더욱 힘을 발휘하게 되는 것이다.

지역창생 사업을 하나의 조직이 완결적으로 이끌어 갈 수는 없다. 지역의 문제해결은 다양한 주체의 협업으로 실현되는 것이기 때문이다. 이러한 협업을 실현시키기 위해서는 지방자치단체의 조직적인 리더십이 무엇보다도 중요하다. 그러나 공무원들의 업무량은 급격히 늘고 있다. 지역사회의 요망에 적극적으로 대응하고 싶지만 예산도 인력도 부족하다. 이러한 상황에서 어떻게 돌파구를 열어야 하는가? 지금까지 해 오던 업무방식을 바꾸는 것으로 실마리를 찾아야 한다.

공무원끼리만 생각하고 부서의 장벽에 갇혀 행동하던 수직적인 사고에서 조직 전체를 보고 지역으로 눈을 돌리는 수평적 사고로 전환해야 한다. 예컨대, 예술문화의 창조성을 지역활성화의 원동력으로 활용하려면 최소한 문화정책과 산업정책 그리고 도시 공간디자인을 담당하는 부서가 횡적으로 연대해야 한다. 일본의 요코하마시가 문화예술 창조도시 사업본부에 창조도시 추진과를 설치하고, 그 조직을 시정의 중추적 추진조직으로 활용하면서 NGO의 다양한 참여를 가능하게 한 것도 바로 그러한 취지에서였다.[5]

행정 내부에서의 연대와 아울러 시민사회와의 연대를 구축하는 것도 절실하다. 지역창생은 관과 민의 절묘한 역할분담을 통해서 이루어 나가야 한다. 관이 앞장서서 길을 닦고 제도를 정비한 다음 민이 참여하는 경우도 있을 수 있다. 민이 하는 사업에 관이 참여하여 돕는 경우도 있을 수 있다. 이를 위해서는 보조를 통한 지원시스템의 구축, 공공시설의 공동사용, 정보제공과 자문, 공동주최와 공공경영, 협정체결, 위탁 등 필요 적절한 다양한 시스템을 활용해야 한다. 그러나 그 어떤 경우에도 일관해야 할 사항은 모든 관계자가

---

[5] 木岡伸夫, 『都市の風土學』(東京 : ミネルバ書房, 2009), p.325.

목표를 공유해야 한다는 것이다. 하나의 큰 원칙과 방향을 공감하고 공유하는 가운데 각 주체들의 협력적인 참여를 통해서 실천해 나가야 하는 것이다.

지역창생 사업은 강점을 더욱 강점으로, 그리고 약점은 오히려 개성으로 승화시키는 사업이다. 지역의 강점과 약점, 기회와 위협이 무엇인지를 명확히 파악해야 한다. 창조행위에 부수하는 리스크를 줄이고, 집적集積의 효과를 발휘하여 보다 많은 사람이 리스크를 담보하는 시스템을 도입하는 것도 필요하다. 따라서 지역창생 사업에 있어서 지방자치단체의 역할은 아무리 강조해도 지나치지 않는다.

그러나 지역사회의 문제에 지방자치단체가 적극적으로 대응한다면서 주민이 할 수 있는 것까지 행정이 해서는 안 된다. 행정이 해 주니 주민들은 손을 놓게 되고, 그러다가 점점 더 못하게 되는 불행한 사태를 만들어서는 안 된다. 원래 지역창생 사업의 내용을 생각하고, 결단하며, 실행해야 하는 것은 주민이다. 주민이 스스로 하려고 한다면, 그리고 그러한 주민들이 손을 잡는다면 큰 힘이 생긴다. 행정의 역할은 주민이 할 수 있는 가능 역역을 키우고 그 환경을 정비하여 주역인 주민들이 스스로 할 수 있도록 하는 것이다. 이러한 측면에서 우리는 일본 가나자와시(金澤市)에서 경제계와 시민이 주체가 되어 소위 '가나자와 시민회의'를 개최하고, 행정은 그 제안을 받아들이는 형식으로 착실하게 도시를 가꾸어 왔던 사례를 눈여겨 볼 필요가 있다.[6]

---

6) 上揭書, p.326.

Ⅱ. 사업과 지역 간의 연대

　행정서비스의 질을 높인다면서 행정의 대응능력을 높이는 것만을 지상의 과제로 삼아서는 안 된다. 행정의 대응능력보다 더 중요한 것은 주어진 과제를 해결해 나가는 시스템의 총체적인 생산성이다. 주민이 기대하는 것은 행정의 대응능력이 아니라 안락하고 활력 있게 살 수 있는 조건의 실현이다. 따라서 주민도 스스로의 땀과 지혜를 보태는 자세를 갖도록 해야 한다. 행정이 모든 것을 다 할 수 있는 것도 아니고, 행정이 모든 것을 다 해야 하는 것은 더욱 아니다. 행정이 해야 할 역할이 있고 민간이 해야 할 역할이 있다.

　민간에도 여러 주체가 있다. 한 지역의 문제는 개인과 가정, NGO와 시민단체, 커뮤니티, 상가 번영회, 기업, 조합, 상공회의소, 학교, 기초지방자치단체, 광역지방자치단체, 국가, 기타 다양한 주체들의 협업으로 꾸려나가는 것이다. 행정의 대응능력이 높아지더라도 민간의 자발성이 떨어진다면 문제의 본질은 해결되지 않는다. 따라서 시민들이 행정의 책임을 묻고 행정의 성과를 따지려면 시민 스스로의 역할을 다했는지도 반성하도록 해야 한다. 행정 측도 단지 시민의 비판만 받을 것이 아니라 시민과 민간의 활동을 환기시켜서 협력하도록 할 필요가 있다.

　우리나라에서 주민과 행정의 관계는 수직적인 상호의존 관계로 형성된 경우가 많다. 그렇게 되면 NGO나 지연단체는 행정 당국에 수직적으로 포섭된다. 주체적이지도 그리고 대등한 관계에 서지도 못하는 시민단체는 행정의 하청기관으로 전락한다. 행정과 시민이 협동한다는 것은 주민이 행정에 대해서 단순히 의견을 말한다거나 그 집행과정에 도움을 주는 것을 의미하지 않는다. 협동이란 NGO나 지연단체가 행정당국과 대등한 관계에서 정책형성 과정과 집행 그리고 평가에 이르기까지 행정 그 자체의 변혁을 주도할 정도의 '자치력自治力'을 행사하는 것이다.

주민과 기업을 앞장세우는 것만큼 중요한 것은 이들이 연대하게 하는 것이다. 확실하고도 효과적인 실행을 보증하기 위해서는 연대連帶를 보다 넓혀야 한다. 활동의 지원체제로서 민과 관의 특징을 살릴 수 있도록 균형잡힌 체제를 구축하는 것도 중요하다. 행정과 전문 NGO 그리고 지연조직의 연대를 통해 문제를 해결해 나갈 필요가 있다. 연대를 통해 상승효과를 발휘할 수 있다면 손을 내밀고 손을 잡아야 한다.

지역을 활성화시키기 위해서는 기존의 행정단위를 초월한 광역적 연대도 필요하다. 지방자치단체의 구역을 초월한 광역적 발상과 다양한 지역이 연대하는 그랜드 디자인이 필요한 것이다. 지역 간의 연대를 위해서는 지역을 구성하는 지방자치단체간의 협업을 실천하는 광역행정체제의 구축도 중요하다. 지역의 자주성을 존중하면서도 지역 간의 참여와 연대를 이끌어나갈 수 있는 체제로는 광역연합, 일부사무조합, 제3섹터의 설립 등 다양한 형태를 생각할 수 있다.

테마에 따라서는 멀리 떨어져 있는 단체와도 연대할 필요가 있다. 비슷한 자원을 가지고 있는 곳, 예컨대 같은 하천의 유역권이나 산맥을 공유하고 있는 지역 등은 지역자원을 보다 효과적으로 활용할 수 있는 공동운명체로서 그 연대의 가능성이 높다. 비슷한 과제를 가지고 있는 지역도 연대를 통하여 공동으로 대처할 때 문제 해결이 쉬워진다. 관광 등 연계 테마로 대응할 때 시너지효과를 얻을 수 있는 경우에도 연대의 가능성이 높아진다. 한 지역의 노력만으로는 멀리 떨어진 대도시의 관광객을 불러들일 수 없거나 차별화된 관광브랜드를 개발하기가 힘들다. 그러한 경우에도 지역 간의 연대를 통해 대응할 필요가 있다.

그러나 현실에 있어서의 각 지역은 구체적인 테마에 따라서 그리고 장소에 따라서 연대의 필요성에 대한 체감 온도가 다르다. 활동주체만이 아니라 지역 내의 주민 간에도 온도차는 있다. 비전과 이점을 공유하더라도 온도차는 간단하게 해소되지 않는다. 그래서 공동이벤트나 심포지엄의 개최, 팸플릿의 공동제작, 공동추진기구의 설립, 연대의 효과에 비례한 경비부담 등 다양한 방법을 동원해서 온도차를 해소해야 한다. 여기에서 중요한 것은 서로 연대하는 것이 이익이 된다는 것을 함께 인식하는 것이다. 연대의 성과를 명확히 평가해서 그 필요성을 공유시켜야 하는 것이다.

제6장
무엇을 위한 창생이며 발전인가

우리는 '지역의 발전을 위하여' 또는 '국가의 발전을 위하여' 라는 말을 쓴다. 그렇다면 인간에게 있어서 발전한다는 것은 무엇을 의미하며, 한 지역이 발전한다는 것은 구체적으로 어떠한 상태에 이르는 것인가? 지역발전이란 보다 많은 도로, 학교, 병원을 만드는 것인가? 주택가가 상점가로 바뀌고, 농지가 아파트로 변하는 것인가? 발전이란 정신적 독립을 의미하는가 아니면 물질적 자립을 의미하는 것인가, 아니면 이 두 가지가 조화된 상태인가? 우리는 이러한 질문에 대답할 준비도 하지 않은 상태에서 발전이라는 말을 쉽게도 써왔다.
　지역이 발전한다는 것은 구체적으로 어떠한 상태를 만들어 가는 것인가? 발전한다는 것은 보다 더 잘살아 간다는 것이다. 발전한다는 것은 삶이 윤택해진다는 것이며, 자립성이 높아진다는 것이다. 그리고 내생적으로 자신의 존재에서 성찰하는 힘을 키우는 것이며, 존재의 지속 가능성을 증진시키고 있다는 것이다. 따라서 발전한다는 것은 궁극적으로 품격이 높아진다는 것이다. 품격 높은 지역은 자립의지에 기반하여 인재의 창조력을 존중하고, 아름다운 지역정서를 하나의 풍토로서 경작해 나간다.

제1절 지역창생과 발전의 의미

　지역재생에 관한 논의와 관심이 증폭하고 있다. 지역을 재생시킨다는 것은 지역을 어떠한 상태로 만들려는 것인가? 지역재생에 있어서 창조도시의 발상을 적용한다는 것은 무엇을 말하며, 지역의 무엇을 창조해야 하는 것인가? 재생再生시킨다는 것은 죽어가는 것을 다시 살리는 것이며, 쓰지 않던 것을 다시 살려서 쓰게 만드는 것이다. 지역재생이란 죽어가고 있는 지역에 활력을 불어넣는 사업이다. 지역재생사업은 지역의 물적·정신적 자원에 창조력을 투입하여 새로운 가치를 만들어가는 창조활동인 것이다.

　지역에서 전개하는 창조활동은 전연 새로운 것을 만드는 것이 아니다. 창조활동으로서의 지역재생 사업은 특정한 지역의 지리적·자연적 특성과 문화적 소산 및 다양한 인재의 창조력을 최대한 활용함으로써 지역에 활력을 불어넣으려는 종합사업이다. 모든 지역에는 재래在來의 자연과 고유한 역사가 있고, 선인들이 창조적으로 살아온 흔적인 문화가 있다. 지역은 그러한 역사와 전통을 계승하면서도 새로움을 더하려는 도전과 긴장 속에서 만들어져 왔다. 따라서 지역에서의 창조활동이란 아무 것도 없는 장소, 예컨대 백지에 그림을 그리듯 수행하는 것이 아니다.

　지역에서의 창조활동은 때로는 지역의 풍토와 역사에 토대를 두고 옛것을 수복修復하거나 지켜나가는 활동으로 실현된다. 마치 과거에 찍어 놓았던 영상을 다시 보여주는 것처럼 옛날의 기억을 재생시키기 위하여 보존하고 보전하는 것이 오히려 최대의 개발이 될 수도 있다. 그러나 지역에서의 모든 창조적 활동은 과거의 토대 위에 새로움을 더해 가는 것이다. 우리는 이러한 활동의 연속으로서 현실의 상태가 개선되는 것을 발전한다고 말한다.

과거의 번영과 영화를 그리워하면서 그냥 그대로 과거의 상태를 회복하는 것만으로 이룩할 수 있는 발전은 그리 많지 않다. 일본의 교토(京都)를 예로 들어 보자. 교토 관광의 중심은 고색창연한 사찰만이 아니다. 상점가와 거리의 풍경이 어울리면서 함께 담당하고 있다. 유명사찰 부근에는 시대와 양식을 달리하는 건축물과 상점가들이 지역의 풍경으로서 자리 잡고 있고, 관광객들은 그러한 분위기에 매료되어 모여들고 있다. 교토의 개발양식은 만들어진 것의 재창조와 새로움을 더해가는 기법으로 구성되고 있는 것이다.

지역발전을 위해서 추구해야 할 창조적 활동의 기본 방향은 지역 속에 응축되어 있는 과거의 기억을 중시하는 것으로서 출발해야 한다. 그러나 그러한 활동은 단순히 과거를 재생하는 활동이 아니라 과거의 바탕 위에 새로움을 더해 가는 창조적 재생을 지향해야 한다. 우리는 이러한 발전의 새로운 접근법을 한마디로 '지역창생(地域創生)'이라고 부를 수 있다. 지역창생이란 지역의 창조적 재생을 말하는 것이며, 그것은 지역이라는 우주에서 과거와 현재 그리고 미래를 아우르는 새로움을 더해 가는 활동이다. 이처럼 우리는 시대의 역사적 환경이라는 토대 위에서 미래를 구축해 나가는 발전을 도모해야 하는 것이다.

영어로 발전한다는 것을 의미하는 'develop'의 반대어는 'envelop'이다. 'envelop'란 꾸러미를 싸거나(包) 묶는 것을 의미한다. 'develop'은 푸는 것 또는 묶음에서 해방시키는 것이다. 식물로 말하자면 종자가 싹을 트고, 싹이 줄기와 잎으로 변해가는 것이 발전하는 것이다. 곤충의 알이 유충으로, 유충이 번데기로, 번데기가 성충으로 변하는 것을 발전해 간다고 말한다. 그러나 나무가 책상으로 변한 것을 발전했다거나 성장했다고 말하지 않는다. 외부로부터의 압력으로 변형되어지는 것을 가지고는 발전이라고 말하지 않는다.[1]

지역의 발전이나 개인의 발전도 마찬가지다. 발전이란 내재한 개성을 특화하고 내재한 자원이 개화하는 것이다. 인간이 발전한다는 것은 개인으로서 그리고 사회적 존재로서의 해방解放과 자기전개(自己展開)를 지향하는 것이다. 따라서 인간과 사회에 있어서의 발전은 각자가 자신이 처한 사회의 내부에서 발현하는 것이어야 한다. 마찬가지로 지역발전이란 지역사회에 내재한 능력을 해방하는 것이다. 지역발전의 근본은 공장을 유치하거나 정부기관을 이전해 오는 것이 아니라 지역에 내재한 능력을 특화시키는 것이다.

기업과 공공기관을 유치하는 것도 물론 중요하다. 그러나 더 중요한 것은 지역에 내재한 능력을 발휘하는 것이다. 공공사업과 공공기관의 유치는 지역에 내재한 능력을 북돋우는 보조수단으로 추구해야 한다. 본질은 없고 보조수단만으로 일관한다면 그것이 어느 정도 성공한다 하더라도 근본적인 한계를 드러낸다. 고유 문화를 육성하고 지역의 여건을 토대로 산업을 육성하기보다는 단지 공공사업과 지역과는 연계도 없는 기업유치에만 주력한다면 자립적이고 지속가능한 도시를 만들기는 어렵다.

지역발전은 각각의 지역이 처해 있는 생태계에 적합하고, 주민이

---

1) 神野直彦外 共著, 『自立した地域經濟のデザイン』(東京: 有斐閣, 2004), pp.10~11.

살아가는 생활의 필요에 입각하여 주민의 창의와 노력이 어우러지는 가운데, 지방의 문화에 뿌리를 두면서 외래의 지식과 기술 그리고 제도 등을 활용하면서 창조해 나가야 한다. 진정한 발전이란 자연환경과의 조화, 문화유산의 승계 그리고 다른 사람이나 다른 집단과도 함께 즐길 수 있는 삶을 통하여 인간과 사회의 창조성을 중시하는 것이어야 하기 때문이다.

이러한 관점에서 최근 도시개발의 새로운 모델로 화제의 대상이 되고 있는 두바이(Dubai)는 과연 창조적인 곳이며 발전의 전형을 이루고 있는 곳인지를 생각해 볼 필요가 있다. 찰스 랜드리의 표현을 빌리자면, 두바이는 과감하고도 전략적이며, 상상력도 풍부하고, 결의가 강고할 뿐만 아니라 의욕에 넘치고, 목적도 명확하다. 두바이는 석유산업의 이미지에서 벗어나 활동분야를 다양화시켜 베이루트가 상실했던 중동의 금융 중심지, 경제의 허브로서의 입지를 획득하려고 했다. 그래서 신공항, 지하철, 대규모의 오락단지, 주택개발에 박차를 가했다.[2]

그러나 그렇다고 해도 두바이를 창조도시라고 말할 수는 없다. 두바이는 외국의 부자에게 매각하기 위하여 개발되는 도시이며, 역사 감각을 느낄 수도 없고, 에콜로지라는 관점에서 보면 과히 괴멸적이다. 창조성을 운운하기에는 그 기본조건을 결여하고 있는 것이다.[3] 그럼에도 불구하고 두바이의 정책은 많은 곳에서 상찬되고 있고 또 모방되고 있다. 그러나 저자의 관점에서 보면 두바이의 자립성은 항상 위태롭고, 문화적 내발성은 전무하며, 특히 지속가능성의 관점에서 볼 때에는 실로 절망적인 도시이다.

---

2) Charles Landry, *The Art of City Making*(London : Earthscan, 2006), p.341.
3) Ibid., pp. 347~348.

제 2절 내발적 발전론의 비판적 재구성

영국의 경제학자 시어스(D. Seers)는 "발전이란 모든 인간의 개성과 가능성의 실현을 목표로 빈곤과 실업 등을 없애고 소득배분과 교육기회 등을 균등히 하는 것"이라고 정의했다.[4] 그러나 시어스는 얼마 후 '발전의 새로운 의미'란 논문을 통하여 "경제면에서는 자급률을 높이고, 문화면에서는 의존을 줄이는 것"을 발전의 개념에 포함시켜야 한다고 주장했다. 자조自助를 발전의 한 요소로서 중시한 것이다.[5] 자조의 개념을 강조한 것은 제2차 세계대전 이후 많은 후발국들이 영국과 미국을 모델로 추진해 온 근대화에 대한 새로운 개념을 제시한 것이다.

우리가 흔히 사용하고 있는 발전이라는 용어는 제2차 세계대전 이후의 냉전 상황에서 미국의 세계전략과 밀접한 관련을 가지는 것이다. 발전이란 말은 소위 '근대화' 논자에 의한 이데올로기적 정당화의 틀 속에서 제3세계의 경제적·사회적 정체와 빈곤 등을 해결하는 정책을 나타내는 용어로서 사용되기 시작했던 것이다. 그리고 그 핵심적 관심은 GNP 등의 통계수치로 표현할 수 있는 경제개발에 있었다.

경제개발은 정치적 개발이나 사회적 개발에 비하여 가치의 보편성을 가졌기 때문에 제3세계에도 쉽게 수용되었다. 그 결과 우리

---

4) Dudley Seers, "The Meaning of Development", 『The Institite of Development Studies』(Sussex : The University of Sussex, 1969), P.2.
5) Dudley Seers, "The New Meaning of Development", 『The Institite of Development Studies』(Sussex : The University of Sussex, 1977), pp.2~7.

는 지금까지 서구식 근대화가 곧 발전이라고 생각하는 일원적인 등식에 사로잡혀 왔다. 영국과 미국, 프랑스, 독일 등 기독교 문명을 공유하는 선진공업국가가 거쳐 온 역사적 경험과 상태를 발전의 모델로 생각해 왔다. 그리고 그 핵심 내용은 그들처럼 경제적인 풍요를 이루는 것이었다.

발전이란 물질생활의 향상만을 의미하는 것이 아니다. 정신적인 각성과 지적 창조성을 통해서 인간이 사회 변화의 주체로서 살아갈 수 있는 조건을 확보하는 것 또한 중요하다. 개인과 지역의 고유한 사유방식이 존중되는 것도 중요하다는 것이다. 발전이란 인간이 자기 자신의 생활양식을 스스로 선택하는 자율성을 전제로 한 것이며, 다른 사람이나 집단에 의존하지 않으려는 인간 또는 그러한 인간들이 추구하는 것이어야 한다. 이처럼 발전은 원래 그 존재의 내부에서 발현하는 내생적인 것이다.[6]

우리가 사용하는 내발적 발전(內發的發展)이라는 말도 엄밀히 말하자면 발전이라는 말의 동어반복적 표현에 불과하다. 그럼에도 불구하고 그냥 '발전'이라고 말하지 않고 의식적으로 동어 반복어인 내발적 발전이라는 표현을 쓰는 이유는 무엇인가. 대부분의 지방에서 지역발전의 원동력과 추진력을 공공기관과 외부투자의 유치 및 국가의 특별한 지원에 기대하고 있기 때문이다. 그러나 저자가 내생적 발전을 특별히 강조하려는 것은 발전개념의 어원적 그리고 어의적 유희에 함몰되어서가 아니다. 21세기의 지방이 진정으로 발전을 지향한다면 새로운 시대의 상황과 조류를 직시해야 하기 때문이다.

글로벌화에 의한 경제구조와 사회구조의 변화, 신자유주의적 사

---

[6] 鶴見和子·田侃(編), 『內發的發展論』(東京: 東京大學出版會, 1990), p.4.

조에 의한 민영화와 자유화, 그리고 특히 국가재정의 경직화는 종래 국가가 수행하던 조정기능을 약화시켜 버렸다. 이제 전국을 대상으로 그 가부장적 온정주의를 작동시키는 재분배의 자원이 고갈되면서 국가의 시대가 막을 내리고 있다. 국가의 기능을 대신하여 '시장'과 '사회'라는 '자생적 질서'가 강조되고 있는 논리는 바로 이러한 상황에서 전개되고 있다.[7)]

이제 우리의 도시에는 자신의 한계를 스스로 극복하려는 자조노력을 전개할 것인가 아니면 소멸할 것인가의 선택이 강제되고 있다. 그러나 지역 간의 심각한 불균형 상태에서 지역이 주체적으로 노력하는 것만으로 모든 문제를 해결할 수 있는 것은 아니다. 인구력, 산업력, 재정력, 생활 기반력, 일정 규모의 도시와의 거리 등과 같은 객관적인 조건을 갖추지 못한 지역이 자신의 모든 한계를 스스로 극복해야 한다는 것은 너무 가혹한 것이며 무자비한 처사다.

그럼에도 불구하고 우리에게는 다른 대안이 없다. 다국적기업의 시대에 적응하고 신자유주의적 국토 재편을 옹호하려는 것이 아니다. 오늘날의 지역은 크게 두 방향으로 재편되고 있다. 다국적기업이 주도하는 세계도시로서의 경쟁력을 가지든가 아니면 지연산업을 기반으로 한 자립적 창조도시로서 경쟁력을 확보할 것인가의 선택이 그것이다. 따라서 지역 간의 경쟁에서 우위성을 가지거나 다국적기업에 의한 이용가능성을 가지고 있지 않은 지역은 최소한 내생적 발전을 가능하게 하는 객관적 조건이라도 구비해야 한다. 그러하지 못하면 존속 불가능이라는 선고가 내려지는 시대에 우리는 살고 있기 때문이다.

---

7) 市原あかね, "內發的發展論再考", 唯物論硏究會(編), 『地域再生のリアリズム』(東京 : 靑木書店, 2009), pp.32~33.

내발적 발전(endogenous development)은 지역을 폐쇄적으로 한정시키려는 것이 아니다. 내발적 발전전략은 지역의 주체성 하에 외래의 자원을 스스로의 조건에 적합하게 개조하면서 활용하려는 것이다. 지역발전을 달성하는 경로와 수단은 각각의 지역이라는 터전 위에서 고유하게 생각하고 창출해 내는 내생적 토대 위에서 출발하는 창조적 작업이어야 한다. 지역의 특성과 조건을 고려하지 않은 채 성공의 일반모형만 채택한다면 그것은 진정한 발전으로 가는 길이 아니기 때문이다.

발전이란 가치중립적인 것이 아니다. 발전이란 스스로가 처한 입장에서 고유한 목표를 추구하는 가치지향적인 것이다. 발전은 필연적으로 단선적單線的인 것만이 아니며 보편성만을 고집할 성질의 것도 아니다. 개별 경제사회 단위의 역사적·구조적 상황에 따라 복수의 발전 패턴이 있을 수 있고, 그 양상은 다양할 수 있는 것이다. 이렇게 생각할 때, 내발적 발전이라는 개념은 사회발전의 양상을 결정하는 개개의 인간과 이러한 인간이 만들어 내는 사회·경제·세계질서와도 관련이 있는 것이다.

인간사회가 발전한다는 것은 물질적으로 그리고 정신적으로 인간이 살아가는 데 필요한 기본적 조건을 충족시켜 나가면서 인간이면 누구나 향유해야 할 기본적 권리의 실현도를 높이는 것이다. 발전한다는 것은 의식주·교육·위생 등 기본적 수요를 충족시킴으로써 경제적·사회적·문화적 권리가 신장되어 나가는 것이다. 발전의 궁극적 목표는 모든 인간이 자기표현, 창조, 평등, 공생 등에 필요하고, 또 자기 자신의 운명을 자기 스스로 결정할 조건을 충족시켜 주는 것에 있다.

발전의 기본 방향을 이처럼 인간의 기본적 권리의 실현과 기본적 필요의 충족에 둔다고 하는 것은, 지금까지 경제학의 지배적 패러다임이었던 경제인經濟人을 대체하는 새로운 패러다임을 제시하는 것이다.8) 진정한 발전이란 이윤획득과 효용을 극대화하는 것에만 있는 것이 아니다. 진정한 발전이란 인권과 인간의 기본적 욕구 실현이 가능하게 하는 것에서 출발하는 것이다. 그러나 중앙정부가 주도하는 지역개발은 지역의 종합적인 발전을 도모하지 못하고 경제적 성장에만 초점을 두게 된다.

지역은 생활문화를 육성하는 터전이고, 정치적 주체로서 자치를 행하는 거점이며, 경제활동을 영위하는 무대이다. 지역이 발전한다는 것은 이러한 다차원의 현상이 발전한다는 것이며, 다양한 주체가 연대하고 참여하는 시스템이 진보한다는 것이다. 따라서 지역발전을 체계적·능동적으로 추진하려면 먼저 지역의 발전상을 종합적으로 정립해야 한다. 그리고 그 발전상을 담은 종합계획을 사회계획과 경제계획 그리고 물적 계획으로 구성하도록 해야 한다.

여기에서 또한 중요한 것이 있다. 미래에 이루고 싶은 지역사회의 바람직한 모습을 담은 종합계획은 사회계획이 경제계획과 물적 계획을 향도하게 해야 한다. 바람직한 사회계획에 입각하지 않은 지역의 경제계획은 목표가 없는 방침에 불과한 것이다. 그러나 우리의 지방에서 추진하고 있는 계획들을 살펴보면 그 대부분이 지역의 전체적인 사회계획에 의하여 향도嚮導되고 있지 않다. 일부 지역에서는 그나마 수립하는 계획도 전체적 관점이 아니라 부분최적화에 함몰되고 있다.

우리나라에서 전개하고 있는 지역창생 사업이 파행적으로 전개되고 있는 배경에는 이처럼 지역사회의 후진적인 사회계획에도 그

---

8) 上揭書, p.18.

원인이 있다. 그 결과 우리는 엄청난 비용을 지불하고 있다. 예컨대, 도시의 공간적 개발을 경제적 효율성에만 입각한 결과 과밀고층화, 녹지와 역사유산의 훼손, 인간관계의 분절 등이 나타나고 있다. 그리고 농촌에서는 생산성을 올린다는 명목으로 추진한 기계화는 농가부채의 증가와 농업인구의 감소를 부채질하여 농촌사회의 붕괴를 재촉했다.

사회계획의 단면을 농·산촌에 국한해서 예를 들어보자. 국가적 관점에서 볼 때, 농·산촌의 문제를 단지 산업으로서 농·임업의 문제로만 접근하는 것이 과연 올바른 것인가? 아니다. 농산촌의 문제는 국가의 공간편성 능력의 문제로 인식하고 대응해야 한다. 농업을 단지 산업으로만 인식한다면 효율적 경영을 지향하는 것만으로도 충분하다. 그러나 생산성이 높은 경영을 장려하면 할수록 농업인구는 줄어든다. 농업의 경영화와 농촌사회의 유지는 전연 다른 과제인 것이다. 지역을 대상으로 하는 문제와 그 해결을 위한 대책은 다차원적으로 해석하고 접근해야 하는 것이다.

제3절 지역발전의 진정한 의미와 지역창생의 목표

지역창생은 무엇을 살려서 어떠한 상태에 도달하게 하려는 것인가? 지역의 어떠한 양상을 발전한 것이라고 말하며, 우리가 추구해야 할 발전의 모습은 구체적으로 어떠한 내용이어야 하는가? 우리가 진정으로 발전을 추구한다면 발전된 지역의 모습을 공감하고 공유하게 해야 한다. 그렇다면 우리는 구체적으로 무엇을 추구하고 무엇을 위해 노력해야 하는가?

스웨덴의 'Dag Hammarskjoid Foundation'은 1975년 국제연합 경제특별총회에 즈음하여 발간한 『무엇을 해야 하는가』라는 제목의 보고서에서 '또 하나의 발전'이라는 개념을 제기했다. 그리고 발전의 속성으로서 '내생적'이라는 말과 함께 '자력갱생'을 중요한 요소로 부각시켰다. 동 재단은 얼마 후 출판한 『또 하나의 발전 ― 그 접근과 전략 ― (Another Development. Approach and Strategies)』이라는 저서를 통하여 왜곡된 발전(maldevelopment)을 잉태하는 경제성장 우선형의 발전을 대체한 새로운 발전의 내용으로서 ① 기본적 욕구의 중시, ② 자립성의 확보, ③ 내발성의 중시, ④ 지역의 자연환경과 조화, ⑤ 사회 내부의 구조개혁 등을 들고 있다.[9]

발전의 개념을 위와 같이 정립한다면, 지역발전의 진정한 의미와 방향은 어떻게 설정해야 하는가. 그러한 발전을 이루어 내려는 창생사업의 구체적 과제는 무엇인가? 지역을 발전시킨다는 것은 첫째로, 인간의 기본적 욕구를 실현시키는 경제기반을 일구는 것이다. 둘째, 지역의 자립성을 높이려는 것이다. 셋째, 내발성에 토대를 두고 성장하게 하는 것이다. 넷째, 생태적 건전성을 키워서 지속가능성을 높이는 것이다. 다섯째, 풍토적으로 건전성을 증진시켜 나가는 것이다.

---

[9] M. Nerfin(ed.), 『Another Development.― Approach and Strategies―』 (Uppsala : Dag Hammarskjoid Foundation, 1977), PP.10~11. Dag Hammarskjoid Foundation, 『The 1975 Dag Hammarskjoid Foundation Report on Development and International Cooperation ― prepared on the occasion of the United Nations Assembley』(Uppsala, Sweedn : The Dag Hammarskjoid Foundation, 1975), P.28.

1. 경제적인 성장

지역이 가진 지리적·자연적 특성과 문화적 소산 및 다양한 인재의 창조력을 최대한으로 발휘시키려는 주된 목표는 지역에 매력 있는 취업기회를 넓혀 경제기반을 강화하려는 것이다. 지역주민들이 윤택한 생활환경을 영위할 수 있도록 하는 것이야말로 우리가 지향하는 발전의 주요 목표인 것이다. 그 지역에 살고 있는 사람들이 언제까지라도 그곳에서 살고 싶다고 생각하며, 그곳을 방문하는 사람들도 오길 참 잘했다고 느끼면서 또 다시 와야겠다고 생각하게 하는 지역은 경제적으로 풍요로운 지역이다.

지역경제의 기반을 강화하는 방법에는 크게 3가지가 있다. 첫째, 지역에 있는 기존의 산업을 시대의 수요에 맞게 재설계하고, 이를 육성·진흥하는 방법이다. 둘째, 기존의 산업에서 부족한 분야나 경제력을 보완하도록 이업종교류(異業種交流)와 지식의 융합화에 의하여 새로운 산업을 창조하고 육성하는 방법이다. 셋째, 역외에서 기업을 유치하는 방법이다. 이 중에서 첫째와 둘째 방법은 지역에 있는 하드 및 소프트 자원을 활용해서 지역의 창의에 의하여 경제적인 자율성을 높이고 공동성을 확대하는 진흥책이다. 이러한 방식을 셋째의 외래형 방식과 구별하여 내생적 방식이라고 할 수 있다.

지역경제의 진흥을 위해서 기업을 유치하더라도 지역 내부의 상황에 맞추어서 유치해야 한다. 내생적인 발상으로 문제를 포착하고 풀어나가야 하는 것이다. 내생적인 발전전략에 입각하여 지역산업을 진흥시키기 위한 구체적 정책은 어떻게 강구해야 할 것인가. 지역산업 진흥을 위한 육칙育則은 다음과 같은 육칙六則으로 설명할 수 있다. 지역 자급의 원칙, 부가가치의 원칙, 역내 순환의 원칙, 산업고도화의 원칙, 산업 창조의 원칙, 네트워크가 그것이다.

이러한 사항들 중에서 첫째에서 셋째까지가 주로 발전도상국들이 도입했던 전략, 즉 수입대체와 수출가공 그리고 국산품 이용이라는 전략과 일치한다. 따라서 이를 적용하는 것은 이미 경험적으로도 가능하다. 그러나 현실적으로 적용하기가 쉽지 않은 것은 넷째에서 여섯째에 이르는 전략이다. 이는 지역의 개성을 만들면서도 다른 지역과의 공존을 도모하는 창생전략의 새로운 핵심이다. 그러한 전략으로서의 발전정책은 내부로부터의 변화를 이끌어 나가는 능력에 달려 있는 것이다. 그리고 발전한다는 것은 다름 아닌 그러한 변화를 이끌어 내고 창출하는 주체적 조건이 정비되고 있다는 것이다. 이러한 관점에서 지역경제 진흥을 위한 육칙을 정리하면 다음과 같다.

첫째, 지역자급의 원칙을 지키려고 노력해야 한다.

현재 외부에 의존하고 있는 제품 중 그 지역에서 산출이 가능한 것은 지역산地域産으로 대체시켜야 한다. 물론 오늘날의 지역사회에서 완전한 자급자족은 불가능하다. 그러나 지역사회에는 그 지역을 포섭하고 있는 자연과 공생한 고유의 생활양식이 있다. 지역사회에 고유한 생활양식을 문화라고 부른다면, 그러한 문화에 뿌리를 내린 생활을 영위하기 위해서는 외부에서 구입하지 않고도 조달이 가능한 재화는 많다. 지역 내의 소비와 연결한 지역생산품의 지역 내 순환을 창출하는 것이 가능하다는 것이다. 예컨대, 농산물 등을 지역 내의 생활양식과 연계한다면 안전성과 고품질 그리고 계절성과 지역성이 풍부한 식료를 조달할 수 있다.

둘째, 부가가치의 원칙에 철저해야 한다.

지역에서 역외로 나가는 재화의 가공도를 높여야 한다. 특히 원자재의 상태로 외부에 반출되고 있는 재화는 이를 가공해서 부가가치를 높여 반출해야 한다. 예컨대, 전국 각지에는 매력적인 농산물과 수산물이 있다. 그러나 많은 산지에서 그러한 자원을 그냥 그대로 도시로 보내는 경우가 많다. 지역에서 생산된 원재료는 지역에서 부가가치를 더해서 밖으로 내보내야 한다. 순창의 고추장이나 반입된 생선으로 만든 안동의 간고등어처럼 지역의 독특한 맛, 생활양식, 풍토와 이미지, 기술, 담백한 인정 등을 덧붙이고 숙성시켜 새로운 가치를 만들어야 한다. 원재료의 우수함에 자연과 역사 그리고 문화의 향기가 스며들게 하고, 그것에 지역사람들의 창의가 더해져서 새롭고 독특한 존재를 창출해야 한다.

셋째, 역내순환의 원칙을 전개해야 한다.

지역 외로 반출된 제품의 지역 내로의 재반입을 억제해야 한다. 역외로 반출된 식료 및 원료 등이 부가가치를 높여서 재반입되는 것을 줄이려면 역내 순환시스템을 강화해야 한다. 그러나 전국적인 경제순환의 확대는 지역에서 이루어지는 소비생활도 지역 외에서 상품을 반입하여 판매하는 산업에 의해 지탱되게 했다. 이러한 상황에서 가능한 한 지역 외에서 반입된 소비재에 의하여 지역생활이 영위되는 비율을 줄이고 지역 내의 유통을 강화해서 자금과 자원의 우회화를 창출해야 하는 것이다.

넷째, 산업고도화의 원칙을 적용해야 한다.

이를 위해 기존산업의 구조개편을 도모해야 한다. 지역에 존재하고 있는 산업을 현대의 수요에 맞추어 개편해야 하는 것이다. 지방이 경기침체에 시달리고 있는 것은 산업의 공동화空洞化에도 기인한다. 그러나 무엇보다도 본질적인 문제는 경쟁력 있는 지연산업을 창출하지 못한 결과이다. 이러한 상황에서도 우리의 지방들은 산업의 구조 전환을 도모하기보다는 정부의 공공사업과 기업유치에 의존하여 지역경제를 부양하려 하고 있다. 지역경제를 진흥시키기 위해서는 지역 밖에서 공장과 공공기관을 유치해 오는 것도 중요하지만 그 본질은 지역에 내재하는 능력을 발휘시키는 것이다. 공공사업과 공공기관의 유치는 이러한 본질적인 발전을 북돋우는 보조수단으로서 추구해야 하는 것이다.

다섯째, 산업창조의 원칙을 실천해야 한다.

지역의 입지적 특성과 강점을 활용해서 새로운 산업을 창출해야 한다. 새로운 산업의 창출은 인간의 생활에 새롭게 필요하게 되는 유용한 재화를 만들어내는 것이며, 그 모티브와 자원은 지역에 내재하고 있는 개성과 능력을 발굴하고, 지역이 활용할 수 있는 자원의 동원으로 충당해야 한다. 대량생산·대량소비의 실현에 의하여 인간의 생존에 필요불가결한 기초적 수요가 충족되면 인간은 보다 청결하고, 보다 아름답고 우아한 것을 추구함으로써 소비재수요가 다양화하게 된다. 다양한 수요에 대응한 다품종 소량생산이 요구되는 것이다. 이러한 상황에 부응하여 지역에 새로운 산업을 창조해야 하는 것이다.

여섯째, 네트워크의 원칙을 확산시켜야 한다.

소비자간의 제휴, 지역·단체간의 판매 등 새로운 지역 내·외의 유통네트워크를 형성해야 한다. 공업전성기에는 경쟁이 생산의 과다를 의미했다. 그러나 오늘날과 같은 네트워크 경제에서는 수확체증(收穫遞增)이 네트워크 전체를 통해서 발생하고 공유된다. 많은 이용자, 경쟁자가 하나가 되어 네트워크의 가치를 창출하기 때문이다. 산업시대의 경제는 결핍 속에서 가치를 발견했기 때문에 물건이 풍부하게 되면 그 가치를 잃어버린다. 네트워크 시대의 경제는 이러한 논리를 뒤집는다. 네트워크 시대의 가치란 풍요와의 관계 속에서 존재한다. 팩스나 이메일은 다른 사람이 그것을 가지고 있을 때 가치가 있다. 팩스기계를 구입할 때 사람들은 네트워크에 대한 접근성을 구매하는 것이다. 지역의 경쟁력도 마찬가지다. 유통이 생산을 지배하는 시대에서 살아남기 위해서는 스스로의 힘으로 네트워크의 주체로 존재할 수 있도록 해야 한다.

2. 자립성(Self-reliant)의 향상

인간의 행복과 만족을 위해서는 물질적인 부의 증대만큼이나 주체성의 증대 또한 중요하다. 개인의 의지와 개성 그리고 취향을 무시한 상태에서 경제적인 풍요도만 높인다고 해서 그것을 발전이라고 말할 수 없다. 인간은 높은 소득만으로 행복해지는 것이 아니다. 인간은 물질적 풍요와 함께 스스로 유복하다고 느끼는 감정, 즉 웰빙 감각 속에서 행복해진다. '부에서 웰빙'으로 그 가치의 초점이 바뀌어감에 따라 그저 시간을 때우는 것이 아니라 행복하고 의미 있는 시간을 살아가고 싶어 한다.

이러한 사실은 지역에 있어서도 그대로 적용된다. 지역이 발전한다는 것은 그 지역이 갖는 활력을 높이고, 기본적으로 그 지역사회가 보유하고 있는 자원을 활용함으로써 지역의 자립 능력을 높여가는 것이다. 그리하여 경제적으로는 자급률을 높이고 문화적으로는 고유성을 키워 긍지와 자신감을 높여 나가는 상태를 말한다. 자립적이어야 한다는 것은 자기완결적 자급론이나 블록화를 의미하는 것이 아니다. 그것은 다른 단위가 갖는 각종 자원을 처음부터 성장의 기본 요소로 삼아 나가는 발전의 양식은 결국 지배와 종속의 관계를 빚어낼 가능성이 높다는 것을 경계한 것이다. 지역발전의 기본 요소를 지역이 유도·조정할 수 없는 주체의 시혜施惠에 의존해서는 안 된다는 말이다.

자립경제의 형성은 국민경제의 차원이나 국제경제의 차원(집단적 자력갱생)에서 이루어지는 것이지만 그 근간根幹은 지역경제의 자립성에 있다. 중앙집권적 발전을 배제하고 자력갱생(self-reliance)에 기반 한 지역적 발전을 지향해야 하는 이유가 여기에 있다. 외부의 대기업에 의존하기보다는 주민 스스로의 노력과 창조에 의하여 산업을 진흥해야 하는 이유도 여기에 있다. 따라서 외부 자본이나 보조금을 도입하는 경우도 지역경제가 이를 주체적으로 관리할 수 있는 범위 내에서 추진하는 것이 바람직하다.

이러한 측면에서 볼 때, 우리는 '지역자원의 상품화'를 지역의 발전이라고 착각해서는 안 된다. 지역자원의 상품화와 노동생산물의 상품화는 전혀 다른 것이다. 명태나 감자 전분과 같은 노동생산물이 상품으로서 시장에서 팔릴 때, 지역의 주인인 어민과 농민들의 자립 가능성은 커진다. 그러나 노동에 의해 그 재생산이 어려운 어장漁場이나 농지와 같은 지역자원의 상품화가 진전되면 주민들은 점점 예속의 상태로 전락하게 된다. 주민들은 자신들의 생활이 가격을 결정하는 자립自立의 상태에서, 가격이 주민들의 삶을 결정하는 예속從屬의 상태에 떨어지면서 그들의 삶이 휘둘리게 되기 때문이다.

투기 바람이 일어난 토지에서는 근면한 농부들이 밀려난다. 열심히 고기를 잡아도 투기 바람이 지나간 어장을 어부가 사기는 어렵다. 투기바람으로 지역자원의 상품화가 진전되면 오랜 세월 그 지역에서 살던 사람들은 지역의 의사결정 무대에서 밀려나고, 그 삶은 종속의 길로 접어들게 된다. 그러한 지역에는 지역자원의 상품화로 이익을 보려는 외부 투기꾼들의 기대이익에 가로막혀 새로운 많은 가능성이 봉쇄당한다. 이렇게 볼 때, 지역의 경제적 자립은 세 가지로 구성한다. 자급자족으로서의 자립, 자원과 생산물의 배분에 관한 자기결정권으로서의 자립, 지역의 경제 과정이 지배적인 시스템으로부터 자립하는 것이 그것이다.[10]

3. 내발성(Endogenous)의 확립

지역이 자립을 추구하려면 그 발전은 내생성內生性에 기반을 둔 것이어야 한다. 따라서 지역창생으로 발전을 도모하는 것의 기본은 지역에 내재하고 있는 개성을 특화시켜 나가는 것이다. 한 지역의 발전은 그 지역 고유의 문화와 개성에 의해 방향 지워져야 하는 이유가 여기에 있다. 발전에 있어서 가장 중요한 것은 개성을 살리는 것이다. 지역의 특성과 조건을 고려하지 않은 채 성공한 지역의 모델만 따른다면 그것은 발전으로 가는 길이 아니다. 따라서 발전의 내발성을 주장하면 당연히 개성을 중시하게 되는 이유가 여기에 있다.

내발적 발전은 중심과 주변, 지배와 종속으로 양분되는 발전이 아니다. 공생과 공유를 통한 인간 개개인의 상호의존 관계와 조화를 중시한 개념이다. 큰 물고기가 작은 물고기를 잡아먹는 것이 그

---

10) 中村尙志, 『地域自立の經濟學』(東京 : 日本評論社, 1998), pp.32~33.

저 당연한 것만은 아니다. 작은 물고기가 없으면 큰 물고기도 없게 된다. 인간의 사익(self-interest) 추구는 시민사회가 공감(sympathy)하는 조화調和의 범위 내에서만 성립될 수 있기 때문이다. 발전이 내발적이어야 한다는 것은 타율적·지배적 발전이 아니어야 한다는 것도 의미한다. 이는 자주적으로 주권을 행사하고 스스로 자신의 가치관과 미래 전망을 정할 수 있게 하는 것, 즉 사회의 내부에서 일어나는 발전의 양상이어야 한다는 것을 의미한다.[11]

우리는 발전과 개발을 엄밀히 구분해야 한다. 영어로 표현할 때 발전과 개발은 동일한 단어인 디벨롭먼트(development)이다. 그러나 우리말로 표현할 때 발전과 개발은 아주 다른 말이다. 예컨대 '농장을 개발한다', '자원을 개발한다'는 말을 발전이라는 말로 바꾸어 표현할 수는 없다. 마찬가지로 '사건이 발전한다', '남여 관계가 발전한다'는 말을 개발로 바꾸어서 표현할 수는 없다. 우리는 행위의 대상에 초점을 맞출 경우에는 개발이라는 말을 쓰고, 행위의 주체에 초점을 둘 때에는 발전이라는 말을 쓴다. 인간을 두고 표현할 때, 인간을 단지 대상으로만 다루지 않을 경우에는 발전이라는 말이 적합하다. 그러나 인간을 대상으로서 볼 경우(예컨대, 경제적 관심의 대상으로 취급할 때)에는 개발이라는 용어가 어울린다. 인간을 포함한 지역사회를 대상으로 그리고 수단으로 받아들이는 개발과 인간을 대상이 아닌 스스로가 살아있는 주체로 인식하는 발전은 근본적으로 다른 것이다.

발전이라는 용어와 개발이라는 용어의 선택 그 자체로써도 하나의 분명한 태도가 정립된다. 인간을 주체로 할 것이냐 경제를 주체

---

11) 鶴見和子·川田侃(編), 『內發的發展論』(東京 : 東京大學出版會, 1990), P.19.

로 할 것이냐의 선택이 요구되고 있는 것이다. 이렇게 볼 때, 내생적발전이란 단지 개발의 기법이나 방식만의 문제로 이해할 것이 아니다. 사상의 변화와 살아가는 자세의 전환으로서 고려하고 받아들여야 한다. 내생적 발전을 논의한다는 것은 인간이 살아가는 방식에 관해 논의를 하는 것이다. 여기에서 하나의 결론에 이르게 된다. 우리가 한 지역의 행복을 논의하는 마당에서는 개발을 논할 것이 아니라 발전을 논해야 한다는 것이다. 한 지역을 대상화(對象化)하고 수단으로 생각하는 '개발의 사상'에서 벗어나야 한다. 이제는 지역의 주민이 주체가 되어 전개하는 '발전의 사상'을 토대로 지역을 일구어야 한다.

4. 생태적 건강성(Ecologically sound)의 증진

발전하고 있다는 것은 그것의 지속가능성이 커지고 있다는 것을 말한다. 지역의 발전은 지속가능성(Sustainability)을 전제로 한 것이어야 한다. 자연과 인간이 형성하는 생명의 순환시스템, 즉 생태계라는 관점에서 지역의 부존자원을 활용해야 하는 것이다. 지역의 발전을 바라보는 새로운 렌즈인 지속가능성이라는 말은 우리에게 세대 간 공평이라는 개념을 떠올리게 한다. 자손들로부터 빌려 쓰고 있는 환경자원과 생태계를 파괴하고 미래 세대의 빈곤을 초래하는 개발을 발전으로 착각해서는 안 된다.

한 지역의 발전을 위해서는 앞으로 그 지방의 생태계를 이용해야 하는 다음 세대들을 배려하고, 현 세대와 다음 세대 모두가 다 함께 환경자원으로부터 최대한의 이익을 얻으며, 다함께 이용하는 길을 합리적으로 모색해야 한다. 다음 세대의 자원과 번영을 저해하지 않으면서도 현재를 살고 있는 사람들의 이익을 추구해야 하는 것이다. 진정한 발전을 위해서는 지역이 보유하고 있는 일체의 자원을 그 구성원 모두가 공정하게 이용할 기회를 보장해야 한다. 그리고 그 핵심은 공간적·시간적으로 최적의 공동체를 형성하게 하는 것이어야 한다.

생태적으로 건전한 발전은 단지 소극적으로 오염지표를 만드는 등 생존규범의 정립을 통해 공해 방지를 도모하는 것만으로 이루어질 수 없다. 그리고 생활의 질을 높이기 위한 환경 정비를 도모하는 것으로 확보될 수도 없다. 그것은 보다 적극적으로 향토에 아름다운 전원을 가꾸는 것으로써 이루어지는 것이다. 아름다운 전원을 가꾼다는 것은 금전 지상주의에 물들지 않은 아름다운 정서가 존재한다는 증거다. 아름다운 전원이 가꾸어지고 있다는 것은 농민도 행복하게 살고 있다는 증거이기도 하다.

도시에도 농촌에도 아름다운 전원이 가꾸어지고 있다는 것은 지역에 경제원리만이 아니라 향토애와 측은(惻隱)의 정이 살아 있다는 증거이기도 하다. 아름다운 전원으로 가꾸어진 향토는 경제규범과 문화적인 정서규범을 정립하고 아름다운 공동체의 건설에 동참하려는 자세를 견지할 때 달성되는 것이기 때문이다. 전원이 파괴되고 있다면 그것은 정서가 파괴되고 있다는 것이다. 따라서 아름다운 전원을 가꾸려면 주민의 정서를 가꾸어야 하고, 주민의 정서를 가꾸려면 지역공동체의 결속력을 회복해야 한다.

인간이 살아가는 데 있어서 지역공동체가 갖는 의미는 실로 다양하다. 그 중에서도 지역공동체는 인간에게 자기실현의 터전으로 기능한다는 점이 무엇보다 중요하다. 원래 커뮤니티에 관계하는 사람들이 지역공동체에 발하는 에너지의 원점은 '돈을 벌겠다'는 등의 경제적 성과를 기대해서가 아니다. 사람들이 공동체에 참여하도록 매력을 느끼게 되는 것은 무형의 교감가치(交感價値) 때문이다. 이러한 가치는 일상생활을 영위해 나가는 가운데 다른 사람들과 협동하면서 보다 더 의미 있는 삶을 추구하고 싶다는 일종의 자기향상 욕구에서 출발한 것이다. 경제적 교환가치의 추구가 아니라 비경제적인 문화적 욕구에서 발현된 것이다.

그러나 교감가치만으로는 지역을 활성화시킬 경제적인 입력과 출력을 발생시킬 수 없다. 개별 지역은 경제적 기반을 확립한 가운데 그 구성원들이 비경제적인 목표를 공유함으로써 지역 아이덴티티를 형성시켜 나가고 유지시켜 나가게 된다. 지역의 아이덴티티는 비경제적인 것으로 형성된다고 할지라도 지역이 경제적인 활동에서 멀어지면 그 결과로서 커뮤니티가 위축된다는 자기모순에 빠지게 된다. 따라서 지역 사람들의 문화적인 에너지를 경제적인 자원으로 변환시키고, 이를 토대로 또 다시 문화적인 토대를 축적해 나가야 한다. 이러한 토대를 지속적으로 축적하는 것이야말로 지역발전의 요체인 것이다.

5. 품격의 함양

지역이 발전한다는 것은 그 지역의 품격이 높아진다는 것이다. 지역의 품격 높은 주민들은 수혜자로서 살아가려고 하지 않고 책임 있는 사람으로 살아가려고 한다. 품격 높은 주민들은 서로 협력하고 양보하는 풍토를 정착시키며, 지역의 가능성에 눈을 돌리고 장애물보다는 기회를 중시하려고 한다. 품격 있는 주민들은 문제를 제기하는 데에만 열심이지 않고 해결책을 찾는 주체로 살아가려고 한다. 주민들의 그러한 모습 자체가 품격 있는 지역을 만들어 나가는 것이다.

한 지역을 발전시키려면 발전의 원동력을 받아들이는 건전한 풍토를 정착시켜야 한다. 아무리 훌륭한 아이디어라고 할지라도 그것을 실행하는 데에 쓰는 힘보다도 회의적인 사람들을 설득하고 믿게 하는 데에 더 많은 투자를 해야 한다면, 그러한 곳은 발전하기 어렵다. 그러나 품격 있는 지역에서는 스스로 인재를 육성하고, 육성된 인재들이 창조적으로 협력해 나가는 풍토 속에서 새로운 생각을 포용해 나간다.

새로운 아이디어가 지역의 경쟁력이라는 꽃으로 피어나기 위해서는 믿고 기다려 주는 덕성이 필요하다. 지역의 정치가 당장의 성과를 재촉하지 않고 미래의 세대를 생각할 때, 발전이라는 꽃이 피어난다. 그러나 지역의 정치가 목표 달성이라는 압박을 받아 물적 인프라의 건설에만 주목하게 되면, 그곳의 정책들은 진정한 목표를 잃어버린다. 그래서 품격 높은 지역을 만들어 간다는 것은 지역의 인재들이 상호신뢰 속에서 스스로의 가능성에 주목하면서 미래의 문제에 전향적으로 대처하게 하는 풍토를 만들어 간다는 것이다.

지역 사람들이 미래의 문제에 전향적으로 대처한다는 것은 신뢰 속에서 협력해 나가고 있음을 말한다. 지역에 미칠 미래의 문제에 전향적으로 대처하지 않는 지역은 '내일의 기회가 아닌 어제의 문제 처리'에만 급급하게 된다. 깊은 통찰 없이 잠재성을 고려하지도 않고 당장 눈앞에 나타나는 금전적 계산에만 초점을 맞추는 지역에는 미래가 없다. 책임 있는 구성원들이 기득권과 당장의 이익에 볼 모잡혀 새로운 발상을 두려워하는 곳에서 발전의 꽃은 피어나지 않는다.

리스크만 강조되고 실패가 용납되지 않는 조직에서 창조의 꽃은 피어나지 않는다. 리스크만 두려워한다는 것은 어떤 조직이 장래의 실패를 근절시키기 위하여 연구하고 분석하는 기회를 갖지 않는다는 것을 의미한다. 실패가 처벌의 대상이 되지 않고 분석의 대상이 될 때, 그 실패는 성공의 씨앗이 될 수 있다. 성공은 자기만족으로 이끌 수도 있지만 실패는 반성하도록 하고 또 쇠퇴하는 소리에 귀를 기울이게도 한다. 따라서 실패는 상상력을 불러일으키는 예기치 않은 선생이 될 수 있고 활용하기에 따라서는 성공보다도 더 강력하게 상황을 변혁시키는 촉매제가 될 수 있다.[12]

실패 그 자체를 잘 활용하면 문제의 원인에 관한 유연하고도 체계적인 분석을 가능하게 하며, 새로운 도전을 위한 학습 기회를 제공한다. 실패야말로 유용한 학습도구인 것이다. 실패에도 유익한 실패가 있고 무익한 실패가 있다. 무익한 실패란 실패를 반복하면서도 그 원인을 개선하지 못하는 실패이다. 우리는 그 효과의 원인은 생각하지 않고 다른 곳에서 취한 성공사례를 그대로 모방하여 실패를 자초하는 경우가 많다. 다른 곳의 성공사례에는 귀를 기울이면서도 자신들의 문제점과 한계를 반성하지 않는 지역도 많다. 품격이 높다는 것은 자신을 반성하고 스스로를 성찰하는 일에 철저하다는 것도 포함되어 있음을 알아야 한다.

우리 인간은 최대의 숙고를 거쳐 판단하고 최선을 다해 실천해도 실패하는 경우가 있다. 스스로 아무리 최선을 다한다 하더라도 그것은 예측할 수 없는 미래를 향하여 지금 할 수 있는 일에서 최선을

---

12) Charles Landry, *Creative City*(London : Comedia, 2002), p.115.

다할 뿐이기 때문이다. 따라서 우리 인간은 '지금 알고 있는 것을 그때도 알았더라면' 하는 아쉬움 속에서 살아가는 존재이다. 그러나 우리가 그러한 약점을 스스로 안다는 것, 그리고 자신이 모르는 것이 무엇인지를 알려고 애쓰는 진취적인 모습에서 우리의 자질과 품격은 높아지는 것이다.

그러나 수동적이고 의존적인 주민의 성향과 지역풍토를 하루아침에 진취적인 기상으로 바꾸기는 어렵다. 스스로를 반성하고 또 주인으로서 지역문제에 참여하게 하는 문화적 변용에는 참으로 많은 시간이 필요하다. 각성한 개인이 지역에서 주역으로 살아가고 또 그들의 내면에서 공동체 정신을 육성하려는 과업은 실로 어려운 과업이다. 어느 정도 성공하더라도 가시적인 성과가 보이지도 않는다. 그렇지만 우리가 할 일은 작은 성공을 통해서 용기와 가능성을 키워나가는 것이다. 그것만이 발전으로 가는 유일한 길이기 때문이다.

이렇게 볼 때, 현재 우리의 지역창생 전략은 그 근본보다는 말엽末葉에 매달려 왔다. 중앙집권에 의한 '성장의 극(growth pole)'을 대도시나 특정지역에 만들어내고, 그 파급효과 또는 균점효과(均霑效果)를 차 하위의 지역에 파급시키려는 것에 매달려 왔다. 그 결과 우리의 지역 풍토는 점점 더 조악해지면서 의존할 뿐, 책임지지 않는 인간들의 소굴로 변해 왔다. 그러나 이제부터라도 우리는 주민들이 공동체 정신을 함양하고 스스로가 지역의 주인으로서 살아가는 품격을 함양시키는 것에서 새로운 출발을 해야 한다.

이를 위해서는 무엇보다도 지역에 학습하는 풍토를 만들어야 한다. 학습하는 사회를 만들려는 목적은 지식知識과 담식膽識을 가진 각성한 주민과 지도자를 육성하기 위해서다. 스스로 성장하는 사람만이 다른 사람도 성장시킬 수 있듯이, 학습하는 주민만이 지역의 품격을 높일 수 있다. 학습하는 사회란 좋은 정보를 습득한다는 차원 그 이상의 것을 의미한다. 학습하는 사회란 학습이라는 사고가 지역에 존재하는 모든 실체의 제도 속에 침투하고 있는 사회를 말한다.

지역사회에 있어서 가장 중요한 학습은 스스로 무엇인가를 하는 과정에서 일어난다. 인간은 자기 자신의 최선의 실천에서 가장 많은 것을 배울 수 있기 때문이다. 따라서 새로운 지식을 습득한다는 것은 그것이 아무리 훌륭한 내용이라고 할지라도 하나의 시작에 불과한 것이다.[13] 이제 우리가 지향해야 할 학습은 담식을 가진 주민을 육성하는 것이다.

---

[13] Leadbeater and Goss(1998); Charles Landry, *The Creative City*(London : Comeda Earthscan, 2004), p.192.

[맺음말을 대신하여]

지역창생은 마음의 창생에서

나는 지역이라는 인간의 거리에 서면 그 세계에서 주민이라는 이름으로 생을 영위하는 삶을 볼 수 있다. 그 삶이 묻어내는 기억의 풍상에서 국가나 국민이라는 개념으로는 떠오르지 않는 역사의 릴레이를 느낄 수가 있다. 나는 지역이라는 삶의 거리에 서서 그 길목에서 주민이라는 이름으로 일상을 살아왔고 또 살아가는 생生의 숨결에 마음을 적신다. 지역의 흙과 물로 이루어진 향토에서 생명을 잉태시키고, 생명을 키우며, 생명을 지켜온 숨결을 느낀다.

우리에게는 아름다운 향토가 있다. 향토는 우리가 사랑하고 아끼는 만큼 가꾸어졌고, 그 속에서 사랑하고 배우며 살아왔다. 연대하는 삶을 가르쳐 주었던 향토에는 이기심을 억제하는 공유의 목적이 있었고 소망하는 것을 위해 손 모아 실천하는 풍토가 만들어졌다. 향토에서 연대하는 삶은 애국심을 배양했고, 향토가 있었기에 국토가 있다. 그러나 지금, 우리의 향토는 숨을 헐떡거리고 있다. 아득한 향토는 토지로만 존재하고, 정겹던 풍토는 이제 차가운 환경으로 다가온다.

어떻게 해야만 향토와 풍토를 다시 찾을 수 있을까. 마음 떠난 마을에서 '모두의 문제'는 '남의 문제'가 되었고 골목안의 문제는 행정의 일로 전가되고 있다. 마을 사람들은 소망하는 것이 있어도 손 놓고 기다릴 뿐. 남 탓만 하는 마을에서 형식적으로 일하는 지도자들. 그러나 그냥 이렇게 살아갈 수만은 없다. 사랑하는 향토가 있어야 지키고 싶은 국토가 있다. 사랑하고 싶은 향토 사랑받는 향토를 만들어 한다. 이를 위해서는 사랑하는 사람을 키워야 한다.

이대로 방치한다면 천 년을 이어온 마을 대부분이 사라지고 수많은 도시가 붕괴될 것이다. 역사는 가르치고 있다. 한 민족의 역사가 그 주인으로부터 버림받을 때 그를 옹호해 줄 사람은 아무도 없다는 것을. 한 도시의 역사나 운명의 주인공은 그 도시의 주민들이다. 지역 주민들이 자신의 운명의 주인공이 되지 못하거나 자신의 역사에 대한 설득력을 잃게 되면 그 존재의 소멸은 불가피하게 된다. 그러나 좀 더 넓게 보자. 사라져가는 마을과 붕괴하는 도시의 운명은 지금 그곳에 사는 사람만의 문제가 아니다.

우리는 수도권의 경쟁력만으로 국제경쟁에서 이길 수 없다. 단지화된 주거 공간, 획일화된 생활패턴이 우리의 고유 가치를 창출하는 수원지를 마르게 하고 있다. 도시마다의 고유 문화, 지방마다의 고유 가치를 키우고 활용해야 한다. 세계화시대일수록 모방하고 차용한 지식만으로는 살아남을 수가 없다. 고유문화가 사라진다는 것은 우리의 고유한 가치와 발상 그리고 상상력의 근원이 사라진다는 것이다. 우리의 고유한 과거가 사라지면 우리의 고유한 미래도 사라진다.

한국의 어디를 가 보아도 모든 지역이 균질화되고 있다. 이런 때일수록 스스로가 자랑스럽고, 방문하는 사람들도 그곳의 풍토에 매력을 느끼는 도시를 만들어야 한다. 마음속으로 가보고 싶었고 향유하고 싶었던 그 무언가와 만날 수 있는 지역을 만들어야 한다.

개발을 하면서 오히려 잃어버렸던 '보이지 않는 그 무언가'를 만나고 체감할 수 있는 도시를 만들어야 한다.

찾고 가꿀 수만 있다면 주민의 삶과 지역의 역사 속에는 무수한 보물이 녹아 있다. 이러한 보물들은 지역의 혼을 키우고 하루하루의 삶에 생기를 더해 주는 기반이다. 보물의 밭을 갈아 새로운 보물을 만들 때 지역에 활력이 생기고 새로운 역사가 창조된다. 그리하여 행복하게 살아가는 도시에는 그것이 부럽고 보고 싶어 멀리서 찾아오게도 된다.

우리가 살고 있는 이 땅은 하루하루를 살게 하고 또 세상을 열어 주는 터전이다. 사계절을 온 몸으로 느낄 수 있는 우리의 향토. 바쁜 일상을 변명 말고 잠시 멈추어 서서 자신에게 말을 걸어 보자. 출신지도 세대도 그리고 직장이 달라도 지금 자신이 존재하는 곳은 지방이고 도시이다. 자신의 몸을 담고 있는 대지, 그리고 그 강기슭을 느껴보자.

속 좁은 감정을 넘어 '마음의 고향'으로 다가오는 향토를 느껴 보자. 청년에게도 노인에게도 살기 좋은 향토를 가꾸고, 아이들이 행복한 마을을 만들어야 한다. 아이의 아이도 그리고 그 아이의 아이도 그렇게 살 수 있는 도시를 만들어야 한다. 그렇게 하기 위하여, 그리고 지금 하지 않으면 안 되는 일이 우리를 기다리고 있다. 지금 해야 할 무수한 일들이 기다리고 있다.

누구에게나 시간이 흘러도 시간의 벽을 넘어서라도 소중히 간직하고 싶은 것이 있다. 언제까지라도 지켜주고 싶은 사람이 있다. 그래서 사람들은 누구나 무언가를 하고 싶어 한다. 새로운 만남이 기다릴 것 같은 곳에 가기를 염원하기도 한다. 여기, 기회가 있다. 이제 때가 되었다. 우선 할 수 있는 것부터 시작해 보자.

'내가 살아갈 도시의 미래를 위해'라는 그저 단순한 생각이라도 좋다. 아니면 그저 무언가 하고 싶다는 마음 하나만 있어도 충분하다. 보다 많은 사람들의 '무언가를 하고 싶다'라는 염원이 행동으로 나타날 때 우리의 도시는 창생의 길을 걷는다. 마음 하나면 그것으로 준비는 되었다. 지금도 늦지 않았다. 마음 하나면 지키고 가꿀 수 있다. 마음 하나면 새로 시작할 수 있다.

[참고문헌]

1. 국내문헌

강형기(2001). 「지방자치 가슴으로 해야 한다」. 서울: 비봉출판사.
_____(2001). 「향부론」. 서울: 비봉출판사.
_____(2006). 「논어의 자치학」. 서울: 비봉출판사.
_____(2008). 「일본 교토시와 가나자와시의 문화산업정책에 관한 비교연구」. 한국정책연구 제8권(1). 경인행정학회.
박용남(2000). 「꿈의 도시 꾸리찌바」. 서울: 녹색평론사.
이태길 역(2002). 「창조적 변화를 주도하는 사람들 : Richard Florida, Creative Class」. 서울: 전자신문사.
임상호 역(2005). 「창조도시」. 서울: 해남.
_____(2009). 「21세기, 왜 창조도시이며 지역창조의 조건은 무엇인가?」. 지역창조리더 양성교육 교제. 향부숙.
_____(2008). 「창조도시의 쟁점과 전망」. 문화예술과 도시발전. 서울: 한국문화경제학회.
최효승 · 강형기(2010). 「에코뮤지엄의 함평실현을 위한 경관형성」. 청주 : 한국지방자치경영연구소.
홍수원 역(2002). 「제국의 패러독스 : 외교전문가 조시프 나이의 미국진단」. 서울: 세종연구원.
백성호. '스티브 잡스와 불교'. 중앙일보. 2010년 2월 11일(25면).

2. 일본문헌

青木保(1997). 「文化の否定性」. 中央公論社.
青山佾(2007). 「自治体の政策創造」. 三省堂.
秋元雄史・安藤忠雄他(2008). 「直島瀬戸内アートの楽園」. 新潮社.
足立勝彦・市川嘉彦(2005). 「ブランド・インサイト―ブランドの深層と潮流を読み解く30の講座」. 晃陽書房.
足立基浩(2009). 「まちづくりの個性と価値―センチメンタル価値とオプション価値」. 日本経済評論社.
荒このみ編著(2003). 「7つの都市の物語―文化は都市をむすぶ」. NTT出版.
新たな都市空間需要検討会執筆チーム編著. 「地方都市再生のための中心市街地活性化導入機能・施設事典」. 学芸出版社.
アルライズ・ローラライズ共著・片平秀貴監訳(2006). 「ブランディング22の法則」. 東急エージェンシー.
イーフー・トゥアン. 山本浩訳(2005). 「空間の経験―身体から都市へ」. ちくま学芸文庫.
イーフー・トゥアン. 安部一訳(1997). 「コスモポリタンの空間―コスモスと炉端」. せりか書房.
イーフー・トゥアン. 小野有五・阿部一共訳(1995). 「トポフィリア―人間と環境」. せりか書房.
イーフー・トゥアン. 阿部一訳(1997). 「感覚の世界―美・自然・文化」. せりか書房.
五十嵐敬喜・野口和雄・池上修一(1998). 「いきづく町をつくる美の条例―真鶴町・1万人の選択」. 学芸出版社.
五十嵐桂子(2006). 「こんなに楽しい! 妖怪の町」. 実業之日本社.

井口貢 編著(1997). 「文化現象としての経済―現代経済の諸相」. 学術図書出版社.

_____(1998). 「文化經濟學の視座と地域再創造の諸相」. 學文社.

_____(2005). 「まちづくり觀光と地域文化の創造」. 學文社.

池上惇(1996). 「文化経済学の可能性―文化政策と舞台芸術の現状と未来」. 芸団協出版部.

_____(2003). 「文化と固有価値の経済学」. 岩波書店.

池澤寬(2002). 「市民のための都市再生―商店街活性化を科学する」. 学芸出版社.

池田匡克(2006). 「イタリアの老舗料理店」. 角川書店.

石井正道(2005). 「独創の条件―画期的商品はいかに生まれたか」. NTT出版.

石倉三雄(2000). 「地場産業と地域振興―集中型社会から分散型社会への転換―」. ミネルバ書房.

石原慎士他(2009). 「地域ブランドと地域經濟」. 同友館.

市川健夫(2003). 「日本の風土食探訪」. 白水社.

市原あかね(2009). 內發的發展論再考. 「地域再生のリアリズム」. 青木書店.

五木寛之(2005). 「宗教都市・大阪 前衛都市・京都」. 講談社.

伊東正伸・岡部あおみ・加藤義夫・新見隆 (2004). 「アートマネージメント」. 武蔵野美術大学出版会.

伊藤正昭(2003). 「新版地域産業論―産業の地域化を求めて―」. 学文社.

井上理(2009). 「任天堂」. 日本經濟新聞社.

猪爪範子(1992). 「まちづくり文化産業の時代―地域主導型リゾートをつくる」. ぎょうせい.

今井祝雄(1994). 「アーバンアート―芸術からの街づくり」. 学芸出版社.

今川晃・山口道昭・新川達郎 (2005). 「地域力を高めるこれからの協働―ファシリテータ育成テキスト」. 第一法規.

今西一男(2008). 「住民による『まちづくり』の作法」. 公人の友社.

岩見良太郎(2004). 「『場所』と『場』のまちづくりを歩く―イギリス篇・日本篇」. 麗澤大学出版会.

岩本通弥編(2007). 「ふるさと資源化と民俗学」. 吉川弘文館.

ウィリアム・ホガース. 宮崎直子訳.(2007). 「美の解析―変遷する『趣味』の理論を定義する試論」. 中央公論美術出版.

上田完次編著. 黒田あゆみコーディネーター(2004). 「共創とは何か」. 培風館.

植田浩史(2007). 「自治体の地域産業政策と中小企業振興基本条例」. 自治体研究社.

上野征洋(2006). 「文化政策を学ぶ人のために」. 世界思想社.

上原春男(2002). 「創造の原理」. 日本經營合理化協會出版局.

内田純一(2009). 「地域イノベーション戦略―ブランディング・アプローチ」. 芙蓉書房出版.

内山節・出島二郎・中谷健太郎 (2004). 「地域の遺伝子をみがく」. 蒼天社出版.

内山節.(2006)「『里』という思想」. 新潮選書.

内山節・大熊孝・鬼頭秀一・木村茂光・榛村純一(2005). 「ローカルな思想を創る―脱世界思想の方法」. 農文協.

内山節.(2010)「共同体の基礎理論―自然と人間の基層から」. 農文社.

江原裕美編(2003). 「内発的発展と教育―人間主体の社会変革とNGOの地平」. 新評論.

遠藤新(2007). 藩政期の城下町エリア繼承し續ける金澤市. 「地域開發」, 516: 40-41.

尾家建生・金井萬造編著(2008). 「これでわかる! 着地型観光―地域が主

役のツーリズム」．学芸出版社．

岡田浩一・藤江昌嗣・塚本一郎(2006)．「地域再生と戦略的協働―地域ガバナンス時代のNPO・行政の協働」．ぎょうせい．

オギュスタン・ベルク．中山元訳(2002)．「風土学序説―文化をふたたび自然に´自然をふたたび文化に」．筑摩書房．

奥野信宏(2008)．「地域は『自立』できるか」．岩波書店．

奥野治雄編著(1996)．「創造の科学」．コロナ社．

小田切徳美(2009)．「農山村再生―『限界集落』問題を超えて」．岩波書店．

栗原一(2009)．「地域力の再生へ―人間主体のまちづくり」．平原社．

柏木恵子・北山忍・東洋(1997)．「文化心理学―理論と実証」．東京大学出版会．

片木淳・藤井浩司・森治郎(2008)．「地域づくり新戦略―自治体格差時代を生き抜く」．一芸社．

片平秀貴(2004)．「パワーブランドの本質」．ダイヤモンド社．

片平秀貴・森摂(2005)．「ブランドのDNA」．日経BP社．

勝見博光(2007)．都市の創造性を測る．「創造都市への展望」．學藝出版社．

加藤昌治(2009)．「考具」．阪急コミュニケーションズ．

金子勝・髙端正幸編著(2008)．「地域切り捨て―生きていけない現実」．岩波書店．

金子仁洋(2005)．「県庁がなくなる日―廃藩置県から120年このくにのかたちが変わる」．マネジメント社．

亀山純生(2005)．「環境倫理と風土―日本的自然観の現代化の視座」．大月書店．

加茂利男(2007)．世界都市と創造都市．「創造都市」．學藝出版社．

苅谷剛彦編(2004)．「創造的コミュニティのデザイン―教育と文化の

公共空間」. 有斐閣.

河井德治・木村英二・中川晶・藤永壯編(2004). 「文化環境学のスペクトル─理論・軌跡・可能性」. 三修社.

川勝平太(2006). 「文化力」. ウエッジ.

川田順造編(2001). 「文化としての経済」. 山川出版社.

川田順三・岩井克人・鴨武彦・恒川恵市・原洋之助・山内昌之編(1997), 「反開発の思想」. 岩波書店.

川田順三・岩井克人・鴨武彦・恒川恵市・原洋之助・山内昌之編(1997), 「いま´ なぜ『開発と文化』なのか」. 岩波書店.

河藤佳彦(2008). 「地域産業政策の新展開─地域経済の自立と再生に向けて─」. 文真堂.

観光魅力づくり研究会(2004). 「一地域一観光への道しるべ─観光魅力づくりの手引き」. ぎょうせい.

木岡伸夫.(2009)「都市の風土學」. ミネルバ書房.

木岡伸夫編著(2009). 「都市の風土学」. ミネルバ書房.

岸保行(2009). 「社員力は『文化能力』─台湾人幹部が語る日系企業の人材育成」. 風響社.

木津川計(2008). 「都市格と文化─大阪から全国へ」. 自治体研究社.

木下斉(2009). 「まちづくりの『経営力』養成講座」. 学陽書房.

木村俊昭(2008). 人的ネットワークによる地域再生. 「地域づくり新戦略」. 一藝社.

_____(2010). 「『できない』を『できる』に変える」. 實務教育出版.

_____(2010). 「『できない』を『できる!』に変える─スーパー公務員・木村俊昭の人と地域を元気にする仕事術」. 實務教育出版.

京都造形芸術大学編(2005). 「地域学への招待」. 角川学芸出版.

清丸惠三郎(2004). 「ブランド力─何が企業の盛衰を決めるのか」. PHP研究所.

工藤安代(2008). 「パブリックアート政策―芸術の公共性とアメリカ文化政策の変遷」. 勁草書房.

工藤順一・平井隆(1998). 「観光農業は感動のドラマ―JAさがえ西村山観光農業課長工藤順一奮闘記」. 家の光協会.

栗生明(2008). 「環境健康都市宣言!―キャンパスからのまちづくり」. 鹿島出版会.

黒田哲也(2005). 「美の要件―画論と画集」. 美術出版社.

経済産業省編(2004). 「新産業創造戦略」. 経済産業調査会.

「孔子の里」(1991). 「時空を越えて-孔子と現代」.

古賀弥生(2008). 「文化芸術がまちをつくる―地域文化政策の担い手たち」. 九州大学出版会.

国際交流基金編(2006). 「アート戦略都市―EU・日本のクリエイティブシティ」. 鹿島出版会.

国土交通省総合政策局観光資源課監修(2007). 「観光カリスマが教える地域再生のノウハウ―観光カリスマ塾講演録」. 国政情報センター.

國領二郎(2006). 「創発する社会―慶應SFC～DNP創発プロジェクトからのメッセージ」. 日経BP企画.

後藤和子(2000). 「芸術文化の公共政策」. 勁草書房.

_____(2001). 「文化政策学―法・経済・マネジメント」. 有斐閣コンパクト.

_____譯(2003). 「創造的都市」. 日本評論社.

_____(2005). 「文化と都市の公共政策―創造的産業と新しい都市政策の構想」. 有斐閣.

_____(2007). 創造性へのインセンティブと都市政策. 「創造都市への展望」. 學藝出版社.

吳藤加代子(2004). 昭和の町で年間20萬人の觀光客が!. 「潮」. LIFE DESIGN, 90-93.

後藤哲也(2005). 「黒川温泉のドン後藤哲也の『再生』の法則」. 朝日新聞社.

小林重敬編著(2001). 「分権社会と都市計画」. ぎょうせい.

小松光一編著(2009). 「エコミュージアム—21世紀の地域おこし」. 家の光協会.

近藤康史(2008). 「個人の連帯—『第三の道』以降の社会民主主義」. 勁草書房.

堺屋太一(2004). 「ブランド大繁盛」. NTT出版.

_____(2008). 「対話—芸術のある国と暮らし」. 実業之日本社.

阪上順夫(2003). 「21世紀地方都市の活性化—松阪市と小田原市の比較研究—」. 和泉書院.

佐々木雅幸(2002). 「創造都市への挑戦—産業と文化の息づく街へ」. 岩波書店.

_____(2007). 創造都市論の系譜と日本における展望. 「創造都市への展望」. 學藝出版社.

_____(2007). 「創造都市への展望—都市の文化政策とまちづくり」. 学芸出版社.

_____編著(2006). 「CAFE—創造都市・大阪への序曲」. 法律文化社.

佐々木雅幸・水内俊雄編著(2009). 「創造都市と社会包摂—文化多様性・市民知・まちづくり」. 水曜社.

佐々木眞治(2004). 豊後高田「昭和の町」づくりについて. 「日本不動産學會誌」, 68: 62-67.

佐々木純一郎・石原慎士・野崎道哉(2009). 「新版地域ブランドと地域経済—ブランド構築から地域産業連関分析まで」. 同友館.

佐々木晃彦(1997). 「文化経済学への招待」. 芙蓉書房出版.

_____(2006). 「文化産業論」. 北樹出版.

佐藤康邦・柴田隆行・坂部恵・上田閑照(1997). 「文化と哲学」. すずさわ

書店.
佐藤守(1999).「自治の中に自治を求めて」. 公人の友社.
佐藤滋・早田宰編著(2005).「地域協働の科学―まちの連携をマネジメントする」. 成文堂.
鹽澤由典編(2007).「創造都市への戦略」. 晃洋出版.
鹽澤由典・小長谷一之編著(2007).「創造都市への戦略－基礎と応用－」. 晃洋書房.
鹽澤由典・小長谷一之編著(2007).「創造都市への戦略」. 晃洋書房.
四方康行編著(2008).「中山間地域の発展戦略」. 農林統計協会.
式正英(2009).「風土紀行―地域の特性と地形環境の変化を探る」. 之潮.
敷田麻実編著(2009).「地域からのエコツーリズム―観光・交流による持続可能な地域づくり」. 学芸出版社.
資生堂企業文化部編(1994).「創造性と自己実現―美しく年を重ねるためにSuccessful Aging」. 求龍堂.
シビックプライド研究会編(2008).「シビックプライド―都市のコミュニケーションをデザインする」. 宣伝会議.
渋谷昌三(1993).「人と人との快適距離―パーソナル・スペースとは何か」. NHKブックス.
島田晴雄(2006).「成功する地域發ビジネスの進め方」. かんき出版.
島田晴雄・NTTデータ経営研究所(2006).「成功する!『地方発ビジネス』の進め方」. かんき出版.
島村菜津(2009).「スローな未来へ―『小さな町づくり』が暮らしを変える」. 小学館.
下平尾勲(2006).「地元学のすすめ―地域再生の王道は足元にあり」. 新評論.
シャロン・ベイリン. 森一夫・森秀夫訳.(2008).「創造性とは何か―そ

の理解と実現のために」. 法政大学出版会.

将基面貴巳(2006). 「政治診断学への招待」. 講談社.

ジョセフ・S・ナイ. 山岡洋一訳(2004). 「ソフト・パワー――21世紀国際政治を制する見えざる力」. 日本経済新聞社.

神野直彦他(2004). 「自立した地域経濟のデザイン」. 有斐閣.

末吉興一(2000). 「實踐都市經營――行政力を高める十カ条」. PHP研究所.

菅野英機(1993). 「文化とレジャーの經濟学」. 中央經濟社.

鈴木廣・木下謙治・三浦典子・豊田謙二編.(1997). 「まちを設計する――實踐と思想――」. 九州大学出版会.

スティーブン・ゴールドスミス. ウィリアム・D・エッガース. 城山英明・奥村裕一・高木聰一朗監訳(2006). 「ネットワークによるガバナンス――公共セクターの新しいかたち」. 学陽書房.

セーラ・マリ・カミングス編(2002). 「Obusession: 2001-2002」. 日經BP企劃.

關滿博・及川孝信(2006). 「地域ブランドと産業振興」. 新評論.

關滿博・遠山浩編(2007). 「食の地域ブランド戦略」. 新評論.

關滿博他(2007). 「新『地域』ブランド戰略」. 日本經濟新聞社.

關滿博・財團法人日本都市センター(2007). 「新『地域』ブランド戰略」. 日經廣告研究所.

関満博・足利亮太郎. 「『村』が地域ブランドになる時代――個性を生かした10か村の取り組みから」. 新評論.

錢廣雅之(2004). 「『地域』の哲学」――生の循環――. 北樹出版.

高沢公信(2003). 「発想力の冒険――発想の限界を破る思考プログラム」. 産能大学出版部.

多田一成(2006). 「スローライブ゛スローフードとグリーン・ツーリズム」. 東海大学出版会.

高田昇(2005). 「まちづくりフロンティア」. オール関西株式会社.
高野誠鮮(2006). 1.5次産業振興室の取り組みについて. 「ECPR」, 22-30.
高橋秀行(2004). 「市民参加条例をつくろう」. 公人社.
高原一隆(2008). 「ネットワークの地域經濟學」. 法律文化社.
高柳俊一(1974). 「人間と都市」. 産業能率短大出版部.
武田修三郎・日本産学フォーラム編著(2009). 「心を研ぐ力—産官学リーダーたちの『人づくり』改革が始まった」. 宣伝会議.
駄田井正・西川芳昭(2003). 「グリーンツーリズム—文化経済学からのアプローチ」. 創成社.
帯刀治・熊沢紀之・有賀絵理編著(2009). 「原子力と地域社会—東海村JCO臨海事故からの再生・10年目の証言」. 文真堂.
田中章雄(2005). 地域ブランド開發とマネジメント. 「ガバナンス」. ぎょうせい, 20-21.
田中史人(2004). 「地域企業論—地域産業ネットワークと地域発ベンチャーの創造」. 同文館出版.
谷岡武雄(2006). 「世界・日本文化風土論」. 古今書院.
玉城哲(2002). 「増補新版風土の経済学—西欧モデルを超えて」. 新評論.
丹羽弘行・小暮宣雄(1992). 「地域がつくる文化新時代」. ぎょうせい.
地域コミュニティづくり研究会編著(2004). 「自立型地域コミュニティへの道—人口減少に負けない豊かで元気な地域をつくる」. ぎょうせい.
地域づくり研究会編集(2002). 「地域づくりの秘訣—成功のための5箇条」. ぎょうせい.
「地域の力」研究会編(2009). 「地域のチカラ—夢を語り合い´実践する人びと」. 自治体研究社.

千田忠(2001). 「地域創造と生涯学習計画化」. 北樹出版.

知的財産総合研究所編・広瀬義州他(2003). 「『ブランド』の考え方」. 中央経済社.

チャールズ・ランドリー. 後藤和子監訳(2003). 「創造的都市」. 日本評論社.

通商産業省環境立地局立地政策課編(1998). 「増補よみがえれ街の顔―中心市街地の活性化」. 通商産業調査会.

塚本真也(2003). 「創造力育成の方法―JABEE対応の創成型教育」. 森北出版株式会社.

津川康雄(2003). 「地域とランドマーク―象徴性・記号性・場所性」. 古今書院.

辻幸恵(2008). 「京都とブランド―京ブランド解明・学生の視点」. 白桃書房.

土山希美枝(2008). 「市民と自治体の協働研修ハンドブック」. 公人の友社.

鶴見和子(2003). 「内発的発展論の展開」. 筑摩書房.

鶴見和子・川田侃編(1990). 「内發的發展論」. 東京大學出版會.

デイビッド・スロスビー. 中谷武夫・後藤和子監訳. (2005). 「文化経済学入門―創造性の探求から都市再生まで」. 日本経済新聞社.

デービッド・A・アーカー. 陶山計介・小林哲・梅本春夫・石垣智徳訳. (2004). 「ブランド優位の戦略―顧客を創造するBIの開発と実践」. ダイアモンド社.

登坂秀(2002). 「美のまち人を潤す―品格ある地方行政を求めた市長の記録」. 白日社.

中川雄一郎(2007). 「社会的企業とコミュニティ再生―イギリスでの試みに学ぶ」. 大月書店.

中沢新一(2006). 「芸術人類学」. みすず書房.

中谷常二・渡辺広之(2009).「まちづくりの創造—ソーシャル・コミュニケーションと公益ビジネスの視点から」. 晃洋書房.

中牧弘允・佐々木雅幸・総合研究開発機構編.(2008).「価値を創る都市へ—文化戦略と創造都市」. NTT出版.

中村尚志(1998).「地域自立の經濟學」. 日本評論社.

中村順編集(2001).「文化行政—はじまり・いま・みらい」. 水曜社.

中村尚司(2003).「地域自立の経済学 第2版」. 日本評論社.

中村良夫(2010).「都市をつくる風景—『場所』と『身体』をつなぐもの」. 藤原書店.

中山徹(2000).「地域経済は再生できるか—自治体のあり方を考える」. 新日本出版社.

奈良県立大学地域創造研究会編.(2005).「地域創造への招待」. 晃洋書房.

新掘邦司(2003).「栗と花と文化の町 小布施物語」. 里文出版.

西川芳昭(2002).「地域文化開発論」. 九州大学出版会.

西澤潤一(2006).「戦略的独創開発」. 工業調査会.

ニッポン東京スローフード協会編(2002).「スローフード宣言! —イタリア編」. 木楽舎.

日本觀光協會編(2007).「觀光かりすま」. 學藝出版社.

日本建築学会編(2004).「まちづくりの方法」. 丸善株式会社.

日本交通公社編集(2004).「魅せる農村景観—デザイン手法と観光活用へのヒント」. ぎょうせい.

日本政策投資銀行編(2010).「地域再生の經營戰略」. 金融蜩財政事情研究會.

日本政策投資銀行地域企画チーム編著(2010).「実践! 地域再生の経営戦略改訂版—全国36のケースに学ぶ『地域経営』」. 金融蜩財政事情研究会.

日本政策投資銀行地域企画チーム(2002). 「錦おりなす自立する地域─9つの視点から見た100の地域振興プロジェクト」. ぎょうせい.

日本政治学会編(2008). 「政府間ガバナンスの変容」. 木鐸社.

二村宏志(2008). 「地域ブランド戦略ハンドブック」. ぎょうせい.

額賀福志郎·小澤一郎·尾島俊雄編著(2001). 「地方都市再生の戦略─政·産·官·学の共同声明」. 早稲田大学出版部.

根木昭·枝川明敬·垣内恵美子·笹井宏益(1997). 「文化会館通論」. 晃洋書房.

根木昭.(2005)「日本の文化政策─『文化政策学』の構築に向けて」. 勁草書房.

野田邦弘(2008). 「創造都市横浜の戦略─クリエイティブシティへの挑戦」. 学芸出版社.

博報堂(2006). 「地ブランド」. 弘文堂.

博報堂ブランドデザイン(2006). 「ブランドらしさのつくり方」. ダイヤモンド社.

橋本敏子(1997). 「地域の力とアートエネルギー」. 学陽書房.

蓮見孝(2009). 「地域再生プロデュース─参画型デザイニングの実践と効果」. 文真堂.

端信行·中谷武雄編(2006). 「文化によるまちづくりと文化経済」. 晃洋書房.

端信行·中牧弘允·NIRA(2006). 「都市空間を創造する─越境時代の文化都市論」. 日本経済評論社.

畑村洋太郎(2007). 「創造学のすすめ」. 講談社.

服部敏夫(1992). 「創造の工學」. 開發社.

服部銈二郎編著(1995). 「都市診断ケーススタディ」. 同友館.

浜野保樹(2006). 文化こそ最高のマーケッティング. 「地ブランド」. 弘文堂.

林上(2005).「現代都市地域論」. 原書房.

原田進(2002).「CIデザイニング―企業イメージ創造のプロセス」. 実務教育出版.

原田泉編著(2007).「クリエイティブ・シティ―新コンテンツ産業の創出」. NTT出版.

バン・ジョーンズ. 土方奈美訳.(2009).「グリーン・ニューディール―グリーンカラー・ジョブが環境と経済を救う」. 東洋経済新報社.

久繁哲之介(2008).「日本版スローシティ―地域固有の文化・風土を活かすまちづくり」. 学陽書房.

＿＿＿＿＿＿＿(2010).「地域再生の罠―なぜ市民と地方は豊かになれないのか?」. ちくま新書.

日高昭夫(2006).「地域のメタ・ガバナンスと基礎自治体の使命―自治基本条例・まちづくり基本条例の読み方」. イマジン出版.

平野真(2008).「地域発『価値創造』企業―知識社会の経営戦略―」. ケー・ユー・ティー.

福井幸男編著(2006).「新時代のコミュニティ・ビジネス」. 御茶の水書房.

福田収一(2005).「価値創造学―知のマーケットを創造する技術経営」. 丸善株式会社.

藤田弘夫(2006).「路上の国柄―ゆらぐ『官尊民卑』」. 文芸春秋.

藤波匠(2010).「地方都市再生論―暮らし続けるために」. 日本経済新聞出版社.

船井幸雄(2006).「まちはよみがえる―田舎の再生から日本は復活する!」. ビジネス社.

ポール・スローン. ディスカバー・クリエイティブ訳.(2007).「イノベーション・シンキング―誰でもすごい発想ができるようになる10のステップ」. ディスカバー・トゥエンティワン.

細内信孝(2004). 「地域を元気にするコミュニティ・ビジネス—人間性の回復と自律型の地域社会づくり」. ぎょうせい.

＿＿＿＿(2005). 「コミュニティ・ビジネス」. 中央大学出版会.

細野助博(2007). 「中心市街地の成功方程式」. 時事通信出版局.

ボブ・スリーバ(2005). 「ブランドデザインが会社を救う!」. 小学館.

保母武彦(2001). 「内発的発展論と日本の農山村」. 岩波書店.

堀下悦司(1996). 「成功する目標管理—導入と実践のノウハウ」. ダイヤモンド社.

本間義人(1994). 「まちづくりの思想」. 有斐閣選書.

マイケル・J・ウルフ. 楡井浩一訳(1999). 「『遊び心』の経済学—あらゆるビジネスは娯楽へ進化する」. 徳間書店.

マイケル・ノートン. グループ99訳(1993). 「僕たちの街づくり作戦」. 都市文化社.

マイケル・ポラニー. 慶伊富長編訳(2007). 「創造的想像力増補版」. ハーベスト社.

牧瀬稔・中西規之(2009). 「人口減少時代における地域政策のヒント」. 東京法令出版.

松下啓一(2002). 「自治体政策づくりの道具箱」. 学陽書房.

＿＿＿＿(2007). 「協働社会をつくる条例—自治基本条例・市民参加条例・市民協働支援条 例の考え方」. ぎょうせい.

松田常子(2006). 「市民による文化財保護を—松田のおばさん奮闘記—」. サンライズ出版.

松谷明彦(2009). 「人口流動の地方再生学」. 日本経済新聞出版社.

松永安光・德田光弘(2007). 「地域づくりの新潮流—スローシティ・アグリツーリズモ ネットワーク」. 彰国社.

真山達志・今川晃・井口貢(2010). 「地域力再生の政策学—京都モデルの構築に向けて」. ミネルヴァ書房.

丸太一(2008). 「『場所』論─ウェブのリアリズム´地域のロマンチシズム」. NTT出版.

三澤勝衛(2009). 「地域個性と地域力の探求─三澤勝衛著作集´風土の発見と創造1」. 農文協.

三澤勝衛(2008). 「風土産業─三澤勝衛著作集´風土の発見と創造3」. 農文協.

_____(2009). 「暮らしと景観／三澤『風土学』私はこう読む─三澤勝衛著作集´風土の発見と創造4」. 農文協.

水野潤一(1997). 「観光学原論─旅から観光へ」. 東海大学出版会.

御園慎一郎・大前孝太郎・服部敦編(2007). 「地域再生システム─『現場からの政策決定』時代へ」. 東京大学出版会.

御園慎一郎・服部敦・大前孝太郎編著(2008). 「特区・地域再生のつくり方」. ぎょうせい.

三井情報開発株式會社總合研究所編著(2003). 「地域資源」. ぎょうせい.

三井情報開発株式会社総合研究所(2003). 「いちから見直そう！ 地域資源─資源の付加価値を高める地域づくり」. ぎょうせい.

三井不動産S&E総合研究所編(2009). 「地活な人々─こころ豊かに地域活性化」. オンブック.

宮口侗廸(2000). 「地域づくり─創造への歩み」. 古今書院.

三宅親連・石井和紘・川勝平太(1995). 「自立する直島─地方自治と公共建築群」. 大修館書店.

宮崎洋司(2008). 「都市再生の合意形成学」. 鹿島出版会.

宮下直樹(2003). 「図解都市再生のしくみ─制度・考え方がひとめでわかる」. 東洋経済新報社.

宮島喬(1996). 「文化的再生産の社会学─ブルデュー理論からの展開」. 藤原書店.

宮代町教育委員会(1994). 「みやしろ風土記増補」.

宮田登(1999). 「都市とフォークロア」. 御茶の水書房.

宗田好史(2007). 「中心市街地の創造力―暮らしの変化をとらえた再生への道」. 学芸出版社.

村松眞(2001). 農産村における景観形成施策の特色. 「農業經濟研究報告」.

＿＿＿(2004). 山形縣金山町における町づくり政策の變遷過程と地域總合振興計劃づくり. 「計劃行政」, 27(2).

室谷正裕(1998). 「新時代の国内観光―魅力度評価の試み」. 運輸政策研究機構.

藻谷浩介(2009). 「実測! ニッポンの地域力」. 日本経済新聞社.

森啓(2004). 「自治体の政策形成力」. 公人の友社.

森浩一(2002). 「地域学のすすめ―考古学からの提言―」. 岩波新書.

安田龍平・板垣利明編著(2007). 「地域ブランドへの取り組み―先進ブランドに学ぶ地域団体商標登録の進め方」. 同友館.

柳井雅人編著(2004). 「経済空間論―立地システムと地域経済」. 原書房.

山泰幸(2008). 「環境民俗学―新しいフィールド学へ」. 昭和堂.

山浦晴男(2010). 「住民・行政・NPO協働で進める最新地域再生マニュアル」. 朝日新聞出版.

山口道昭編著(2006). 「協働と市民活動の実務」. ぎょうせい.

山崎茂雄(2009). 「文化による都市再生学」. アスカ文化出版.

山下勝(2005). 日本の映画産業「ダークサイド」－企画志向の座組志向と信頼志向のチーム戦略の間で. 「一橋ビジネスレビュー」, 53(3).

唯物論研究會編(2009). 「地域再生のリアリズム」. 青木書店.

結城登美雄(2009). 「地元学からの出発―この土地を生きた人びとの声に耳を傾ける」. 農文社.

横浜市・鈴木伸治編著(2010). 「創造性が都市を変える―クリエイティ

ブシティ横浜からの発信」. 学芸出版社.

吉田民雄(2008). 「都市行政学I―都市・市民・制度」. 中央経済社.

_____(2008). 「都市行政学II―政府・行政・政府体系」. 中央経済社.

吉村英俊(2009). 「イノベーションの構造と都市創生―北部九州拠点都市における内発的発展と広域連携」. 海鳥社.

読売ブックレット(2002). 「分明を問う―同時テロと21世紀」. 読売新聞社.

陸井真一・池田志朗編(1996). 「地域術―38の町と村づくり」. 昌文社.

リチャード・フロリダ. 井口典夫訳(2007). 「クリエイティブ・クラスの世紀―新時代の国´都市´人材の条件」. ダイヤモンド社.

_____ 井口典夫訳.(2008). 「クリエイティブ資本論―新たな経済階級の台頭」. ダイヤモンド社.

_____ 井口典夫訳.(2009). 「クリエイティブ都市論―創造性は居心地のよい場所を求める」ダイヤモンド社.

和田充夫他.(2009)「地域ブランドマネジメント」. 有斐閣.

和辻哲郎.(1981)「風土―人間学的考察」. 岩波書店.

A. E. Andersson(1985). Creativity and Regional Development. Papers of the Regional Science Association. P. Hall:(2010). 創造性が都市を動かす.「創造性が都市を変える」. 學藝出版社.

A. E. アンダーソン・小林潔司(1999). 「創造性と大都市の将来」. 森北出版株式会社.

DIAMONDハーバード・ビジネス・レビュー編集部.(2005). 「『ブランディング』は組織力である」. ダイアモンド社.

R. E. Caves(2000). Creative Industries. Contracts between Art and Commerce. Harvard University Press: 後藤和子.(2007). 創造性へのインセンティブと都市政策.「創造都市への展望」. 學藝出版社.

S. K. ネトル・桜井邦朋(2000). 「独創が生まれない―日本の知的風土

と科学」. 地人書館.
W. グリスウォルド. 小沢一彦訳(1998). 「文化のダイヤモンド」. 玉川大学出版部.

3. 서양문헌

Aaker, David A.(1997)「Building Strong Brands」, New York : Free Press

Andersson, A. E.(1985)「Creativity and Regional Development」, Papers of the Regional Science Association

Barton, H.(2000)「Sustainable Communities」, London : Earthscan

Becker, Howard. S.(1982)「Art Worlds」, Berkeley : University of California Press

Caves, R. E.,(2000)「Creative Industries : Contracts between Art and Commerce」, Harvard University Press

Collins, J.(2000)「Good to Great」, New York : Harper Business

Falk, N.(2005)「Funding Sustainable Communities」, London : Town and Country Planning Association

Florida, Richard(2002)「The Rise of the Creative Class」, New York : Basic Books

_____(2005)「The Flight of The Creative Class」, New York : Basic Books

_____(2005)「Cities and the Creative Class」, New York : Routlege

_____(2008)「Who's Your City ?」, New York : Basic Books

Fukuyma, F.(1995) 「Trust」, New York : Free Fress
Franco Bianchini and Michael Parkinson(1993) 「Cultural Policy and Urban Regeneration : The west European Experience」, Oxford Road : Manchester University Press
FU TUAN, YI.(1974) 「Topophilia」, New York : Columbia University Press
_____ .(2005) 「Space and Place」, Minnesota : University of Minnesota Press
Goleman, D.(1995) 「Emotional Intelligence」, London : Bantam Books
Gnad Evert, R., F. and Kunzmann, K.(1994) 「The Importance of 'Cultural Infrastructure' and 'Cultural Activity' For a 'Creative City'」, presented at the 8th International Conference on Cultural Economics
Griswold, Wendy(1994) 「Culture and Society in a Changing World」, Chicago : sage Publications. Inc
Hall, P.(1998) 「Cities in Civilization」, London : Weidenfield and Nicholson
Hannigan, J.(1998) 「Fantasy City : Pleasure and Profit in the Post modern Metropolis」, London : Routledge
Koestler, A.(1975) 「The Act of Creation」, London : Picador
LANDRY, CHARLES(2002) 「Creative City」, London : Comedia
_____(2004) 「Rethinking Adelaide」, Bournes Green : Comedia
Mumford, Lewis(1938) 「The Cultive of Cities」, New York : Harcourt Brace Javanovich, Inc.
_____(2006) 「The Art of City Manking」, London : Earthscan
Nye, Joseph(2002) 「The Paradox of American Power」, New York : Oxford University Press
Nerfin, M.(1977) 「Another Development- Approach and Strategies-」,

Uppsala : Dag Hammarskjoid Foundation

Peck, J.(2005) 「Struggling with Creative Class」, International Journal of Urban and Regional Research Dec.

Ray, P. H. and Anderson, S. R.(2000) 「The Cultural Creative : How 50 Millions People Are Changing the World」, New York : Harmony Books

Robinson, K.(1999) 「All Our Future : Creativity, Culture and Education」, London : DFES

Rutten, R.(2006) 「Creative Industries and Urban Regeneration」, Urbact Network on Culture, www.urbact.eu

Seers, Dudley(1969) 「The Meaning of Development」, The Institite of Development Studies, Sussex : The University of Sussex

Whyte, William H.(1988), 「City : Rediscovering the Center」, New York : Dell Publishing Group Inc.

색인

(ㄱ)

가나자와 시민회의 261
가나자와시(金澤市) 34~36
가네야먀마찌(金山町)
    186, 187
감각가치 134
개방정원 46
게이 지수 110, 111
게이트 키퍼 89
경관(景觀) 56
경영자의 선견성 169
고객에 대한 접근 239
고시히가리 203, 204
고유자원 44, 47
공감의 확산 256
공공광장(公共廣場) 112
공자(孔子) 213
관념가치 134
교감가치 288
교류(交流)주민 58
교토(京都) 268
구겐하임미술관 33
구텐베르크 66
균점효과(均霑效果) 291

근자열, 원자래(近者悅 遠者來)
    150
기본가치 134
기본계획 249
기본구상 247
기술의 선진성 169
기업친화적인 환경 40
꾸리찌바 53

(ㄴ)

나가하마시(長浜市) 20, 206, 207
나비축제 158
나이키(NIKE) 170, 181~183
브랜드력 145
네트워크의 원칙 281
닌텐도(任天堂) 211

(ㄷ)

다문화성(多文化性) 111
다케오시(佐賀縣 武雄市) 221
단풍잎 비즈니스 220, 221
데리(Derry) 192
도시의 쇠퇴(urban decline) 18
동이불화(同而不和) 72
두바이(Dubai) 270

(ㄹ)
라면박물관　　　　198
로얄 유져(loyal user)　204
루이비통　　　　　44
리처드 플로리다(Richard Florida)
　　　20, 38, 86, 109, 110

(ㅁ)
마을 안내인 제도　201
마을경관 만들기 백년운동
　　186
마이클 조던　　　182
마찌즈쿠리 야쿠바　210
마키노지구(牧野地區)
　　　　　　　158, 159
막과자 박물관　　200
맹자(孟子)　　　23, 176
멈포드(Mumford, Lewis)　5, 29
메가(mega)브랜드　122
메르세데스 벤츠　169
모데키쬬(茂木町)　150, 158
목표의 공유　　　257
문화기업가　　　　90
문화력(文化力)　　30
문화산업　　　　　22
미의 문명　　　　30
미코하라(神子原)　203~205

(ㅂ)
바르셀로나　　21, 31, 112

발상적 지도자　　100
베네치아　　　　　21
베니스　　　　　208
보증성(保證性)　121
보헤미안 지수　　110
부가가치의 원칙　279
부메랑 효과　　　129
부분최적화(部分最適化)
　　　　　　　　244
분고다카다시(豊後高田市)
　　　　　　　196~201
분리재결합　　　212
브랜드매니지먼트　164
브레인 스토밍　　254
빌바오(Bilbao)　32, 33

(ㅅ)
사업계획서　　　250
산업고도화의 원칙　280
산업의 문화화　　45
산업창조의 원칙　281
산타마리아 성당　22
삼현주의(三現主義)　190
생활필수형 소비자　124
생활향상형 소비자　124
샤넬　　　　　　　44
샤프　　　　　　212
석양형(夕日型) 지역개발
　　　　　　　　195
선진지역　　　　256

선택형 주민	59	
성장의 극(growth pole)		291
세계도시(world city)		18
소프트파워(soft-power)		131
쇼와의 마을(昭和の町)		198
수요창출형(需要創出形)		185
숙명형 주민		59
순환의 메커니즘		93
슈퍼 고객(super customer)		182
슈퍼 크리에이티브 코어		38
스마트(SMART) 분석		247
스티브 잡스(steve jobs)		211, 212
승수효과(乘數效果)		94
시가지 스트리트 스토리		197
시드니	210	
시민예술촌(金沢市民芸術村)		36
시어스(D. Seers)		271
시장가치		130
식별성(識別性)		121
실천적 지도자		100
심상풍경(心像風景)		191

(ㅇ)

아라가와무라(荒川村)
152, 153

아바타		212
아이덴티티		144
아이패드(ipad)		212
아침형 지역개발		195
아커(David A. Aaker)		143
안데르센(Andersson)	67	
안토니오 가우디		21
에베르트(Ebert)		230
에코뮤지엄(ecomuseum)		50, 52
에코투어리즘(ecotourism)		50
에토스(ethos)		132
여가충족형 소비자	124	
역내순환의 원칙		280
예술을 위한 예술		27
오너 제도		150
오리지널리티		144, 146
오부세		46
오부세쬬(小布施町)		20, 46
오타루		228, 230
오타루직인회(小樽職人會)		227
온리 원(Only One)		145
외부효과(外部效果)	92	
요시무라(吉村)		40
요코이시 도모지(橫石 知二)		222~224
요코하마시(橫浜市)		26
우쯔노미아시(宇都宮市)		193
위기감의 공유		70
위대한 단순		187
유네스코 창조도시		34
유언실행(有言實行)		242
유자촌		151

의미성(意味性)　　121
이미지의 총체　　160
이케다쬬(北海道 池田町)
　　　　　　　　185
인간친화적인 환경　40
인구력(人口力)　　136
인재획득　　　　　130
인적자본 지수　　110
인종 지수　　　　110
일관성　　155, 156
일극집중(一極集中)　71
일점일보(一店一宝) 운동
　　　　　　　　199
일점일품(一店一品) 운동
　　　　　　　　199
일평농원(一坪農園)　153
임계질량(臨界質量)　108

(ㅈ)
자력창생(自力創生)　79
재래시장　　　238~241
저녁노을 플랫폼 콘서트　194
전도시 공원화 구상　187
전두엽(前頭葉)　　65
전체최적화(全體最適化)　244
절장보단(截長補短)　79
정주 주민　　　　58
제인 제이콥스(J.Jacobs)　19
제일상기(第一想起)　126
조지프 나이(Joseph Nye)　131

조직의 선취성　　169
주말농장　　　　154
주자(朱子)　　　213
주택콩쿠르　　　187
지방분권　　　　78
지역자급의 원칙　279
지역창생　　　　48
지적인 창발　　　94
직인의 도시　　　228
집적의 이익　　　93

(ㅊ)
찰스 랜드리(Charles Landry)
　　　20, 45, 67, 270
창발성 지수　　　110
창조계급　　　　39
창조계급의 구성비　110
창조도시　　　19, 21
창조산업　　　88, 89
창조산업군(創造産業群)　22
창조성 발휘에 관한 조건　66
창조성의 총화　　67
창조의 임계점　　233
창조의 창문　　　66
창조자본(Creative Capital)　87
창조적 인재　　　40
창조적 파괴　　　27
창조적 환경(Creative Milieu)　66
창지(創知)의 장(場)　47
체르노빌　76

(ㅋ)

카미가츠쪼(德島縣 上勝町) 220~224
콘텐츠산업 87
쿠로가베 206~209
클러스터(cluster) 96
키 퍼슨(key person) 100, 222

(ㅌ)

토크빌(Alexis De Tocqueville) 251
통년화(通年化) 154

(ㅍ)

파워브랜드 169
편익가치 134
풍경(風景) 55
풍토 55
프랑스 44

(ㅎ)

하구이시(羽咋市) 203
하기야마마쯔리(曳山まつり) 207
하더스필드(Huddersfield) 113~115
하드파워(hard-power) 131
하이테크 지수 110
한계집락(限界集落) 57

함평 158, 193, 195
향토의 정서 82
헤이온와이 192
혹사이미술관(北齊美術館) 46
화이부동(和而不同) 72
후타미쪼(愛媛縣 双海町) 49, 193~195
힘의 문명 30